Sissy – Ein Herz und eine Krone

MARIELUISE VON INGENHEIM

Sissy

Ein Herz und eine Krone

Erster Teil

1. Ferien

Der Sommer des Jahres 1874 war heiß und drückend. Doch über der Isle of Wight wehte eine frische Brise. In den Gängen des Schlosses Osborne herrschte reges Leben. Boten kamen und gingen, Kutschen fuhren vor, und die Lakaien meldeten fortgesetzt Mitglieder des englischen Adels und der britischen Regierung an.

Königin Victoria, die schon seit 37 Jahren die Geschicke des Landes lenkte, genoß auf diese Weise das, was sie „Urlaub" zu nennen pflegte. Doch hierin unterschied sie sich kaum von anderen Monarchen, die nahezu unausgesetzt ihren Regierungsgeschäften nachzukommen hatten.

Die englische Königin war eine sehr energische, wenn auch rundliche Dame, und ihr galliger Humor war gefürchtet. Seit einigen Tagen trieb sie dies auf die Spitze. Denn auf der Insel war ein hoher Gast eingetroffen, der ihr zusätzliche Pflichten, solche, wie sie die Höflichkeit unter regierenden Häuptern bot, auferlegte.

Der Gast auf der Insel Wight war niemand anders als Kaiserin Elisabeth von Österreich. Die Queen beneidete diese Frau, die es verstanden hatte, jeglicher höfischer Etikette zu spotten und sich tatsächlich einen Urlaub zu gönnen.

Der Flügeladjutant des Herzogs von Wales, der nun schon seit etlichen Jahren nahezu taub war, es sich aber nicht nehmen lassen wollte, die österreichische Kaiserin, die im Ruf großer Schönheit stand, persönlich zu sehen, wartete auf eine Antwort der Queen, die brummiger Miene an ihrem mit Akten vollgeräumten Schreibtisch saß.

„Sie ist vor drei Tagen eingetroffen, Bedford", erklärte sie. „Sie muß sich erst mit ihrem Hofstaat einrichten. Sie sind gut untergebracht, und soviel ich hörte, möchte die Kaiserin ihre Ruhe haben."

„Majestät", schnarrte Bedford, der, lang und hager wie er war, und mit hochgezogenen Augenbrauen vornehmtuend, einen seltsamen Gegensatz zu seiner Herrscherin bildete. „Majestät, die Kaiserin ist ihrer kleinen Tochter wegen hier. Das Kind ist sehr krank und sucht Erholung."

„Ein Grund mehr, die Gesellschaft in Ruhe zu lassen. Doch ich werde nicht umhinkönnen, ihr wenigstens einen Höflichkeitsbesuch abzustatten. Darunter wird es kaum abgehen. Große Empfänge scheinen mir nicht angebracht. Elisabeth ist als Privatperson hier und nicht als offizieller Staatsbesuch."

Bedford zog seine Augenbrauen noch ein Stückchen höher, so daß sie fast bis unter seinen Haaransatz reichten. Die Königin blickte auf und grinste spöttisch.

„Was ist Ihnen in die Krone gefahren, Bedford?" fragte sie ironisch. „Was paßt Ihnen daran nicht? Nun, ich denke, Ihre Majestät wird unseren Kavalieren schon noch genügend Gelegenheit geben, sie zu bewundern. Ich hoffe nur, daß sie nicht allen meinen Herren die Köpfe verdreht."

Bedford wußte hierauf nichts zu sagen. Die Queen schien seine geheimen Gedanken erraten zu haben. Die Anwesenheit der Kaiserin hatte sich in den Schlössern der Herrensitze bis nach Schottland hin als eine kleine Sensation entpuppt und in manchem der lebenlustigen und gastfreundlichen Lords, Counts und Sirs eine plötzliche Reiselust geweckt. Denn Sissy, die österreichische Kaiserin, galt als eine der schönsten und extravagantesten Frauen Europas, was man von der eigenen Queen nicht gerade behaupten konnte.

Zur gleichen Stunde, zu der Königin Victoria beschloß, der von ihr heimlich Beneideten einen Höflichkeitsbesuch

8

abzustatten, näherte sich Ida Ferenczy, die aus Ungarn ge-
bürtige Hofdame und Vertraute Sissys, einer kleinen Anhöhe nahe dem Inselstrand. Salzig duftend wehte ein kühler Wind von der See her, und die blühenden Magnolien
verbreiteten einen betäubenden Duft. Von der grünen
Anhöhe herab konnte man bis hinab auf den Strand sehen, vor dem sich die Brandung, in immerwährendem
Gleichmaß gegen die Küste donnernd, den Blicken dar-
bot. Sissy lag in einem Liegestuhl auf dem höchsten Punkt
der Anhöhe. Doch sie sah das brausende Spiel der Wellen
nicht. Sie schlief. Ida Ferenczy bemerkte, als sie sich ihr
näherte, daß der Schlaf der Kaiserin unruhig war. Besorgt
blieb sie stehen. Sie wagte nicht, näher zu treten und die
Kaiserin zu wecken, obwohl es eine wichtige Nachricht
war, derentwegen sie kam.

Wie immer, wenn sie die Kaiserin sah – und sie stand
nun schon längere Zeit in ihrem Dienst und konnte sich
rühmen, ihre Vertraute geworden zu sein –, empfand sie
Bewunderung für diese Frau. Bewunderung nicht nur um
ihres Aussehens willen. Die Kaiserin zählte nun bereits 37
Jahre. An dem Tag, an dem die Königin von England den
Thron bestieg, war Sissy als Tochter des Herzogs Max von
Bayern und dessen Gemahlin Ludovika im Sommerschloß
Possenhofen am Starnberger See geboren worden. Sissy
hatte im Kreise ihrer Geschwister – und angeregt durch ihren lebens- und reiselustigen Papa – eine sonnige, unbeschwerte Kindheit erlebt. Sie war aufgewachsen wie ein
kleiner, zauberischer, froher Wildfang, der die Zügel der
Etikette nicht kannte.

Ludovika, ihre Mutter, war eine Schwester von Erzher-
zogin Sophie von Österreich. Die Erzherzogin hatte vor
Jahren einen großen und mutigen Schritt getan. In der
Krise des revolutionären Jahres 1848, als der Wiener Hof

aus Gründen seiner Sicherheit das rebellische Wien verließ und in Olmütz Zuflucht suchte, hatte der Kaiser abgedankt und Sophie ihren Gatten, den Bruder des Kaisers, dazu bewogen, auf seinen Thronanspruch zu verzichten Damals hätte Sophie die Chance gehabt, die Krone der Kaiserin von Österreich zu tragen. Doch sie war klug genug, auf lange Sicht vorauszudenken. Sie, die schon immer eine weitschauende und kluge Politikerin war, brachte ihren Sohn Franz Joseph auf den Thron

Natürlich verstand sie es, von Anfang an die Zügel in der Hand zu behalten. Der junge, im Bewußtsein seiner Verantwortung erzogene Kaiser gehorchte den Ratschlägen seiner Mama, in einem Punkt jedoch nicht.

Damals in Ischl war es, als er Sissy kennenlernte und sich auf den ersten Blick in sie verliebte. Er war in das Städtchen zur Brautschau gekommen. Doch nicht Sissy war es, um die er werben sollte, vielmehr hatten die beiden Schwestern Sophie und Ludovika ihm Sissys ältere Schwester Helene zur Braut bestimmt. Doch neben Sissys Anblick verblaßte deren anmutige Schwester völlig. Der junge Kaiser sah nur noch sie. Er war entzückt und verliebte sich bis über beide Ohren. Voll Staunen erkannte seine Mutter Sophie, daß ihr Sohn diesmal nicht willens war, ihr zu gehorchen. Wohl oder übel stimmte sie der Heirat zu, und als die strahlende Braut im Triumph in Wien einzog, gewann sie auch die Herzen der Wiener im Sturm.

Sissys Liebreiz konnte niemand widerstehen. Ihr langes kastanienbraunes Haar, ihre schlanke, ebenmäßige Gestalt, ihr Frohsinn und ihr entwaffnendes Lächeln waren eine Besonderheit am Wiener Hof, der unter den Zwängen des spanischen Zeremoniells zu ersticken drohte.

Die Kaiserinmutter Sophie war auf die Einhaltung höfi-

10

scher Sitten ebenso bedacht wie auf ihr archaisches Familienprinzip. In dieser Welt strenger Vorschriften fühlte sich freilich die junge Kaiserin von Anfang an nicht wohl. Sie war wie ein schimmernder exotischer Vogel, der sich plötzlich in einem goldenen Käfig gefangen sieht.

Nun zählte sie 37 Jahre, doch sie war immer noch jung und schön. Als Ida Ferenczy sie so vor sich liegen sah, dachte sie an all dies und daran, welches Schicksal ihr wohl noch beschieden sein mochte. Denn das Leben Elisabeths war ungewöhnlich.

Ida Ferenczy hatte recht. Sissy litt unter einem schweren Traum. Sie träumte sich zurück in jene Nacht des Jahres 1872, die sie in der Hofburg zu Wien am Sterbebett ihrer Schwiegermutter verbrachte. Sophie hatte sich während des launischen Aprilmonats eine tödliche Verkühlung zugezogen. Nach einer Vorstellung im überhitzten Saal des Burgtheaters war sie, ihrem Bedürfnis nach frischer Luft entsprechend, auf dem Balkon ihres Schlafzimmers an der Bellaria noch eine Weile sitzen geblieben. Doch dabei war sie eingeschlafen. Die kalte Nachtluft hatte sie nicht geweckt.

Knapp drei Wochen darauf gaben die Ärzte jede Hoffnung auf, ihre Lungenentzündung heilen zu können. In der Nacht zum 26. Mai erschien ein Lakai in Sissys Vorzimmer, um sie abzuholen. Die Erzherzogin verlangte noch einmal ihre Schwiegertochter, mit der sie lange Jahre im Streit gelebt hatte, zu sehen. Die Uhr schlug eben Mitternacht, als Sissy das Sterbezimmer betrat. Sophie lag atemringend mit weit offenen Augen auf ihrem Lager und blickte Sissy fiebrig entgegen.

„Mein Kind", preßte sie hervor, „ich habe dir vieles abzubitten. Wir waren in vielem nicht einer Meinung. Doch du sollst wissen, daß ich dich ebenso liebhatte wie meinen

Sohn. Er liebt dich, und als seine Mutter habe ich stets danach getrachtet, aus dir eine Frau zu machen, die seinen Wünschen und den Anforderungen, die an dich als Kaiserin gestellt werden, gerecht wird. Ich weiß, daß du ein freier Vogel bist, ein Füllen, das man an keiner Krippe halten kann. Wärest du am Wiener Hof erzogen worden und nicht bei deinem Vater in Possenhofen, wo man dich alles gewähren ließ, wäre sicher manches anders gekommen. Doch du mußt einsehen, daß man auf diese Art als Kaiserin nicht leben und repräsentieren kann", schloß sie seufzend und erschöpft.

„Oh, Mama", stieß Sissy hervor und sank kniend an Sophies Lager nieder, während sie deren fieberheiße Hände ergriff. „Mama, verzeih mir bitte, ich weiß, ich habe dir viel Kummer gemacht!"

Sophie lächelte matt. „Was auch immer zwischen uns gestanden haben mag, wir wollen es vergessen. Es darf nicht mehr zwischen uns stehen, nicht in dieser Stunde, hörst du?"

In diesem Augenblick trat der Kaiser ein. Er sah die beiden Frauen, jene Menschen, die er am meisten liebte und die nächst der Arbeit, die ihm die Regentschaft auferlegte, der Inhalt seines Lebens waren.

„Mama – Sissy!" stieß er hervor und eilte näher. Sissy blickte auf. Er sah Tränen in ihren Augen schimmern.

Der Kaiser erkannte, daß in diesem Augenblick ein kleines Wunder geschehen war. Sissy und seine Mutter hatten sich versöhnt. Zugleich aber ahnte er, daß seine Mutter die Nacht nicht überleben würde...

Als ob Sissy den Blick Idas auf sich gerichtet fühlte, wachte sie jetzt auf. Sie sah die schlanke, braunhaarige Ungarin dicht vor sich stehen.

„Majestät haben schlecht geträumt?" frage Ida besorgt.

12

„Es war ein schwerer Traum", nickte Sissy, sich halb im Liegestuhl aufrichtend. „Immer wieder führen mich meine Träume in die Vergangenheit. Es ist fast, als ob es keine Zukunft gäbe."

„Es gibt aber eine", lächelte Ida Ferenczy ermunternd. „Und sogar eine sehr nahe! Es kam eben Nachricht von Schloß Osbrone. Queen Victoria kommt zu Besuch!"

Sissy sprang auf. Ihr Traum war vergessen. Rasch fand sie in die Gegenwart zurück.

„Du lieber Himmel", rief sie aus. „Muß das sein?"

„Es muß wohl, Majestät", nickte Ida lächelnd. „Es ist wohl so Sitte."

„Wir werden noch mehr solcher Höflichkeitsbesuche über uns ergehen lassen müssen", seufzte Elisabeth und blickte aufs Meer hinaus. „Doch wenn man glaubt, daß ich sie erwidern werde, so hat man sich geirrt. Empfänge in großer Toilette gibt es in der Hofburg und in Schönbrunn genug. Ich bin nicht hierhergekommen, um hier das gleiche zu erleben!"

„Aber Seine Majestät hat ausdrücklich aufgetragen, die guten Beziehungen zwischen Österreich und England stets zu bedenken", mahnte Ida.

Unwillig stampfte Elisabeth mit ihren zierlichen Schnürschuhen das Gras. Es war, wie wenn ein zum Ausritt gesatteltes Pferd sich nicht mehr bändigen lassen will.

„Ich weiß, ich weiß!" nickte sie. „Wir werden also gehorsam sein, die Queen empfangen und so tun, als ob dies der höchste aller Genüsse wäre."

„Majestät, es geht vorüber", meinte Ida Ferenczy. „Wollen Majestät nun nicht nach der Erzherzogin sehen?"

„Gewiß doch, Ferenczy. – Wie geht es meiner Tochter, was sagt der Arzt heute?"

Wenig später waren sie in dem Herrenhaus angelangt,

das die Kaiserin mit ihrem kleinen Reisegefolge – zu dem neben Ida Ferenczy und Gräfin Marie Festetics auch die unvermeidliche Friseuse, Frau Feifal, gehörte – bewohnte.

Marie-Valerie war ein zartes, immer kränkliches Kind von sechs Jahren, das der Mutter seines Gesundheitszustandes wegen stets Sorge bereitete. Die Kleine, die ihre Mutter zärlich liebte und Elisabeths Nesthäkchen war, war der eigentliche Grund für diesen Sommeraufenthalt auf der Isle of Wight.

Zärtlich umschlangen ihre schmalen Ärmchen Sissys Nacken, als diese sie zu ihr emporhob.

„Oh, Mama!" rief sie begeistert, „eben sind die Pferde eingetroffen!"

Denn Sissy, die ein leidenschaftliche Reiterin war, hatte ihre Lieblingsreitpferde nachkommen lassen. Sie wollte auf das Vergnügen ihrer Ausritte nicht verzichten.

„Oh, wie schön!" rief Sissy freudig aus. „Wollen wir gleich in die Stallungen gehen?"

Ida Ferenczy folgte wie ein Schatten. In den hallenden mächtigen Stallgewölben des Herrenhauses standen die Pferde bereits an ihren frischgefüllten Sandsteinboxen, und Reitknechte waren eben dabei, sie zu striegeln – die wunderschönen, prächtigen Lieblingspferde der Kaiserin!

Marie-Valerie sprang furchtlos zu ihnen und tätschelte den Hengsten und Stuten das glänzende Fell. Freudig schnaubend begrüßten die edlen Tiere ihre Herrin. Sissy strich über ihre Mähnen, ließ sich Brot und Zucker geben und fütterte die Tiere liebevoll.

„Wenn du einmal groß bist, wirst du erfahren, daß man mit manchen von ihnen besser reden kann als mit einem von uns", meinte sie dabei zu Marie-Valerie gewandt. „Und vor allem kann man zu Pferden mehr Vertrauen ha-

14

ben als zu Menschen. Sie verstellen sich nämlich fast nie."

„Aber, Majestät", meinte Ida Ferenczy, die es gar nicht gerne hörte, wenn Elisabeth auf diese Weise vor sich hin philosophierte.

Elisabeth lächelte. „Nun, es muß schließlich auch Ausnahmen geben", meinte sie begütigend, „dazu gehören auch Sie."

Sissy hatte in ihrer Umgebung manche schlimme Enttäuschung erlebt. Die klatschsüchtigen Damen des Wiener Hofes, das Intrigenspiel Mächtiger und solcher, die es werden wollten, hatte sie aus nächster Nähe kennengelernt, durchschaut und ihr Verhalten danach eingerichtet. Und es hatte nicht zur Verbesserung ihrer gesellschaftlichen Wiener Beziehungen beigetragen, die manchmal, sehr zum Mißfallen des Kaisers, einem Tiefpunkt nahe waren. Dies war eine der Ursachen der häufigen Spannungen zwischen ihr und ihrer Schwiegermutter gewesen.

Noch immer nicht vermochte sie sich daran zu gewöhnen, daß es Menschen gab, die charakterlich nur an der Oberfläche lebten und für die Äußerlichkeiten, wie Würden, Titel, Bälle und Tratsch, den Lebensinhalt bilden konnten. Sissy war anders veranlagt. Sie beurteilte niemand nach der Anzahl der Orden, die er trug, oder dem Schnitt kostbarer Roben und nach funkelndem Geschmeide. Sie fand oft Gefallen an ganz einfachen Leuten aus dem Volk, deren Herzlichkeit und Aufrichtigkeit sie viel mehr zu berühren schienen. Immer wieder schockierte sie damit die Wiener höfische Gesellschaft, die sich brüskiert fühlte, und immer mehr zog sich auch Sissy von diesen Kreisen zurück.

So war denn die schöne Sissy, die seufzend die Last ihrer Krone trug, in ihrem Herzen einsam. Doch die Liebe zu ihrem Gatten Franz Joseph half ihr über vieles hinweg.

Die Liebe auch zu ihrer kleinen Tochter Marie-Valerie, während der junge Kronprinz Rudolf ihr innerlich entglitten war.

Die Anfänge der Erziehung Rudolfs fielen noch in die Zeit der Erzherzogin. Sophie und ihr Sohn Franz Joseph gedachten, aus Rudolf eine soldatischen künftigen Kaiser zu machen, doch Rudolf hatte viel mehr vom Wesen seiner Mutter geerbt, als daß dies solchen Plänen entsprochen hätte. Doch immerhin hatte Sophie erreicht, daß der Kronprinz dem Einfluß seiner Mutter entzogen wurde, und es war eine von Sissys schmerzlichen Erfahrungen, daß er sich ihr auch innerlich völlig entfremdete und schließlich seine eigenen Wege ging.

Der mit seinen Amtsgeschäften völlig überlastete Kaiser und die das Hofleben meidende Kaiserin hatten wenig Kontakt zu ihrem Sohn. Sie hatten ihn seinen Erziehern überlassen und glaubten ihn damit in guten Händen zu wissen. Sissy konnte nicht ahnen, daß dies in einer Katastrophe enden würde.

Auch jetzt, im Stall des Herrenhauses, dachte Sissy nicht an ihn. Für kurze Augenblicke war sie wieder glücklich bei ihren Pferden und Marie-Valerie. Sie dachte auch nicht mehr daran, daß ihr der Besuch der Queen bevorstand, der sie bald in einige Aufregung versetzen sollte. Vom Türmchen des Herrenhauses klang der Mittagsglockenschlag. Sissy hoffte, daß es ein schöner, erholsamer Sommer werden würde.

2. Die Königin

„Sie kommt, sie kommt, Majestät!" Gräfin Festetics, die ebenso wie Ida Ferenczy in der Gesellschaft Sissys einen bevorzugten Platz einnahm, zog sich schnell vom Fenster zurück.

Das Getrappel der Pferde im Vorhof des Herrenhauses war unüberhörbar. Schnell warf Sissy noch einen Blick in den mannshohen Spiegel und prüfte sich. Sie konnte mit ihrem Anblick zufrieden sein. Auch Franzl wäre es, dachte sie, denn sie wußte, daß all dies, was sie jetzt zu tun und zu sagen hatte, den Wünschen ihres Gatten entsprechen mußte. Unsichtbar stand der ferne Kaiser und Gatte an ihrer Seite und führte sie an der Hand.

Sissy stand schon auf der Freitreppe, als sich die Queen seufzend aus ihrer Kutsche zwängte. Sissy bekam große runde Augen, als sie die Leibesfülle der englischen Königin sah. Du lieber Himmel, dachte sie, wie kann man nur so dick sein! Ich glaube, das hielte ich gar nicht aus!

Unter Beachtung des sogenannten kleinen Zeremoniells begrüßten die beiden Damen einander. Die Queen betrachtete forschend ihren Gast.

„Ich hoffe, Majestät werden schöne Tage hier haben", sagte sie huldvoll und reichte Sissy die Hand. Und gestand sich dabei ein, daß man ihr von Sissys Schönheit nicht zuviel versprochen hatte.

„Majestät sind zu gütig", antwortete Sissy, „ich schätze mich glücklich, in Ihrem Land weilen zu dürfen."

Die Queen wies auf ihr Gefolge, in dem sich auffallend viele Herren zu Pferde zeigten.

„Ich habe die besten Reiter Englands mitgebracht", erklärte sie. „Die Herren wollen es sich nicht nehmen lassen, mit Eurer Majestät um die Wette zu reiten."

„Ich bin entzückt!" rief Sissy begeistert. „Die Herausforderung nehme ich gerne an. Meine Pferde sind bereits eingetroffen. Ich weiß nicht, wie Majestät denken, aber für mich ist das höchste Glück dieser Erde nun einmal auf

17

dem Rücken der Pferde."

„Sie sprechen fast wie eine Engländerin", lobte die Queen, „sowohl, was Ihr Englisch als auch Ihren Sinn für Pferde betrifft. Doch was mich angeht, so werden Sie mir wohl zugute halten, daß ich mich lieber auf kein Pferd wage. Sie haben ein Herz für diese Tiere, sagt man, und Sie werden deshalb auch verstehen, warum."

Sissy konnte ihr Lachen kaum verbeißen, zwang sich jedoch eine ernsthafte Miene ab.

„Majestät übertreiben", wiegte sie den Kopf, konnte sich aber beim besten Willen die Queen bei keinem Parforce-Ritt vorstellen. „Wenn ich Majestät zu einer kleinen Erfrischung bitten dürfte?"

An diesem Nachmittag fand es die Queen bei Sissy ausgesprochen gemütlich. Sie hatte auch vor, sie zu einem Gegenbesuch einzuladen. Doch die Sympathie war nicht auf beiden Seiten vorhanden. Sissy nahm sich vor, bei ihrem Entschluß zu bleiben und Englands Hofleben ebenso zu meiden wie das in Wien. Seite an Seite mit der Queen mußte sie freilich den Adel der unmittelbaren Nachbarschaft empfangen und Hände von Menschen schütteln, die sie nicht kannte. Wie immer, wurde ihr dies zu Qual, doch die Aussicht auf die bevorstehenden Reiterjagden war ihr ein Trost.

Als die Queen wieder nach Osborne aufbrach, waren zahlreiche Termine vereinbart. Nicht nur auf der Isle of Wight, sondern auch in anderen Grafschaften des Inselreiches sollte es hoch zu Roß über Hürden und Hecken gehen. Fast vergaß Sissy darüber auf Marie-Valerie, die sich in diesem Sommer ja gründlich erholen sollte.

Erleichert atmete Sissy auf, als die Queen mit ihrem Gefolge aufbrach, nicht ohne eine Einladung zu einem Gegenbesuch deponiert zu haben. Sissy stand wieder auf der

18

Freitreppe, Marie-Valerie und die Damen ihres Gefolges neben sich. Sie sah die Kutsche der Queen mit ächzenden Achsen aus dem Vorhof rollen, und Marie Festetics bemerkte manchen bewundernden Reiterblick, der auf der Kaiserin ruhte. Mit gezogenen Hüten ritten die Herren der Queen an der Freitreppe vorbei und nahmen jetzt schon Abschied auf Reiterart.

Auch Sissy blickte ihnen nach. Sie glaubte, daß sie unter ihnen einige gleichgesinnte Seelen finden würde. Die Queen hatte nicht zuviel gesagt. Diese Männer gehörten nicht nur Englands Adel an. Sie waren auch als Reiter Spitzenklasse.

Ob sie sich mit Sissy würden messen können? Sicher erwarteten sie es. Jeder Mann fühlte sich im Sattel einer Frau überlegen. Sissy lächelte. In ihr sollten sie sich getäuscht haben!

Als sie wenig später die Gästeliste jenes Nachmittags durchflog, stellte sie zu ihrem Erstaunen fest, daß sie auch zwei Herren empfangen hatte und mit ihnen vereinbart hatte zu reiten, ohne sich ihrer Namen so recht bewußt zu werden.

„Das sind die Brüder Baltazzi, Majestät", erklärte Gräfin Festetics. „Eigentlich wundert es mich nicht, daß sie hier aufkreuzten. Sie drängen sich überallhin, wo Majestät sind. Majestät sollten sie eigentlich bereits kennen."

„Baltazzi – Baltazzi? Ich glaube, den Namen habe ich schon irgendwo gehört. Aber ich kann mich beim besten Willen nicht erinnern. Festetics, Sie wissen, wie viele Gesichter ich zu sehen bekomme. Nein, ich bin sicher, daß ich mich dieser Leute nicht entsinnen kann!"

Die Gräfin wiegte den Kopf. Auch sie stammte aus ungarischem Adel und war nur wenig älter als Ida Ferenczy. Sah man die beiden zu Pferd, fiel einem eine kleine Ähnlichkeit auf. Doch sie waren weder verwandt, noch hatten sie ähnliche Eigenschaften. Was sie verband, war ihre Anhänglichkeit und Treue zu Sissy, und diese hatte schon lange ihr Herz für die gesamte ungarische Nation entdeckt. Sie liebte die Art der Ungarn, ihren Freiheitswillen, ihr Temperament und ihre Musikalität und die Weite ihres schönen Landes. Das Schlößchen Gödöllö, nahe der Hauptstadt Budapest gelegen, hatte die Kaiserin im Zustand einer Ruine gekauft, liebevoll restauriert, und es war einer ihrer liebsten Aufenthalte geworden.

„Aber sicher erinnern sich Majestät an die junge Baronin Vetsera", erklärte die Gräfin mit Nachdruck.

„Vetsera, wer ist denn das nun wieder?" fragte Sissy verblüfft. In diesem Augenblick betrat Ida Ferenczy den Raum. Als sie den Namen hörte, blieb sie wie angewurzelt stehen.

Überrascht blickte Sissy auf. „Was haben Sie, Ferenczy?" fragte sie. „Was ist los mit Ihnen?"

„Ich hörte eben den Namen dieser unangenehmen Person", antwortete Ida Ferenczy. „Sie ist nicht hoffähig und drängt sich trotzdem bei Hofe ein."

„Sie wissen doch, wie ich darüber denke. Ob jemand hoffähig ist oder nicht, zählt bei mir nicht", versetzte Sissy. „Für mich ist nur entscheidend, daß es sich um einen anständigen Menschen handelt."

„Niemand kann der Baronin etwas Schlechtes nachsagen", meinte die Gräfin. „Doch es macht keinen sehr guten Eindruck, wie sich diese Familie überall vordrängen will."

„Aber was hat diese Baronin Vetsera mit den Brüdern Baltazzi zu tun?" fragte Sissy.

„Sie ist ihre Schwester!" antwortete die Gräfin.

„Sie heiratete den Baron Vetsera. Die Baltazzis kommen aus der Levante, sie sind steinreich. Man weiß nur, daß einer von ihnen die Aufsicht über die Heizung der Öfen im Palast des Sultans hatte."

„Das ist sicher kein leicht verdientes Geld", meinte Sissy. „Der Palast muß viele hundert Öfen haben, und die Männer zu beaufsichtigen, die für eine gleichmäßige Temperatur zu sorgen haben, ist gewiß nicht einfach."

„Nun lebt keiner von ihnen mehr in Konstantinopel", fuhr Gräfin Festetics fort. „Die Baltazzis leben nun in Wien und Pardubitz, sie haben prächtige Pferde und sind passionierte Reiter wie Eure Majestät. Doch sie sind eben nicht voll gesellschaftsfähig."

„Darauf kommt es nicht an", beharrte Sissy auf ihrem Standpunkt. „Und ich kann nicht verstehen, weshalb Sie vorhin so erschrocken sind, Ferenczy." Fragend blickte sie auf Ida.

„Ich kann es auch nicht genau beschreiben, Majestät", gestand diese verlegen. „Es ist ein seltsames Gefühl, das mich befällt. Eine innere Stimme, wenn Majestät wissen, was ich meine."

„Ein warnendes Empfinden also", sagte Sissy nachdenklich. „O ja, ich verstehe Sie vollkommen, und ich glaube auch daran. Es gibt so etwas wie eine innere Stimme, die einen vor Personen oder Ereignissen warnen kann. Und so etwas empfinden Sie beim Anblick der Brüder Baltazzi?"

„So ist es Majestät", bestätigte Ida Ferenczy bedrückt. „Vielleicht ist es Unsinn. Es ist kein erkennbarer Grund vorhanden. Wahrscheinlich bin ich ganz einfach verrückt, Majestät, entschuldigen Sie!"

„Sie brauchen sich nicht zu entschuldigen", wehrte Sissy ab. „Ich kann Ihnen nur raten, den Brüdern Baltazzi und der Baronin Vetsera aus dem Wege zu gehen."

Damit ließ man es an diesem Abend bewenden. Die Zukunft sollte jedoch zeigen, daß es nicht Ida Ferenczy war, der Gefahr drohte, sondern vielmehr dem Kaiserhaus. Doch Sissy konnte das nicht wissen, und Ida Ferenczy schwieg sich aus. Sie wollte die Kaiserin nicht weiter beunruhigen, um so weniger, als sie sich tatsächlich das warnende Gefühl nicht erklären konnte.

Die folgenden Tage auf der Isle of Wight verliefen in ruhiger Harmonie. Sissy unternahm ausgedehnte Spaziergänge, bei der ihre Begleiterin, die Gräfin Festetics, einigermaßen außer Atem kam.

„Uff, nicht so schnell, Majestät!" japste sie dann verzweifelt, „halten zu Gnaden, ich kann keine Luft mehr kriegen!"

„Dann schnüren Sie sich nicht so eng", lachte Sissy und holte unbarmherzig mit Riesenschritten weiter aus.

Die Isle of Wight war ein gottgesegnetes Stück Land. Hier dufteten Blumen über Blumen. Eichen wuchteten gegen den Himmel und Zedern, und manchmal verschwand Sissy übermütig hinter einem Lorbeergebüsch, wo Marie-Valerie und sie mit einem lustigen Versteckspiel begannen.

Das Kind erholte sich prächtig.

Nach einer Woche rückte der Termin näher, zu dem die Kaiserin ihren Gegenbesuch bei der Queen auf Schloß Osborne hätte erwidern sollen. Doch sie ließ den Termin verstreichen und sandte bloß eine Entschuldigungsbotschaft, da sie glaubte, auch Königin Victoria damit einen Gefallen zu tun.

„Auch sie wird wohl froh sein, wenn ich ihr erspare, mit mir wieder zusammenzutreffen", meinte sie, als sie das Billett abschickte. Doch sie irrte sich. Die Königin hatte ihre Einladung ernst gemeint.

22

„Kommt der Berg nicht zum Propheten, so muß wohl der Prophet zum Berg kommen", sagte sich deshalb die Queen und kündigte einen zweiten Besuch bei Elisabeth an.

Das war einigermaßen ungewöhnlich. Die englische Königin schien wirklich Gefallen an der so anders gearteten und wesentlich jüngeren Sissy gefunden zu haben. Wenn man sie so nebeneinander sah, die schöne und gertenschlanke Sissy und die ältliche und schon fast einer Kugel gleichende Victoria, dann konnte man keinen größeren Gegensatz finden als diese beiden Frauen. Teilnehmend erkundigte sich die Queen nach dem Befinden von Marie-Valerie und ob Sissy wohl Nachricht vom Kaiser habe.

Diese hatte Sissy wohl. Sie stand mit Franz Joseph in regem Briefwechsel. Der Kaiser war über fast alles informiert, was Sissy dachte und tat, und er hatte sie auch fürsorglich mit einer hinlänglichen Reisekasse ausgestattet, so daß es ihr und dem Kind sowie Sissys Gefolge an nichts fehlen konnte. In jedem seiner Briefe gab er ihr zärtliche Ratschläge und rief sich in ihrer Erinnerung wach. „Komm bald, mein Engel, ich sehne mich nach Dir", war der Tenor seiner Briefe an Elisabeth.

Sie war sich seiner Liebe sicher – und seltsam, immer wenn sie lange und weit fort von ihm war, verspürte sie Sehnsucht nach ihm. Es war ein merkwürdiger Zwiespalt. Kaum in Wien, trieb es sie in die Ferne; doch schon auf Wight hätte sie sich in manchen Stunden wieder gern in Franzls Armen gewußt.

Die Queen wiederholte auch bei diesem Besuch ihre Einladung und dachte nicht im Traum daran, daß Sissy sie auch diesmal nicht annehmen würde.

„Sicher werden Majestät auch London besuchen wollen", meinte die Queen. „Vergessen Sie dann nicht das Wachsfigurenkabinett der Madame Tussaud. Es ist eine interessante Sehenswürdigkeit."

„Davon habe ich schon gehört", meinte Sissy, „ich werde es mir sicher nicht entgehen lassen, doch was mich am meisten interessiert, ist das Irrenhaus. Man sagt, es sei das größte der Welt."

„Das ist es wirklich", nickte die Queen verwundert. „Die Bedauernswerten, die dort ihr Leben verbringen müssen, sind aber kein erfreulicher Anblick!"

„Ich weiß, sie sind es nirgendwo. Ich kenne auch die Irrenhäuser von München und Wien. Es ist ein schreckliches Schicksal, geistig umnachtet zu sein!"

Die Queen fragte nicht weiter. Sie las in Elisabeths Augen, daß diese tatsächlich das Irrenhaus von London besuchen wollte.

Irrenanstalten schienen eine magische Anziehungskraft auf Sissy auszuüben. Und das hatte seinen Grund. In der Familie der Wittelsbacher, aus der Sissy stammte, waren schon mehrere Fälle von Wahnsinn vorgekommen. Besonders das bayerische Königshaus schien davon betroffen. Der Bruder des bayerischen Königs war bereits umnachtet, und Sissy fürchtete auch ein Zusammentreffen mit König Ludwig, der ihr gleichfalls in letzter Zeit merkwürdig erschien.

Manchmal fürchtete sie sogar um ihren eigenen Verstand. Und diese Furcht hatte sie, das war gewiß, auch ihrem Sohn Rudolf vererbt.

Sissy blieb nachdenklich zurück, als sich die Queen von ihr verabschiedete.

3. Londoner Überraschungen

Marie-Valerie war auf der Isle of Wight unter der Aufsicht des Leibarztes, der Gouvernante und einiger Bediensteter zurückgeblieben, während Sissy mit kleinem Gefolge nach London fuhr

Sie stieg in der österreichischen Botschaft ab, und man konnte sie bald darauf mit dem Botschafter Beust im Hyde Park spazierenreiten sehen.

„Die Stadt ist um diese Zeit wie ausgestorben", versicherte der Botschafter. „Wer kann, fährt aufs Land. Die Umgebung von London ist schön! Die Themse aufwärts gibt es zauberhafte Plätzchen. Doch in der Stadt ist jetzt nicht viel los. Selbst das Opernhaus ist geschlossen. Majestät haben für Ihren Besuch keinen günstigen Zeitpunkt gewählt!"

„Ich will auch nicht in die Covent Garden Opera, sondern nach Bedlam", erklärte sie dem erstaunt aufhorchenden Beust.

„In das Irrenhaus?!" staunte er. „Majestät erschrecken mich! Was wollen Sie bei den Irren?"

„Sie werden mich dorthin begleiten", erklärte Sissy.

„Doch nicht im Ernst, Majestät", rief Beust entsetzt.

„Als Diplomat müßten Sie doch eigentlich an Irre gewöhnt sein", lachte Sissy ironisch. „Keine Angst, man wird schon dafür sorgen, daß Ihnen nichts geschieht. Im übrigen, falls alle Stricke reißen, bin ich auch noch da."

„Majestät belieben zu scherzen! Selbstverständlich werde ich meinen männlichen Schutz angedeihen lassen, falls dieser Besuch in Bedlam unabwendbar ist", seufzte der Botschafter gottergeben.

Der Besuch war unabwendbar...

Beust hatte so etwas noch nie gesehen. Ohne Sissys ausdrücklichen Befehl hätte er auch nie im Leben einen Fuß über die Schwelle der Irrenanstalt gesetzt. Begleitet von einem ganzen Gefolge von Ärzten und stämmig aussehenden Pflegern gelangten sie in einen wunderschönen weitläufigen Park, in welchem viele Geistesgestörte sich der Ruhe des Sommernachmittags hingeben sollten. Der Chefarzt wies auf einige besonders interessante Fälle hin, und Sissy sprach mit den Kranken, während Beust sich höchst beunruhigt an ihrer Seite hielt.

Der Anblick eines jungen Mädchens, das im Grase saß und sich aus Blüten einen Kranz flocht, wobei es unhörbare Worte vor sich hin zu murmeln schien, beeindruckte Sissy. Sie blieb stehen und rührte sich nicht vom Fleck. Ihr ganzes Inneres schien aufgewühlt, und Beust bemerkte, wie sie plötzlich zu zittern begann.

„Gehen wir doch weiter, Majestät", riet er dringend.

In diesem Augenblick torkelte ein Mann auf die Gruppe zu: „Helfen Sie mir, helfen Sie", stammelte er verzweifelt.

„Womit kann ich Ihnen helfen?" fragte die Kaiserin und faßte sich.

„Ich werde hier zu Unrecht festgehalten", jammerte der bleiche, hagere, gebückt gehende Mann. „Der Bischof behauptet, ich hätte dem heiligen Petrus den Himmelsschlüssel gestohlen! Das ist eine glatte Verleumdung, liebe Frau. Das ist doch völlig unmöglich!"

Erstaunt blickte Beust den Chefarzt an.

„Der Mann spricht ganz vernünftig, Herr Doktor. Eine solche Beschuldigung ist doch wirklich absurd!"

Der Chefarzt grinste, während der bleiche Mann eifrig rief: „Eben, nicht wahr?! Wie kann ich den heiligen Petrus bestohlen haben, wenn ich doch selbst Petrus bin!"

Der Botschafter war heilfroh, nach einer halben Stunde wieder dieses Haus verlassen zu haben.

26

Am nächsten Tag ging Sissy mit Ida Ferenczy und der Gräfin Festetics in das Wachsfigurenkabinett. Trotz des drückenden Sommertages war der Besuch hier lebhaft. Die Kaiserin hatte den Schleier von der Krempe ihres schicken Hutes herabgezogen, da sie fürchtete, erkannt zu werden. Die unheimliche Stimmung, die von den täuschend echt wirkenden Wachsfigurengruppen ausging, war anderer Art als das Grauen, das sie für kurze Zeit in Bedlam befallen hatte. Hier wußte sie, daß es sich nur um kunstvoll verfertigte Puppen handelte, nicht aber um lebende Menschen und deren Schicksal. Hier köpfte auf einem Podest der Henker Sanson Marie Antoinette, die unglückliche französische Königin, die eine Blutsverwandte ihres Gatten war. Dort starb Anna Boleyn unter dem Schwert des Henkers, dem Heinrich der VIII. den grausamen Befehl gegeben hatte. Auch sah man den großen Kean, wie er den Hamlet spielte. Aber nicht nur die Vergangenheit war hier in ihren Persönlichkeiten in Wachs konserviert.

„Franzl!" rief Sissy fast erschrocken aus, als sie plötzlich ihrem Gatten gegenüberstand, und nur der Umstand, daß eine leichte Staubschicht Nase und Bart bedeckte, ließ sie erkennen, daß er nicht wirklich nach London gekommen war, um sie hier bei Madame Tussaud zu überraschen.

„Nein, so etwas", meinte die Gräfin Festetics pikiert, „ist denn das überhaupt erlaubt? Seine Majestät sind hier ausgestellt, um gegen Eintrittsgeld besichtigt zu werden!"

„Ich finde es amüsant", meinte Sissy, nachdem sie sich von ihrer Überraschung erholt hatte. „Im übrigen bin ich zufrieden, daß ich hier in dieser stummen Gesellschaft fehle."

Sie verließen die kühlen, von einem unangenehmen Paraffingeruch erfüllten Räume der Madame Tussaud und waren froh, als sie wieder auf der Straße standen.

Den Abend beschloß ein Pflichtbesuch bei der Herzogin von Teck, einer Tochter Zar Alexanders des II.

„Nun bleibt wohl nichts übrig, als uns auch im Buckingham-Palast zu melden", seufzte Sissy. „Die Queen ist schon wieder dort, und nun müssen wir ihr wohl oder übel unseren Gegenbesuch machen."

Doch Königin Victoria war beleidigt. Sissy hatte zweimal ihre Einladung ausgeschlagen, und nun war sie nicht willens, Sissy zu empfangen. Soeben von ihrem Urlaub nach London zurückgekehrt, ließ sie wissen, sie sei nun derart von Arbeit überhäuft, daß sie keine Zeit erübrigen könne.

Darüber war Sissy nicht böse. Doch der Kaiser zeigte sich in seinem Schreiben ungehalten, nachdem ihm Sissy von dieser Absage berichtet hatte. Sie vertrete Österreichs Interessen schlecht, tadelte er, wenn sie solche Verstimmungen hervorrufe.

Sissy nahm das dennoch auf die leichte Schulter. So unlieb ihr ein steifer Besuch im Buckingham-Palast auch gewesen wäre, so sehr freute sie sich auf die bevorstehenden Reitertreffen.

Die Reise ging nach Belmore Castle. Der Herzog von Meltom hatte dort bereits eine Jagdgesellschaft versammelt, welche die Ankunft der Kaiserin schon mit großer Spannung erwartete. Das wunderschöne alte Schloß war erfüllt von lebhaftem Treiben. In den Koppeln bellten die Hunde, die schon ahnten, was sie erwartete. Die Pferde der Gäste und die des Herzogs schnaubten unruhig in den Ställen. In der Küche duftete es nach frischem Lammfleisch, und würziger schottischer Whisky feuchtete die durstigen Kehlen der Herren.

Das Jagdfieber erfaßte auch Sissy, sobald sie eintraf. Sie

fühlte sich in Belmore Castle vom ersten Augenblick an wohl, und als sie dem Herzog, der sie galant begrüßte, gegenübertrat, war sie fast versucht, ihren Besuch über die ganze Jagdsaison auszudehnen.

Wie groß aber war ihre Überraschung, als sie in der Jagdgesellschaft eine ganze Reihe von Kavalieren aus der österreichisch-ungarischen Heimat vorfand, die eigens zur Jagd mit der Kaiserin angereist waren. Die Gräfin Festetics begrüßte ihren Schwager Tassilo, auch Tisza war hier, und die beiden Brüder Baltazzi, die schon nahezu unvermeidlich schienen, hatten sich eine Einladung zu verschaffen gewußt.

Man speiste im Saal des Schlosses zu Abend und ging dann früh zu Bett, denn die Jagd sollte schon um vier Uhr früh am nächsten Morgen beginnen.

Frau Feifal bürstete Sissys langes Haar wie immer mit größter Sorgfalt vor dem Zubettgehen. Unter ihrer Schürze trug sie einen Klebestreifen, und sooft sie bemerkte, daß ein Haar der Kaiserin an Kamm oder Bürste hängenblieb, ließ sie es heimlich mit Hilfe des Klebestreifens verschwinden.

Sissy wachte eifersüchtig über ihre Haarpracht, und immer war sie verstimmt, wenn sie auch nur den geringsten Haarausfall zu bemerken glaubte. So hatte sich die Feifal diese List ausgedacht und hielt damit ihre Herrin bei guter Laune.

Noch einmal trat Frau von Festetics bei Sissy ein. „Kann ich Majestät noch mit etwas dienlich sein?" fragte sie. „Die Nachrichten von der Isle of Wight sind sehr günstig. Majestät können sich unbesorgt in den nächsten Tagen Ihrem Vergnügen hingeben."

„Festetics, diese Baltazzis sind wieder da", meinte die Kaiserin, „die Ferenczy muß also vorsichtig sein, wenn sie

29

auf ihre warnenden Stimmen hören will. Diesmal sind mir die Brüder selbst aufgefallen. Allmählich merke ich mir ihren Anblick. Sie haben ein gutes Benehmen und scheinen mir recht intelligent; ich glaube, daß sie ganz angenehme Gesellschafter sind."

„Mein Schwager Tassilo hat sich nach ihnen erkundigt", berichtete die Gräfin. „Nur einer von ihnen war im Topkapi tätig. Der andere betreibt Bankgeschäfte. Ihre Schwester lernte den Baron Vetsera in der österreichischen Gesandtschaft kennen. Der Baron war dort Diplomat."

„Jetzt weiß man also über sie Bescheid", lächelte Sissy mokant. „Und ist das geeignet, die Gemüter zu beruhigen?"

„Offensichtlich ist es das nicht, Majestät", gab die Gräfin zur Antwort. „Solche Streber, die sich auf alle möglichen Arten in unsere Kreise einschleichen wollen, ohne ihnen durch Geburt anzugehören, sollte man sich lieber vom Leibe halten."

„Vielleicht sehen Sie da zu schwarz", meinte dazu Sissy. „Emporarbeiten will sich schließlich jeder. Der Ehrgeiz dieser Leute ist zu verstehen. Es drängt sie höher und höher, doch wer ganz oben ist wie ich, weiß, daß es gar kein so schönes Los ist, an der Spitze zu sein. So ist eben keiner zufrieden!"

„Majestät sehen das philosophisch", lächelte die Gräfin. „Doch es ist ein Problem unserer Zeit. Die ganze Gesellschaft scheint sich zu wandeln. Man sieht doch, das Bürgertum hält schon fast alles in Händen, was früher die Domäne des Adels war. Und jetzt drängt sogar schon die Arbeiterschaft nach!"

„Der Wandel begann schon mit der Französischen Revolution", erwiderte Sissy. „Man muß mit der Zeit gehen, ein Stillstand führt zu nichts. Es wird sich noch vieles verändern!"

Ein Glück, daß Erzherzogin Sophie das nicht mehr hören kann, dachte die Gräfin, während die Kaiserin sie entließ.

Die Sonne ging eben auf, als Belmore Castle erwachte. Die Jagdhörner riefen die Jagdgesellschaft zusammen.

Bald donnerte der Boden unter den Hufen der stürmisch dahinjagenden Pferde. Sissy saß wie Göttin Diana im Sattel. Bewundernd folgten ihr die Blicke der mutigen Reiter, während sie wie der Teufel jede Hürde nahm. Sie flog förmlich dahin. Dem Vorreiter, der das Feld anführte, war sie dicht auf den Fersen, und die kläffende Meute jagte den Fuchs.

Sissys Pferd setzte über einen morschen Stamm. Sie hörte, wie ihr die anderen folgten. Da – ein Schrei! Einer der Reiter war gestürzt. Sissy wandte sich kaum um, sie hetzte ihr Pferd weiter. Das glänzende Fell des Tieres war schweißbedeckt.

Plötzlich war der Vorreiter verschwunden. Sissy hörte nur von ungefähr, daß sie sich, den Fuchs verfolgend, von der Jagdgesellschaft entfernt hatte. Sie fürchtete schon, sich verirrt zu haben, als Graf Festetics auftauchte.

„Gottlob, Majestät, daß ich Sie finde. Die Wälder hier sind schön, aber unwegsam. Majestät hätten sich das Genick brechen können."

„Sehe ich so aus, Graf?" fragte Sissy ärgerlich. „Mir ist nichts passiert, und ich hätte mich auch allein zurechtgefunden. Übrigens ist jemand gestürzt. Wer war es?"

„Ein Nachbar des Herzogs, Majestät. Es sieht so aus, als hätte er ein Bein gebrochen. Dabei hat er noch gestern abend gewettet, daß er besser reiten könne als Eure Majestät."

„Die Wette hat er verloren. Doch ich bin auch nicht viel besser dran. Der Fuchs hat mich in die Irre geführt. Die Jagd ist verdorben."

Sie war es aber nicht. Sissy fühlte sich sehr wohl auf Belmore Castle, und die bunte, in farbenprächtigen Kostümen ausreitende Gesellschaft räumte unter den Füchsen der Umgebung noch mächtig auf, bevor Sissy wieder daran dachte, nach der Isle of Wight zurückzukehren, wo Marie-Valerie inzwischen vollständig genesen war.

Franz Joseph fand den Brief Sissys, der ihm dies anzeigte, wenige Tage später unter seiner Post.

„Ein Brief Ihrer Majestät, der Kaiserin", meldete ihm sein Adjutant Graf Grünne, indem er auf den dicken Umschlag wies, der ein umfangreiches Schreiben zu verheißen schien.

Franz Joseph erbrach das Siegel und heftete seinen Blick auf die Handschrift Elisabeths. Er war jetzt vierundvierzig Jahre alt, ein gutaussehender, schlanker Mann, der mit seinem vollen braunen Backenbart und seinen stahlblauen Augen einen achtunggebietenden Eindruck machte. Er war voll Sorge um Elisabeth und ehrlich erfreut darüber zu lesen, daß die Jagden in Belmore Castle nun zu Ende wären.

„Sie kommt heim, Grünne!" rief er. „Es ist ihr nichts passiert, und Marie-Valerie ist wieder gesund! Es ist also wieder einmal alles gutgegangen. Doch bei der Jagdleidenschaft meiner Frau und der Art, wie sie zu reiten pflegt, bin ich niemals sicher, ob auch alles gutgeht. Am liebsten würde ich jedesmal bei ihrer Rückkunft eine Dankesmesse lesen lassen."

Der Kaiser blickte von seinem Arbeitszimmer im Westflügel des Schlosses Schönbrunn hinab auf den Kammergarten. Dieser kleine, abgetrennte Teil des Schloßparks war der kaiserlichen Familie zu ihrer Erholung vorbehalten. Der übrige große und weitläufige Park konnte von jedermann besucht werden.

Franz Joseph sah im Geist die schlanke Gestalt Sissys in der dem Hause am nächsten stehenden Pergola. Dies war ihr Lieblingsplätzchen. Dort saß und las sie gerne in Büchern, beaufsichtigte Marie-Valerie, die in den Hecken umherlief oder zwischen den Rabatten spielte, und manchmal verfaßte sie auch kleine Gedichte, die sie ihm dann zu lesen gab. In der Hofburg in der Wiener Innenstadt stand Sissys prächtiges, von Winterhalter gemaltes Ölbild an seinem Arbeitstisch. Dort hatte er sie fast leibhaftig vor sich, doch auch hier vermochte er sie sich in seinen Gedanken zu vergegenwärtigen. Ein unsichtbares Band der Liebe verband sie mit ihm. Noch immer war sie für ihn die einzige und die Schönste, auch wenn es ihm mitunter schwerfiel, sie zu begreifen und ihre Handlungsweise zu billigen.

Sissy würde also nun bald wieder bei ihm sein. Doch für wie lange? Ihr Wandertrieb war nicht zu bändigen, eine innere Hast trieb sie stets wieder von ihm fort. Sie war ruhelos. Und wie gern hätte er ihr doch an seiner Seite einen ruhigen und sicheren Platz gegönnt!

„Sie fährt über Baden-Baden", sagte der Kaiser, den Brief wieder zusammenfaltend. „Und natürlich zunächst nach Possenhofen. Allzubald werden wir sie also nicht wiederhaben. Aber vielleicht fahre ich ihr ein Stück, bis Bad Ischl, entgegen!"

Graf Grünne lächelt mitleidsvoll. Er warf einen Blick auf den mit Akten überfüllten Schreibtisch des Kaisers und meinte zweifelnd: „Wenn Majestät es einrichten können, dann würde dies auch Eurer Majestät gewiß guttun. Majestät könnten ein paar Tage des Ausspannens wirklich gebrauchen."

Franz Joseph zuckte die Schultern.

„Das sagt die Kaiserin auch immer. Doch Sie wissen ja, wie das so geht. Ein Kaiser kann nicht tun, wie er will. Ein Kaiser ist für alle da und niemals Herr seiner selbst."

„Dafür werden Majestät vom Volk geliebt", versicherte Grünne.

Der Kaiser warf ihm einen spöttischen Blick zu.

„Wenn Sie nur recht hätten, Grünne. Ich wollte, es wäre so. Doch ich gebe mich hierüber keinen Illusionen hin. Die Ungarn wollen ihre Selbständigkeit, in Böhmen wirft man mir vor, daß ich gerade den Ungarn zuviel Freiheit zubillige; in den Provinzen strebt jeder Statthalter nach Selbständigkeit, und manchmal scheint es mir fast ein Wunder, daß sich das alte Schiff noch über Wasser hält. Die Armee ist unser einziger Zusammenhalt."

„Nicht die Armee, Sie sind es", erklärte Grünne. „In Ihrer Person vereinigt sich das Reich, Majestät."

„Ich tue, was ich kann. Wie ein Beamter, den der Herrgott an diesen Schreibtisch gesetzt hat. Gott weiß, daß ich meine Pflicht tue, Tag für Tag!"

Ein bitteres Lächeln umspielte seine Lippen.

Tatsächlich saß er Sommer wie Winter von vier Uhr morgens an hinter seinem Schreibtisch und erledigte noch bis spät in die Nacht seinen Aktenkram. Er gönnte sich nur wenige Stunden Schlaf, und freie Tage, wie sie sich Sissy verschaffte, kannte er nicht. Seine Arbeit füllte ihn voll aus. Die Last einer schweren Verantwortung ruhte auf seinen Schultern. Und zu der täglichen Arbeit kam noch die Pflicht der Repräsentation. An zwei Tagen der Woche hatte überdies jedermann Zutritt zum Kaiser, der sich bei ihm zur Audienz anmeldete. Aus allen Kronländern und Provinzen, aus allen Städten des Reiches kamen die, die

34

ein persönliches Anliegen vorzubringen hatten. Und ohne Unterschied des Standes und der Person wurde jedermann vorgelassen.

Meist handelte es sich um Bitten und Beschwerden. Wer sich von einer Behörde zu Unrecht behandelt fühlte, konnte dies dem Kaiser melden. Wer durch Naturkatastrophen oder persönliches Unglück Schaden erlitt und sich nicht zu helfen wußte, tat dies gleichfalls. Wo er konnte, half, schlichtete und vermittelte der Kaiser. Wem Unrecht geschah, dem verhalf er zu seinem Recht. Auch dies gehörte zu seinen Obliegenheiten.

War Sissy in Wien, dann tat sie dies auf ihre Weise gleichfalls. Unangemeldet erschien sie in Armenhäusern und Spitälern und brachte Geld und Körbe voll Geschenken und Lebensmitteln mit. Wurden ihr die Adressen hilfsbedürftiger Familien bekannt, dann suchte sie sie auf. Den Opfern der Kriege zu helfen war ihr eine ganz besondere Pflicht. Doch wie sie in Wien erschien, verschwand sie auch wieder – ein Zugvogel, den es nirgendwo lange hielt.

4. Lady Dudleys Geschenk

Im September ist das Wasser in Ventnor noch warm. Der Strand ist von vielen Badegästen bevölkert, die die letzten sonnigen Tage noch genießen wollen. Im September steht ja schon der Herbst vor der Tür.

Sissy hatte beschlossen, noch wenigstens vierzehn Tage hierzubleiben, bevor sie die Heimreise antrat. Auch Marie-Valerie würde dies guttun.

„Könntest Du nicht auch auf einen kleinen Sprung hierher kommen und mit mir und Marie-Valerie vielleicht auch noch einen Ausflug nach Schottland machen?" Sissys Feder flog über das Papier, während sie wieder einmal an Franz Joseph schrieb. „Wie schön wäre es doch, wenn wir drei wieder einmal beisammen wären und Du ausspannen könntest!"

Doch die Antwort auf diesen Brief kannte sie im vorhinein. Sie würde wieder einmal lauten, daß Franzl zwar von Herzen gerne möchte, jedoch in Wien ganz unabkömmlich sei.

Wann, dachte sie, werde ich leben können wie andere Frauen, die ihre Männer für sich haben und nicht einem Staat gehören wie Franzl und ich! Wie schön müßte das sein! Ich würde gerne all das geben, wofür mich andere beneiden, wenn ich so leben könnte!

Seufzend tat sie den Brief in den Umschlag, versiegelte ihn mit ihrem Petschaft und übergab ihn Ida Ferenczy zur Weiterbeförderung.

„Draußen steht ein Pferd, Majestät", berichtete Ida amüsiert.

„Doch nicht ein Pferd, das mich zu sprechen wünscht?" scherzte Sissy.

„So ähnlich, Majestät! Das Pferd ist ein Geschenk der Lady Dudley! Majestät sollen es behalten und reiten!"

„Das muß ich mir ansehen!" rief Sissy.

„Majestät dürfen nicht erschrecken! Das Pferd ist fast so hoch wie ein Telegraphenmast. Wie man da hinaufkommen soll, weiß ich nicht. Aber sonst scheint es ein gutes und edles Tier zu sein."

„Lady Dudley sollte wissen, daß ich keine Geschenke annehme. Aber ansehen will ich mir dieses Unikum, das so schrecklich hoch sein soll." Sie folgte Ida vor das Haus, vor dem ein Lakai der Gräfin Dudley mit dem von Ida Ferenczy in so lebhaften Farben geschilderten Tier wartete.

Es war ein schwarzer Hengst, langbeinig und edel geformt, und seine Augen verrieten Feuer. Er war tatsächlich ein wenig zu groß, um von einer Dame geritten zu werden. Aber dieser Umstand störte nicht sein Ebenmaß.

„Der wäre etwas für Franz Joseph", stellte Sissy fest. „Er ist wirklich schön. Lady Dudley macht er alle Ehre; aber es bleibt dabei: Ich kann ihn nicht annehmen. Ferenczy, geben Sie dem Mann ein Trinkgeld, und schicken Sie ihn mit dem Pferd wieder zurück."

Der Lakai wollte weder das Geld noch den Hengst, den letzteren schon gar nicht. Er versicherte, daß ihm Lady Dudley ernsthaft zürnen würde, brächte er das Tier in seinen Stall zurück. Doch Sissy blieb hart. Sie war eine Frau von Grundsätzen.

„Es bleibt dabei, guter Mann. Sagen Sie Lady Dudley meinen Dank für ihren guten Willen. Doch die Kaiserin nimmt keine Geschenke an. Ich könnte das Pferd höchstens kaufen."

Bekümmert zog der Lakai mit dem Hengst wieder ab, als er sah, daß da nichts zu machen war.

Das fröhliche Lärmen, das vom Strand herüberdrang, weckte in Sissy die Lust, gleichfalls ins Wasser zu gehen.

„Was können wir bloß tun, Ferenczy?" fragte Sissy. Auf ihrer Stirn bildeten sich nachdenkliche Falten. „Ich kann mich doch unmöglich am Strand blicken lassen! Ferenczy, können Sie sich vorstellen, was passiert, wenn mich die Leute dort im Badetrikot erkennen?"

„Es wird einen ganz schönen Auflauf geben, Majestät" prophezeite Ida. „Alle Welt würde Majestät begaffen wollen!"

„Genau das befürchte ich! Nein, es geht ganz unmöglich. Ich muß darauf verzichten."

„Wie schade, das Wasser ist noch schön warm. Wahrscheinlich ist es herrlich, jetzt zu baden", meinte Ida sehnsüchtig.

Sissy lächelte plötzlich spitzbübisch.

„Das können Sie trotzdem tun, Ferenczy. Ich habe da eine Idee. Schicken Sie mir Frau Feifal herein."

„Majestät wollen sich frisieren lassen, jetzt, um diese Stunde?" staunte Ida.

„O nein, ich will sie vielmehr als Kaiserin herausstaffieren", lachte Sissy. „Wir geben ihr einen recht auffälligen Badeanzug und setzen ihr dann noch dazu ein Schleierhütchen auf. Ich möchte wetten, jeder wird glauben, das ist die Kaiserin!"

Ida mußte lachen.

„Was für ein Einfall, Majestät! Sie wollen die Leute an der Nase herumführen!"

„So ist es, Ferenczy", lachte auch Sissy übermütig. „Sie und Frau von Festetics werden sie begleiten. Ich gehe unterdessen an einer anderen Stelle mit Marie-Valerie ins Wasser!"

Gesagt – getan. Wenig später scharte sich die Menge um die vermeintliche Kaiserin, die niemand anders war als die Friseuse, Frau Feifal. Sogar mit Operngucker und Fernrohren wurde sie von den Dünen herab bestaunt, während Sissy sich ins Fäustchen lachte und sich mit ihrer Tochter unerkannt im Wasser wohl fühlte.

Es wurde ein fröhlicher Nachmittag. Lachend und prustend spielten Mutter und Tochter in den Wellen.

Der Wind trieb hoch am Himmel riesige Wolkenfelder dem Festland zu, als es Abend wurde. „Schlechtwetter kommt auf, Kind", meinte Elisabeth und zog ihre Tochter rasch einer Badehütte zu, in der sie ihre trockenen Sachen hatten. „Nun wollen wir auch sehen, wie es unterdessen unserer armen Frau Feifal ergangen ist!"

Die war allerdings längst schon in Begleitung der Gräfin und Ida Ferenczy nach Hause geflüchtet.

„Ihre Majestät sind noch nicht da", stellte Maria von Festetics fest. „Ich werde hinunter an den Strand gehen, um sie zu holen."

Als sie vor das Haus trat, prallte sie erschrocken zurück.

Vor der Tür stand wieder der Lakai mit dem mächtigen schwarzen Hengst, zog den Hut und meinte entschudigend: „Da bin ich wieder! Lady Dudley schickt mich neuerlich mit ihrem Geschenk."

Die Gräfin war sprachlos. „Die Lady scheint eine sehr hartnäckige Dame zu sein", meinte sie frappiert.

„Ich tue nur meine Pflicht, Madam", erklärte der Lakai vornehm und hob bedauernd die Schultern.

Der Himmel verdunkelte sich zusehends. Ein kühler Windstoß fegte von der See herüber, und der Hengst begann unruhig zu wiehern.

Die Gräfin war unschlüssig. Was sollte sie tun? Es sah nach Schlechtwetter aus, und ihre vornehmste Aufgabe war es jetzt, die Kaiserin und das Kind heil nach Hause zu bringen. Dieser Mann und das Pferd störten sie. Was sollte sie bloß mit ihnen anfangen?

In diesem Augenblick sah sie zu ihrer Erleichterung Sissy mit der Erzherzogin an der Hand eilig den Weg heraufkommen, der vom Strand zum Haus führte. Ein Stein fiel ihr vom Herzen, und ohne sich weiter um den Lakai zu kümmern, lief sie den beiden entgegen.

„Gottlob, Majestät! Es sieht nach einem Gewitter aus! Eben wollte ich Majestät suchen gehen, da kam dieser Mann mit dem Pferd von Lady Dudley. Was sollen wir bloß tun, Majestät? Der Mensch läßt sich nicht abweisen!"

Sissy, braungebrannt und fröhlich, wie sie war, trug es

mit Humor.

„Er mag sich selbst auf den Hengst setzen und heimreiten", lachte sie. „Doch er soll achtgeben, daß ihn kein Blitzschlag trifft. Im Sattel wäre er nämlich gefährlich hoch!"

Wie um Sissys Worte zu bestätigen, rollte dumpfer Donner über den Strand. Auf ihrem Weg hierher hatte sich der Himmel völlig bedeckt, und der strahlende Sonnenschein war einer fahlen Dämmerung gewichen, die nichts Gutes verhieß.

„Kommen Majestät rasch ins Haus", riet die Gräfin dringend. „Und sehen Majestät doch nur, wie Kaiserliche Hoheit zittert!"

Ihre Besorgnis war nicht unbegründet. Marie-Valerie stand die Furcht vor dem Gewitter deutlich im Gesicht geschrieben.

„Mama, es donnert!" rief sie ängstlich.

Doch ihre Worte wurden übertönt von der fast fordernd klingenden Erklärung des Lakaien. Indem er mit hoheitsvoller Gebärde auf den Rappen wies, verkündete er: „Ein Geschenk von Lady Dudley, your Majesty."

Und gleichzeitig fielen die ersten schweren Tropfen vom Himmel.

Wie vorhin die Gräfin, warf nun auch Sissy einen einigermaßen ratlosen Blick auf das Pferd und den Diener. Obwohl der Lakai keine Miene verzog, sondern sein Gesicht in einer vornehm-verbindlichen Maske erstarrte, tat er ihr leid und nicht minder der Hengst. Sie würden beide durchnäßt bei Lady Dudley ankommen, wenn sie sie jetzt wieder fortschickte.

„Da kann man wohl nichts machen", gestand sie sich ein. „Lassen Sie den Mann samt dem Pferd in den Stall gehen. Ich will sehen, was sich tun läßt."

Der Lakai nahm daraufhin das Pferd am Zügel und führte es in den Stall. Er hatte offenbar jedes Wort verstanden, das Sissy zur Gräfin Festetics gesagt hatte.

„Er muß Ungarisch verstehen!" sagte die Gräfin verblüfft.

„Vielleicht sind hier mehr Leute dieser Sprache mächtig, als wir glauben", meinte die Kaiserin. „Mein Mann hat recht, wenn er mich immer wieder vor Spionen warnt. Dieser Mann hier ist wohl keiner. Doch wir sollten tatsächlich stets vorsichtig sein."

Im nächsten Augenblick schlossen sie eilig die Tür des Hauses hinter sich zu, denn ein gewaltiger Blitzschlag fuhr nieder, dem mächtiges Donnergrollen folgte. Marie-Valerie schrie erschrocken auf und suchte Schutz im Schoße der Mutter.

„Es ist ja nichts, Kleines", beruhigte sie Sissy. „Der Himmelvater ist bloß ein bißchen böse auf die Menschen. Wahrscheinlich hat er auch Grund dazu!"

Im Stall schnaubten unruhig die Pferde, die das Gewitter nervös machte. Der Lakai suchte eine leere Box, band das Pferd davor an den Haltering und holte Stroh, mit dem er es abreiben konnte.

„Nun, Dandy", brummelte er, „du wirst es bei ihr gut haben. Sie ist ein Pferdenarr und wird dich zu schätzen wissen. Und bricht sie sich eines Tages mit deiner Hilfe das Genick, dann ist das eben Schicksal."

Frau Feifal trocknete währenddessen Sissys noch feuchtes Haar und kämmte es durch. Es war eine schwierige Prozedur und sowohl für die Kaiserin als auch deren Friseuse recht anstrengend.

„Gedenken Majestät noch lange hierzubleiben?" fragte sie forschend, denn sie war in Wien verheiratet und sehnte sich nach ihrem Mann.

Sissy schien die Frage nicht gehört zu haben. Immer, wenn Frau Feifal an der Arbeit war, zählte sie ihre Jahre und fürchtete das Älterwerden.

Heute aber dachte sie daran, daß ihr Sohn Rudolf nun schon jenes Lebensalter erreicht hatte, indem sie selbst geheiratet hatte. Rudolf war sechzehn. In diesem Alter gab es kaum einen Kronprinzen in Europa, von dem noch nicht feststand, wen er heiraten sollte. Für eine Eheschließung unter Angehörigen regierender Familien waren dynastische wie auch politische Gründe maßgebend. Sie und Franz Joseph aber hatten eine Herzensehe geschlossen, einen Bund fürs Leben, der die ehernen Heiratsgesetze der Monarchien durchbrach.

Frau Feifal stellte fest, daß Sissy ihr wahrscheinlich nicht zugehört hatte, sondern in Gedanken anderswo war. Sie wagte es nicht, ihre Frage zu wiederholen, sosehr es sie auch drängte. Denn sie hätte sehr gerne ihrem Mann nach Wien eine angenehme Nachricht geschrieben.

Rudi, dachte Sissy indessen, wie wird es mit dir werden?! Früher, als deine Großmama noch lebte, war sie es, die derlei in die Hände nahm und arrangierte. Doch ich habe nichts dergleichen mit dir im Sinn. Es liegt mir nicht, mein eigenes Kind in Sachen des Herzens zu bevormunden. – Ob Franzl schon etwas plant? Möglich ist es, aber ich kann es mir nicht vorstellen. Doch sicher gibt es eine Menge Leute bei uns am Wiener Hof, die sich diesbezüglich die Köpfe zerbrechen und mit guten Ratschlägen bei der Hand sein werden!

Unterdessen prasselte der Regen laut gegen die Scheiben, und ein plötzlich aufkommender Sturm fegte heulend ums Haus. Er erinnerte Sissy an den Diener der Lady Dudley und das große schwarze Pferd.

Sie wartete geduldig, bis die Friseuse ihre Arbeit beendet hatte, ließ sich das Haar in eine Haube binden und machte sich dann, begleitet von Ida, auf den Weg in den Stall.

An der Türe stand der Stallmeister und beobachtete, wie der fremde Mann den Hengst unter gutem Zureden beruhigte und zu füttern versuchte. Das Gewitter machte die Pferde nervös, diesen Hengst aber besonders, da er sich in einer fremden Umgebung befand.

„Ruhig, Dandy, nur ruhig Blut" hörte ihn Sissy sagen. „Es geht ja vorbei, es ist ja gut, Dandy!"

Der Stallmeister blickte Sissy fragend an.

„Ich hörte ihn vorhin sagen, daß sich Majestät auf diesem Biest noch das Genick brechen werden", flüsterte er grimmig. „Wer hat bloß diesen verdächtigen Burschen samt seinem Höllenhengst ins Haus gelassen?"

„Ich war es", erklärte Sissy. „Das Pferd hat uns Lady Dudley geschickt."

„Dann muß diese Lady eine Anarchistin sein", versetzte der Stallmeister. „Mich selbst bringen keine zehn Teufel auf dieses Roß, Majestät! Nicht einmal mit Hilfe einer Leiter."

Sissy ging zu der Box und tätschelte dem unruhig schnaubenden Hengst den Hals. Wiehernd stieg das Tier hoch. Es klang bedrohlich.

„Vorsicht, er kennt Sie nicht", warnte der Lakai.

„Ich weiß immer noch nicht, ob ich ihn behalte", sagte Sissy unschlüssig.

„Madam machen mich unglücklich, wenn mich Madam zurückschicken", erklärte der Lakai beklommen. „Lady Dudley ist imstande, mich fristlos zu feuern, wenn ich das Tier noch einmal bringe! Das hat sie mir angedroht, auf Ehre, und wie ich die Lady kenne, macht sie es auch wahr. Ich bin verheiratet und habe vier Kinder, Madam! Das kann man mir doch nicht antun!"

Immer noch zeigte der Lakai ein glattes, undurchdringliches Gesicht, doch hinter dieser Maske lag ehrliche Besorgnis, und Sissy las dies auch in seinen Augen.

„Nein, das kann man wirklich nicht", fand sie seufzend nach kurzem Nachdenken. „Ich lasse der Lady meinen Dank sagen. Sie wird noch von mir hören. Sie aber gehen jetzt nach oben und nehmen in der Küche etwas zu sich. Gräfin Festetics wird Sie noch entlohnen."

„Aber ich stehe im Dienste der Lady Dudley", wehrte der Lakai, sichtlich erleichtert, ab. „Und ich werde von ihr entlohnt!"

„Ich habe mich falsch ausgedrückt, guter Mann, ich dachte an ein kleines Geschenk für Ihre Familie."

Noch einmal versuchte Sissy Dandy zu beruhigen, dann ging sie und gab dem Stallmeister Anweisung, sich um das Pferd zu kümmern, das nunmehr ihr gehörte. Kopfschüttelnd machte sich dieser daran, Dandy zu versorgen.

In ihrem Zimmer angekommen, entzündete Sissy ihre Schreibtischlampe und machte sich lächelnd an einen neuen Brief, obwohl sie heute schon einmal an Franz Joseph geschrieben hatte.

„Franzl, mein Lieber, ich bringe Dir aus England eine Überraschung mit. Auf ihr wirst Du Dich ausnehmen wie ein Tüpferl auf dem i. Kannst Du erraten, was es ist? Ein prächtiger Rappen namens Dandy, ein Geschenk einer Lady Dudley, das sich nicht abweisen ließ. Wahrscheinlich reflektiert sie auf einen Orden. Überlege, was Du da machen kannst! Jedenfalls, Franzl, wenn Du auf diesem Pferd ins Manöver ziehst, brauchst Du auf keinen Feldherrnhügel zu reiten, weil Du dann auch von der Ebene aus alles überblicken kannst! – Deine Sissy."

In den folgenden Tagen wurde alles für die Abreise zum

Festland vorbereitet. Schöne Tage wechselten bereits häufiger mit Schlechtwetter, so daß Sissy zu der Einsicht gelangte, sie hätte für die Heimreise den richtigen Zeitpunkt gewählt.

Sie sandte noch eine Grußbotschaft an die Queen, in der sie sich für die Gastfreundschaft bedankte, die ihr in England zuteil geworden war.

Franz Joseph erhielt einen letzten Brief Sissys aus Ventnor, der vom 26. September datiert war. Darin kündigte sie ihre Abreise an, schrieb, daß sie sich schon auf Possenhofen und das Zusammentreffen mit ihrer Familie freue, und fügte hinzu, sie fürchte, mit König Ludwig zusammenzutreffen. Sie schrieb, er mache ihr Angst...

5. Stürmische Überfahrt

Die kaiserliche Jacht „Miramar" lichtete bei stürmischem Wetter die Anker, um Sissys Reisegesellschaft nach Boulogne zu bringen, wo der Hofzug wartete. Die Maschinen der Jacht stampften heftig, und dichter schwarzer Rauch entquoll dem Schornstein und wurde vom Sturmwind in Fetzen verweht. Der Herbst war gekommen. Das Wetter verursachte Ida Ferenczy heftiges Kopfweh, und Gräfin Festetics, die sich des stürmischen Seegangs wegen kaum auf den Beinen halten konnte, wurde seekrank.

Sissy und der Leibarzt Seeburger kümmerten sich um die kleine Erzherzogin, die in ihrer Kajüte im Bettchen lag und angstvoll wimmerte.

„Ach Mama, wie schrecklich! Alles dreht sich und wakkelt! Gibt es denn ein Erdbeben?" stammelte sie.

„Aber nein, Liebes!" beruhigte sie Sissy und strich ihr

lächelnd übers Haar. „Wir sind ja gar nicht auf dem Lande, sondern auf dem Meer! Du weißt doch, daß wir auf unserem Schiff sind! Es ist der Sturm und das Meer, die so heftig sind, daß die Wellen so hoch schlagen."

„Aber Mama, wie lange dauert das noch?"

„Ich weiß es nicht, Liebes. Aber wir sind ja bald wieder im Hafen. Dort werden wir an Land gehen und in die Eisenbahn umsteigen. Da ist es sicher besser. Und vielleicht ist sogar das Wetter dann wieder schön."

Sissy fürchtete, daß auch ihr Kind seekrank werden könne, deshalb gab Doktor Seeburger Marie-Valerie Tropfen und Pillen. Voll Sorge verließ Sissy die Kajüte und ging an Deck. Schäumender Gischt brandete am Schiffsbug auf, und der stürmische Wind drückte die Kaiserin fast gegen die Kommandobrücke, wo sie der erste Steuermann gerade noch mit seinen Armen festhalten konnte.

„Vorsicht, Majestät!" rief er erschrocken. „Wollen Majestät nicht lieber unter Deck bleiben? Es ist jetzt nicht gerade gemütlich hier oben!"

„Aber ich finde es herrlich!" rief sie und breitete ihre Arme aus, während der Sturm ihre Röcke bauschte und ihr Haar zauste und flattern ließ.

Sie liebte solches Wetter. In so einem Sturm fühlte sich Sissy wie in ihrem Element. Auch merkte sie keine Spur von Seekrankheit. Im Gegenteil, sie fühlte sich pudelwohl.

Kapitän Herwig bewunderte sie. Immer wieder staunte er über diese Frau. Er war stets aufs neue überrascht darüber, wie seefest sie war und wie wenig es ihr ausmachte, vom Sturm durchgerüttelt und vom sprühenden Salzwassergischt durchnäßt zu werden.

Tatsächlich war Sissy nach wenigen Minuten an Deck

schon klitschnaß. Aber sie merkte es kaum, sondern genoß vielmehr den Aufruhr der Elemente wie ein gewaltiges Schauspiel, das ihr die Natur bot.

Das Meer übte schon von jeher eine merkwürdige Anziehungskraft auf sie aus. Die Jacht „Miramar" war für sie ein schwimmendes Zuhause und schon auf vielen, weiten Seereisen erprobt. Sissy hatte Vertrauen zu dem schönen Schiff, ebenso wie zu seiner Mannschaft. Sie wußte, daß sie sicher hinüber nach Frankreich gelangen würden.

Sie ging an die Reling und klammerte sich an das Geländer. Eine gewaltige Woge donnerte heran und überschüttete sie im nächsten Augenblick mit ihrer kalten, salzigen Flut. Entsetzt sah der Kapitän, wie Sissy einen Augenblick lang das Gleichgewicht unter dem Anprall der Wassermassen verlor. Er glaubte nichts anderes, als daß sie die Kräfte verlassen und ihre klammen Finger das Geländer loslassen würden. In diesem Falle wäre sie wohl über Bord gespült worden.

Entsetzt griff er zum Megaphon. Das Heulen des Sturmwinds übertönend, brüllte er die Bordwache herbei, die im nächsten Augenblick zur Stelle war, um Sissy zu helfen.

Doch sie war nur ein wenig benommen, hatte Wasser geschluckt und schüttelte sich nun vor Nässe und Kälte.

„Ich danke euch, Männer, es ist nichts, so leicht werdet ihr mich nicht los!" schüttelte sie sich lachend. „Ich dachte nicht, daß ich so spät in der Saison noch zu einem Bad komme, noch dazu in voller Kleidung!"

Gestützt auf zwei Matrosen ging sie nun wohl oder übel unter Deck, wo Gräfin Festetics entsetzt die Hände zusammenschlug, als sie die Kaiserin in ihrem triefendnassen Aufzug sah.

„Warum müssen Majestät auch bei diesem Satanswetter nach oben!" rief sie aus. „Das heult ja, als seien alle Teufel der Hölle losgelassen!"

Das starke Schwanken der Jacht machte, daß sie bei diesen Worten das Gleichgewicht verlor und Sissy sie auffangen mußte.

„Ich glaube, Sie haben mich nötiger als ich Sie", meinte Sissy lachend. „Ich brauche Sie nicht, Festetics. Ich kann mir auch mit der Zofe behelfen. Die Feifal soll mir nur mein Haar trocknen."

Tatsächlich war Sissys Haarpracht schwer vor Nässe, und rund um die Kaiserin hatte sich eine kleine Pfütze auf dem teppichbelegten Kajütengang gebildet, so sehr triefte auch ihr Gewand.

Es war das gleiche Teppichmuster, wie jenes in den Gängen von Schloß Schönbrunn und der Hofburg zu Wien. Es gab den Räumen der Jacht etwas Heimeliges. Doch weder Sissy noch die Gräfin hatten in diesem Augenblick Sinn dafür. Die Gräfin wurde käsebleich und verschwand, weil sich – ganz gegen die Etikette – ihr Magen wegen der starken Schwankungen des Schiffes um und um drehte.

Durch die Kajütentür hörte Sissy nun auch ihre Tochter nach der Mama rufen, und obwohl sie der nassen Kleider wegen fror, trat sie bei ihr ein.

Seeburger richtete sich eben neben dem Lager der Erzherzogin auf und blickte erschrocken die Kaiserin an.

„Es ist nichts, Majestät, sie hat nur Angst! Aber Majestät werden sich schwer erkälten, ziehen sich Majestät sofort um!"

„Aber gewiß doch, gestrenger Herr Doktor", knickste Sissy scherzhaft und entschwand eilig in ihre Kabine, wo schon die Feifal mit warmen Tüchern, Kamm und Bürste auf sie wartete.

48

Oben auf Deck hatten der Kapitän und sein Steuermann alle Mühe, die Jacht auf Kurs zu halten. Der Himmel war mit seinen dahinjagenden Wolkenfetzen eine schaurige Szenerie, und der Sturmwind peitschte haushohe Wellen gegen das auf und nieder tanzende Schiff.

Manchmal konnten die Männer an Deck ihre eigenen Worte nicht verstehen, auch wenn sie sich alle Mühe gaben, das Brausen des Sturms zu überbrüllen. Gräfin Festetics hatte nicht unrecht, wenn sie meinte, daß alle Teufel losgelassen wären.

Bei diesem Wetter war es nicht ungefährlich, sich der Küste zu nähern. Die Jacht konnte stranden, und der Kapitän, der die Verantwortung für das Leben der Kaiserin, der Erzherzogin und des Gefolges wie eine schwere Last auf sich ruhen fühlte, spürte, wie ihm trotz der Eiseskälte der Schweiß auf der Stirn stand.

Nach Kompaß und Seekarte hätten sie längst die Leuchtfeuer an der Küste sehen müssen. Doch die Sicht war so schlecht, daß der Ausguck noch nichts gemeldet hatte.

„Steuermann, halten wir Kurs?" vergewisserte er sich.

„Schiff auf Kurs!" meldete der Steuermann.

Die „Miramar" ist doch ein braves Mädchen, dachte der Kapitän.

„Ausguck, haltet die Augen offen!"

Die Männer dort oben waren jetzt zu bedauern. Auch wenn sie durch einen Verbau geschützt waren, spürten sie doch jedes Schwanken des Schiffes noch viel mehr, und die Kälte war auch nicht geringer.

Der Vollmatrose Travnicek aus Brünn, der mit Leib und Seele in der Marine Dienst tat und es als einen der Höhepunkte seines Seemannslebens ansah, daß dies nun auf der kaiserlichen Jacht „Miramar" vor sich ging, schaute sich die Augen nach den Leuchtfeuern aus, welche die Nähe des Hafens ankündigen sollten. Endlich erblickte er durch Nässe, Nebelfetzen und angelaufene Scheiben hindurch mit seinem Feldstecher den ersehnten Lichtpunkt.

„Leuchtfeuer in Sicht!" meldete er augenblicklich nach unten, und Kapitän Herwig atmete erleichtert auf.

„Na also", stellte er befriedigt fest. „Nun braucht bloß noch der Sturm ein wenig abzuflauen, und wir können in den Hafen."

Der Wettergott meinte es gut mit Sissy und ihrem Schiff. Doch als sie in Boulogne waren, konnte sie der Versuchung nicht widerstehen, aller Vernunft zum Trotz einen Küstenspaziergang zu machen.

Die arme Festetics, die sich von den Strapazen der Überfahrt noch gar nicht erholt hatte, und Ida Ferenczy mußten sie dabei begleiten.

Der Hafen war menschenleer. Kein vernünftiger Mensch verließ jetzt sein trockenes Obdach.

„Muß denn das sein, Majestät", jammerte die Gräfin, „wollen Majestät denn unbedingt noch vor Possenhofen krank werden? Was wird Seine Majestät, der Kaiser, sagen, wenn Majestät eine Lungenentzündung kriegen! Majestät sollten das nicht tun; ach, Majestät, seien Sie doch vernünftig!"

„Aber sehen Sie doch, Festetics, wie schön das ist!" meinte Sissy bewundernd und deutete auf die wildromantische Schlechtwetterszenerie von Hafen und Strand.

Ihr schönheitsdurstiges Auge sah nur die schemenhaften Umrisse der vor Anker liegenden Schiffe und Kähne, die im sturmgepeitschten Hafenbecken, das von schwerem Nebel verhangen war, schaukelten. Sie sah die Silhouette der Stadt und die gleich wilden Reiterheeren gegen die Küste donnernden Wogen, deren brausendes Gedröhn ihren Ohren wie Orgelmusik klang.

Die Gräfin konnte nichts Schönes daran finden, zumal sich jetzt der Regen in Strömen ergoß. Insgeheim verwünschte sie den Umstand, daß ausgerechnet sie bei dieser exaltierten Kaiserin Dienst tun mußte. Doch im nächsten Augenblick schalt sie sich auch schon undankbar. Es war dies doch ein Vorzug, der sie vor allen Frauen des Reiches auszeichnete. Und – Hand aufs Herz! – sie liebte und bewunderte Sissy!

Plötzlich packte eine heftige, unerwartete Böe die drei Frauen, entriß Ida den Schirm, den sie schützend über Sissy gehalten hatte, und mit einem Aufschrei sah die Gräfin, wie die Kaiserin niedersank.

„He, ihr verrückten Frauenzimmer, was habt ihr bei diesem Sauwetter hier verloren!" donnerte da eine rauhe Männerstimme hinter ihnen, und kräftige Matrosenfäuste packten Sissy und rissen sie hoch.

Natürlich hatte der Mann, der ihr als helfender Engel beigesprungen war, keine Ahnung, wen er vor sich hatte. Er roch trotz des rauhen Windes entschieden deutlich nach Schnaps. Ein wirrer Stoppelbart wucherte ihm um Backen und Kinn, und seine wasserblauen Augen glotzten verwundert die drei weiblichen Wesen an, die er offenbar für nicht bei Verstand hielt.

Sissy konnte einen leisen Aufschrei nicht unterdrücken, als sie sich so rauh angefaßt fühlte. Doch gleich darauf erkannte sie, daß der Fremde es gut mit ihnen meinte. Und in der Tat, außer ihnen dreien und diesem Matrosen war bei dem Wetter auch kein Mensch unterwegs.

„Na, Frauenzimmerchen, es ist ja nichts weiter passiert", tröstete sie der Matrose lachend, ohne ihren Arm loszulassen. Es war kein Zweifel, daß Sissy ihm ausnehmend gut gefiel.

Die Gräfin ahnte Schlimmes. Schon wollte sie Sissy bei-springen, doch diese schien wieder einmal Spaß an einem neuen Abenteuer zu finden.

„Los, ihr drei, oder wollt ihr hier etwa im Regen ersau-fen?" rief der Mann dröhnend. „Ich weiß wohl, was euch jetzt hilft: Ein heißer Grog! Ihr werdet schon sehen, daß euch der wieder auf die Beine bringt!"

„Maj...", wollte die Festetics Sissy warnen, doch diese legte ihr rasch die Hand auf die Lippen, so daß das „...estät" unausgesprochen blieb und infolgedessen der biedere Seemann weiterhin ohne Ahnung war, wen er hier eben ins nächstbeste Wirtshaus einlud.

Ohne zu zögern führte er Sissy und ihre Begleiterinnen in eine Seemannskneipe, in der im wahrsten Sinne des Wortes die Luft dick vom Tabaksqualm und von Alkohol-dunst war.

Die Gräfin blickte entsetzt um sich, als sie sich in eine so wenig kaiserliche Umgebung versetzt sah, die auch nicht die geringste Ähnlichkeit mit den Räumen von Schloß Schönbrunn hatte.

An rauhen Tischen, deren Platten keineswegs als sauber zu bezeichnen waren, saßen nicht weniger rauhe bärtige Männer, denen der Seemannsberuf die Gesichter wie Le-der gegerbt hatte. Aus kurzen Pfeifen qualmten sie Ta-bakswolken gegen die niedere rauchgeschwärzte Decke, und selbst Ida bekam einen Hustenanfall, während die Fe-stetics einer Ohnmacht nahe war.

Doch Sissy setzte sich quietschvergnügt neben den Ma-trosen, der lauthals nach heißem Grog für sich und seine Damenbegleitung verlangte.

Er schien das Mißbehagen von Sissys Begleitung gar nicht zu bemerken, und das war kein Wunder, denn er hatte ja nur Augen für sie. Er merkte wohl, daß sie „etwas

Besseres" war, doch dieser Umstand störte ihn nicht. Er hatte sie beschützt, und sie hatte seinen Schutz angenommen. Was tat er weiter als seine Christenpflicht, wenn er sie jetzt auch noch nach Seemannsart mit einem heißen Grog traktierte!

Der Wirt witterte eine gute Bestellung und brachte das Getränk dampfend auf den Tisch.

„Wohl bekomm's!" wünschte er von ganzem Herzen, und der Matrose prostete Sissy und ihren Begleiterinnen fröhlich zu.

„Santé!" wünschte auch sie und ließ behaglich das warme, würzige Getränk in ihre Kehle rinnen.

Prustend verschluckte sich die Festetics, kaum daß sie einen Tropfen auf der Zunge hatte, während Ida tapfer Schlückchen um Schlückchen trank. In einer Ecke des Gastzimmers begann plötzlich jemand auf einer Harmonika zu spielen. Es war ein Tanz aus der Bretagne, und die gute Laune, die er verbreitete, steckte an. Die Männer an den Tischen begannen fröhlich zu summen und zu singen, sie fingen im Takt des Tanzes zu stampfen an, und plötzlich erhob sich der Matrose und forderte Sissy auf, mit ihm zu tanzen.

Der Festetics traten fast die Augen aus den Höhlen, als sie die Kaiserin in der nächsten Minute sich schwungvoll im Gastzimmer drehen sah. Doch ihr blieb keine Zeit, sich lang zu wundern, denn schon wurde auch sie von einem dicken Steuermann ohne langes Zögern aufgefordert und mit kräftigen Armen um die Hüften gepackt. Auch Ida Ferenczy blieb nicht verschont, und ganz außer Atem waren sie, als der lustige Tanz zu Ende ging.

Nun konnte sich die Gräfin aber nicht enthalten, Sissy mit Nachdruck an den bereits unter Dampf stehenden Hofzug zu erinnern, dessen Abfahrtszeit feststand und bereits gefährlich nahe war.

„Nur noch zwanzig Minuten, Majestät", stieß sie atemlos hervor, „wir müssen hier weg und können es nur noch mit einer Droschke schaffen, die uns schleunigst zum Bahnhof bringt!"

Wohl oder übel mußte sich Sissy von der lustigen Gesellschaft verabschieden, und der diensteifrige Wirt wußte gegen ein Trinkgeld auch Rat und schaffte eine Droschke herbei, die Sissy und ihre Begleiterinnen nach diesem unerwarteten Abenteuer zum Bahnhof brachte.

6. Besuch bei Kaiser Wilhelm

Der Hofzug der Kaiserin fuhr durch die Nacht.

Auch dieser Zug hatte sich an einen genau eingeteilten Fahrplan zu halten, wenngleich er nicht wie alle anderen Züge bei jeder Station halten und eine in den Fahrplänen aufscheinende Strecke befahren mußte. Vielmehr war dieser Zug speziell nur für die Kaiserin und deren Gefolge bestimmt, ein Privatzug gewissermaßen, der dort hinfuhr, wohin Sissy wollte. Doch auch dies mußte mit dem übrigen Zugsverkehr abgestimmt werden, damit nicht etwa unvorhergesehenZwischenfälle, vielleicht sogar ein Unglück passieren konnte.

Doch dies war nicht Sissys Angelegenheit. Sie hatte ihren eigenen Reisemarschall, der die nötigen Absprachen mit den zuständigen Stellen der Bahnen treffen mußte.

Klein Valerie störte das Rattern des Zuges nicht. Die gut gefederten Achsen des Schlafwagens sorgten dafür, daß sie bald in einen Schlummer fiel, der tief genug war, um sie nicht merken zu lassen, wie rasch der Zug durch

Frankreich ratterte.

Gräfin Festetics erholte sich in ihrem Abteil von den Strapazen des Boulogner Abenteuers. Nur Maria Festetics lag auf ihren Kissen mit weit offenen Augen und starrte in die Nacht.

Sie wußte selbst nicht, was sie beunruhigte. Doch sie hatte wieder einmal ein Gefühl, über dessen Ursache sie sich keine Rechenschaft zu geben wußte. Es schien ihr, als führen die Kaiserin und sie einem bedrohlichen Ereignis entgegen.

Sissy hatte keine solchen Gedanken. Sie schlief. Sie war rechtschaffen müde, und ihr letzter Gedanke vor dem Einschlafen war gewesen, daß sie und Franz Joseph nun wieder bald beisammen sein würden und daß sie vorher auch noch ihre Mutter in die Arme schließen konnte.

Am anderen Morgen wurde im Speisewagen, der mit seinen Tischchen, Fauteuils und Spiegeln an den mit Ebenholz und Seidentapeten verkleideten Wänden einem vornehmen kleinen Salon auf Rädern glich, das Frühstück serviert, bei dem sich die kleine Gesellschaft mehr oder weniger ausgeschlafen wieder zusammenfand.

Marie-Valerie schlürfte behaglich ihre heiße Schokolade und schaute neugierig durch die Fenster, an denen die Landschaft wie im Fluge vorüberzog.

Plötzlich fragte sie: „Sind wir hier nicht bei Tante Charlotte?"

„Nein, mein Liebes, Tante Charlotte lebt in einem belgischen Schloß", antwortete Sissy, durch die Frage ihrer Tochter unangenehm berührt.

„Fahren wir sie nicht besuchen?" Hartnäckig blieb Marie-Valerie bei ihrem Thema.

„Nein, Kind, dazu haben wir leider keine Zeit."

„Aber Tante Charlotte ist doch krank. Sie würde sich sicher freuen, wenn wir sie besuchen kämen."

„Ja, das stimmt. Doch wir kommen nicht bei ihr vorbei. Unser Zug fährt nicht diese Strecke."

„Nicht wahr, Tante Charlotte ist krank, weil böse Männer in Mexiko Onkel Max erschossen haben?"

Marie von Ferenczy stöhnte bei dieser Frage leicht auf. Im Geiste sah sie den Hügel von Queretaro vor sich, auf dem Kaiser Maximilian von Mexiko vor den auf ihn gerichteten Gewehrläufen stand. Die Schüsse von Queretaro bedeuteten das Ende seines und seiner Frau Charlottes Traum von einem mexikanischen Kaiserreich. Der wohlmeinende Bruder Franz Joseph hatte in der kurzen Zeit seiner Regierung das Menschenmögliche getan, das Land von seinen riesigen Auslandsschulden befreit, die Rettung der verfallenen Inkastädte – Zeugen einer großen mexikanischen Vergangenheit – in Angriff genommen und soziale Reformen in die Wege geleitet, welche den Armen und insbesondere auch den Indios zugute kommen sollten. Doch unterstützt mit Waffen, Munition und viel Geld, welche ihm die Vereinigten Staaten zur Verfügung stellten, war es Benito Juarez gelungen, die kaiserlichen Truppen zu schlagen und die Republik wieder zu errichten. Er handelte damit im Sinne der USA, die eine Monarchie auf dem amerikanischen Kontinent nicht dulden wollten.

Für die ehrgeizige belgische Prinzessin Charlotte, die als Gattin Maximilians den Thron Mexikos mit ihm teilen durfte, war es, als hätte die Kugel der Republikaner nicht nur ihren Gatten getötet, sondern auch ihr eigenes Herz getroffen. Von Wahnsinn umnachtet dämmerte sie in ihrem belgischen Asyl dahin – und sollte Sissy noch um viele Jahre überleben. Sie starb erst im Jahre 1924.

Am Wiener Hof sprach man nicht gern vom „mexikanischen Abenteuer", das so tragisch verlaufen war. Doch gerade der Mantel des Schweigens, der es verhüllte, weckte naturgemäß die Neugierde der kaiserlichen Sprößlinge, wie Marie-Valerie, die genau wissen wollte, was denn nun mit Tante Charlotte los wäre und wieso es zu ihrer geheimnisvollen Krankheit kam.

Auch Sissy vermied nach Tunlichkeit dieses Thema, wenn auch aus anderen Gründen als ihr Mann. Sie schockierte und deprimierte die Tatsache, daß auch hier ein Fall von Wahnsinn aufgetreten war, wie er als düster drohendes Geschick die Mitglieder ihrer Familie heimsuchte, und sie erschauerte vor der Möglichkeit, daß ihr selbst ein solch schreckliches Schicksal beschieden sein konnte.

„Nein, Schatz", brach Sissy das Gespräch abrupt ab, „wir fahren diesmal nicht zu Tante Charlotte. Ein andermal vielleicht. Jetzt fahren wir zu Oma und Opa nach Possenhofen. Dort ist es lustiger!"

„Und dann zu Papa nach Wien!" freute sich Marie-Valerie und klatschte vergnügt in die Hände. Tante Charlotte war schon wieder vergessen, und Ida von Ferenczy atmete erleichtert auf.

Auch Sissy war froh darüber, daß es ihr geglückt war, dem Gespräch eine andere Wendung zu geben.

Ein Lakai trug die Reste des Frühstücks weg, und man blieb an den Tischen sitzen und vergnügte sich an einem Würfelspiel.

An einem strahlenden Herbstmorgen stand Kaiser Wilhelm von Deutschland, Seite an Seite mit seiner Gattin Auguste und seiner Schwester Wilhelmine, die Großherzogin von Baden war, auf dem Bahnsteig der Kurstadt Baden-Baden, um auf das Eintreffen des Sonderzuges der Kaiserin Elisabeth zu warten.

Österreich und Deutschland waren durch politische Verträge miteinander verbündet, und so gehörte es sich, daß der deutsche Kaiser die Kaiserin von Österreich auf ihrer Durchreise gebührend empfing.

Kaiser Wilhelm war geschniegelt und ordenbehangen. Seine gespornten Stiefel, auf deren sauberen Glanz er aufs pedantischste bedacht war, schimmerten in der Morgensonne. Sein gewichster kohlschwarzer Schnurrbart war an beiden Enden kerzengerade nach oben gezwirbelt, und der vergoldete Dorn auf seinem Helm stach wie eine Antenne gegen den Himmel.

Kaiserin Auguste, eine etwas rundliche, säuerliche Dame, deren Moralbeflissenheit weithin bekannt und gefürchtet war, stand gottergeben an seiner Seite und wäre froh gewesen, die Begrüßungszeremonie schon hinter sich zu haben, wohingegen die Großherzogin dem Besuch Sissys mit einigem Interesse entgegensah.

Eine Musikkapelle stand bereit, Sissy mit schmetternden Klängen willkommen zu heißen. Der Bahnsteig wimmelte von Würdenträgern und Persönlichkeiten des öffentlichen Lebens, die zu ihrem Empfang herbeigeströmt waren. Und vor dem Bahnhof staute sich in freudiger Erwartung eine riesige Menschenmenge und harrte des großen Augenblicks, zu dem die hohen Herrschaften die in langer Reihe aufgestellten Hofkutschen besteigen würden, die sie zum Schloß der Herzogin bringen sollten.

Die Bahnhofsuhr rückte Minute um Minute ihre Zeiger ein Stückchen weiter, und es fehlte nicht mehr viel auf den fahrplanmäßigen Ankunftstermin.

Ungeduldig blickte Wilhelm auf seine goldene Zwiebeluhr und schnarrte: „Typisch österreichische Schlamperei das. Sie sollten schon hier sein."

„Deine Uhr geht vor, Wilhelm", tadelte Kaiserin Auguste.

„Oder die Bahnhofsuhr geht nach", runzelte die Großherzogin ihre Stirn.

„Da soll doch gleich der Deibel dreinfahren", schnarrte Wilhelm und riß empört seine Brauen hoch, so daß sein Helm beinahe vom Kopf gekippt wäre. „Wie ist das nun also, geht meine Uhr vor oder die Bahnhofsuhr nach? Das will ich wissen!"

In diesem Augenblick wurde der langgezogene Pfiff der Lokomotive hörbar, und der kaiserliche Hofzug Elisabeths rollte in den Bahnhof ein.

„Na also, da ist sie ja", seufzte Kaiserin Auguste und machte sich bereit, Sissy mit süßsaurem Lächeln willkommen zu heißen.

Die Bremsen knirschten. Mit flinken Händen wurde ein Teppich genau vor den Ausstieg von Sissys Salonwagen gerollt, und gleich darauf öffnete sich die Tür, und die Erwartete erschien.

Kaiser Wilhelm war wie geblendet. Unwillkürlich griff er an sein Herz.

„Mann, o Mann!" stieß er zwischen den Zähnen hervor, „unser Freund Franz Joseph hat aber einen guten Geschmack!"

Er konnte sich nicht verhehlen, jedesmal, wenn er Sissy sah, von ihrem Anblick bezaubert zu sein. Doch diesmal sah sie in ihrem schicken Reisekostüm und dem verführerischen Hütchen, das ihre Haarpracht krönte, auch wirklich hinreißend aus. Mit zierlichen Schritten eilte sie ihm über den Teppich entgegen, gefolgt von Ida von Ferenczy und Gräfin Festetics, die Marie-Valerie an der Hand führte.

„Willkommen, Teuerste!" schnarrte Wilhelm und schritt zackig auf sie zu. Er knallte die Hacken zusammen, daß seine silbernen Sporen klirrten, zwirbelte seinen

Schnurrbart und küßte leuchtenden Auges Sissy stramm und galant die Hand.

„Noch einmal: Teuerste, willkommen!" redete er, da ihm nichts Besseres einfiel, und grinste entzückt.

„Diesen Onkel mag ich nicht", plapperte Marie-Valerie vorlaut und ließ ungeschickterweise ihre Abneigung unverhüllt erkennen, weshalb die Gräfin entsetzt zischte: „Sst – so etwas sagt man nicht!"

Gleich darauf hob Wilhelm die Kleine ungeniert hoch, und Marie-Valerie kitzelte sein pomadisierter Schnurrbart an beiden Wangen, so daß sie lachen mußte.

„Entzückend, entzückend!" schnarrte Wilhelm, „nein wirklich – ein entzückendes Kind!"

Nun war auch Kaiserin Auguste zur Stelle. Ihre Begrüßung wirkte eher herablassend und huldvoll-reserviert.

Währenddessen schmetterte die Kapelle bereits die Hymnen, und ein Spalier hatte sich gebildet, in dem die ordengeschmückten Würdenträger und sonstigen Herrschaften in einer Reihe bis zum Bahnhofsausgang standen, um auch ihrerseits von Sissy begrüßt zu werden.

Das laute und aufdringliche Gehaben des Kaisers mißfiel ihr ebenso wie ihrer Tochter. Doch sie hatte während ihres Hoflebens genügend Gelegenheit gehabt, den Schein zu wahren, und so verbarg sie ihr Mißfallen hinter einem verbindlichen Lächeln.

Die ganze Gesellschaft begab sich zu den Kutschen, vor denen laute Kommandorufe ertönten, Salutschüsse krachten und die wartende Menge in laute Hurrarufe ausbrach. Kaiser Wilhelm sah sich insgeheim in die Rolle eines Dirigenten versetzt, denn er hatte diesen lärmenden Empfang nach seinem Geschmack arrangiert und dabei nicht vergessen, den Uniformen seines Militärs den ihnen zukommenden Rang angedeihen zu lassen.

Dem äußeren Schein nach waren die Beziehungen zwischen den beiden Häusern Habsburg und Hohenzollern vorzüglich, doch dieser Schein trog. Schon Kaiserin Maria Theresia, die „Mutter Österreichs", war gezwungen gewesen, sich gegen den kriegerischen Preußenkönig Friedrich den Großen unter großen Verlusten zu verteidigen. Friedrich, der sein Reichsgebiet auf Kosten Österreichs vergrößern wollte, war damals mit seinen Truppen eingefallen, und Maria Theresia war gezwungen gewesen, aus Wien, das von den preußischen Truppen bereits bedroht war, nach Ungarn zu flüchten. Allein die Tapferkeit der Männer dieses Volkes rettete sie vor einer totalen Niederlage.

Seit damals hatte man in Budapest das Gefühl, Österreich habe Grund, den Ungarn in besonderem Maße dankbar zu sein – und Sissy fand dies für völlig berechtigt und gab ihre Sympathie für diese Nation offen zu erkennen.

Die Preußen waren ihr weit weniger sympathisch. Und wenn es etwas gab, was der Kronprinz empfindungsmäßig mit ihr teilte, dann war es diese Antipathie.

Doch auch ihr Cousin, König Ludwig der II. von Bayern, der wegen der Größe seines Reiches die drückende Vasallenschaft, die ihm von den Hohenzollern aufgezwungen worden war, besonders schmerzlich empfand, brachte Wilhelm und seinem Anhang keine freundschaftlichen Gefühle entgegen.

Die einzige, die am Potsdamer Hof auch ihrerseits zu erkennen gab, daß ihr die Habsburger mißliebig waren, war Kaiserin Auguste. Die Hohenzollern waren ein weit jüngeres Geschlecht, das sich durch eine geschickt betriebene, aggressive Politik der Kriege und Verträge immer mehr die Vorherrschaft sichern wollte. Schon war es ihnen gelungen, die deutsche Kaiserkrone, die ursprünglich gleichfalls Habsburgs Eigentum gewesen war, an sich zu bringen. Doch auch damit gaben sie sich noch nicht zufrieden. Sie vertrauten auf die militärische Kraft ihres gut ausgerüsteten und gnadenlos gedrillten Militärs und hatten es verstanden, sich immer mehr Einfluß in Europa zu sichern.

Die mehr der Kunst und Kultur zugewandten Österreicher, die in militärischen Dingen nie eine glückliche Hand hatten, jedoch geschickte Diplomaten waren, hatten von Anfang an ihre Machtstellung in Europa der geschickten Heiratspolitik ihres Erzhauses zu verdanken. Die Habsburger zielten auf unblutigen Machtgewinn, der auf verwandtschaftlichen Beziehungen beruhte und im Verlaufe eines halben Jahrtausends ein großräumiges Reich zustande gebracht hatte, das auf Friede und Wohlstand aufgebaut war. Ohne Zölle und Pässe flutete der Personen- und Warenverkehr darum durch einen Großteil Europas, und Handel und Wandel standen in der Monarchie in Blüte. Österreichs Grenzen reichten sogar bis zum adriatischen Meer, dessen Küsten die eigene Kriegsflotte schützte.

Der Empfang im Schloß zu Baden-Baden erstreckte sich bis zum Nachmittag. Wilhelm versäumte nicht, eine schwungvolle Rede zu halten, bei der er seine Freundschaft für Österreich und seine Dynastie mit schallenden Worten unterstrich. Doch Sissy wußte nur zu gut, daß diesen Worten nicht absolut zu trauen war.

Beim Cercle wurde sie mit dem zahlreich erschienenen Adel bekannt gemacht, und sie schüttelte viele Hände von Menschen, die ihr völlig fremd waren. Die Hitze im Saal des Schlosses, der von unzähligen Lichtern erhellt war, war drückend, und nicht minder drückend die große Toilette, die sie für diese Gelegenheit trug.

Ich bin wieder einmal im Geschirr, seufzte sie innerlich, und muß arbeiten – für Franzl und sein Land. Wenn es doch nur schon endlich vorbei wäre! Sie beneidete die Gräfin Festetics, die unterdessen mit Marie-Valerie in den Gärten des Schlosses spazierenging und hinreichend Gelegenheit hatte, frische Luft zu schnappen.

Doch auch dieser anstrengende Tag in Baden-Baden ging vorüber, und Sissy, die genug hatte von der parfümgeschwängerten, drückenden Luft des Saales, dem Blitzen der Geschmeide, den Klängen der Musikkapellen und Kaiser Wilhelms schnarrendem Organ, fühlte sich unsäglich erleichtert, als sie sich, nun wieder in ihrem Reisekleid, in die Kutsche setzen und zum Bahnhof fahren durfte, wo der Hofzug auf einem Nebengleis unter Dampf stand.

Erschöpft schloß sie Marie-Valerie in die Arme.

„Hoffentlich, Liebes, steht uns in München nicht ähnliches bevor. Ich glaube, Ludwig wird ein Einsehen haben."

Doch hierin sollte sie sich täuschen. Die Überraschungen, die der König von Bayern für Sissy plante, waren freilich anderer Art.

Der Abschied von Wilhelm war so laut schmetternd wie sein Empfang. Doch endlich war auch dieses überstanden, und Sissys Hofzug rollte in die hereinbrechende Nacht.

Jede Minute brachte sie dem geliebten Possenhofen, dem Schloß am Starnberger See, in dem sie ihre unbeschwerte Kindheit verbracht hatte, näher. Jeder Stein, jeder Baum barg dort Erinnerungen für sie an eine schöne, unvergeßliche Zeit, die nicht wiederkehren sollte.

Ihre Geschwister waren verheiratet und lebten in allen Richtungen verstreut. Doch ihre Eltern gab es noch dort, und sie wenigstens durfte sie in die Arme schließen. Sie wußte, wie sehr sie sich freuten, sie und ihr Enkelkind Marie-Valerie für ein paar glückliche Tage bei sich haben zu dürfen.

Doch wieder hatte Marie von Ferenczy in dieser Nacht im Sonderzug unheimliche Traumgesichter. Sie sah gespenstergleich die Gestalten zweier Männer, die miteinander im Wasser kämpften, und wußte sich keinen Reim darauf. Sie ahnte nicht, daß eines nicht sehr fernen Tages Sissys Cousin, der König von Bayern, auf diese Art sein Leben lassen sollte.

7. Ein merkwürdiger Bräutigam

Eigentlich hätte Sissy alle Ursache gehabt, auf ihren Vetter Ludwig böse zu sein. Er hatte die Familie des Erzherzogs Max in Bayern, vor allem aber ihre Schwester Sophie-Charlotte, in arge Verlegenheit gebracht. Die ganze Familie litt unter dem unbegreiflichen Verhalten des Königs, das damals schon alle Anzeichen seiner späteren Geisteskrankheit in sich trug.

Daß diese Krankheit Ludwig entschuldigen könne, daran wagte Sissy nicht zu denken. Sie verdrängte diese schlimme Ahnung, die sie immer befiel, wenn sie Ludwig, der nun neunundzwanzig Jahre alt war, gegenüberstand.

Ludwig war mithin weit jünger als sie. Er war im August 1845 zur Welt gekommen und hatte von Anfang an ein reichlich exzentrisches Wesen erkennen lassen. Vor allem die Art, mit der er den Komponisten Richard Wagner förderte, gab lebhaften Anlaß zu öffentlichem Mißfallen, das sich auch kaum legte, als er Wagner wohl oder übel gehen lassen mußte. Die geldverschwendende Bauwut, die er entfaltete und als deren Ergebnis märchenhafte Schlösser entstanden, leerte die Staatskasse bedenklich. Seine verantwortlichen Minister konnten damals noch nicht erkennen, daß er damit Sehenswürdigkeiten schuf, die in Europa ihresgleichen suchten.

Der schönheitsdurstige Ästhet häufte oft skurrile Schätze, er beschäftigte zahlreiche Künstler und hegte im übrigen eine unausgesetzte Liebe zur Literatur und Musik, worin er in seiner Cousine Sissy eine gleichgesinnte Seele fand. Er wäre übrigens kein Mann gewesen, hätte er nicht auch für Sissy geschwärmt. Doch es war mehr der Ästhet in ihm, der sich von ihr angesprochen fühlte, während er noch wenige Jahre zuvor Sissys um zehn Jahre jüngerer Schwester Sophie-Charlotte ganz andere Gefühle entgegengebracht hatte.

Ganz München stand kopf, als er eines Abends mit ihr gemeinsam im Residenztheater in seiner Hofloge erschien. Anmutig verneigte sich Sissys Schwester vor dem überraschtem Publikum. Ein erregtes Raunen ging durch die Menge. Der junge, gutaussehende und hoffnungsvolle Monarch, auf dessen Schultern die Zukunft Bayerns ruhte, schien seine Wahl getroffen zu haben, und tatsächlich gab wenige Tage danach seine Hofkanzlei die Verlobung des jungen Paares bekannt.

Auch Sissys Schwester sollte also eine Krone tragen müssen. Herzogin Ludovica und Herzog Max in Bayern war freilich die Sache von Anfang an nicht recht geheuer, denn die Art, in der Ludwig seine junge Braut umwarb, war seltsam genug. Sie mußten sich daran gewöhnen, daß zu mitternächlicher Stunde die Hunde im Schloßhof von Possenhofen zu heulen begannen, weil fackeltragende Reiter am Tore erschienen und eine laternenbehangene, unheimlich wirkende vergoldete Kutsche mit knarrenden Rädern hielt.

Der König verlangte dann seine Braut zu sprechen, obwohl die Stunde für Besuche absolut ungeeignet und Sophie-Charlotte schon längst zu Bett gegangen war.

Es wurde dann jedesmal nötig, sie zu wecken, zu frisieren und anzukleiden, und diese Prozedur nahm Zeit in Anspruch, was Ludwig nicht einsehen zu können schien.

„Sie kann ihn doch nicht im Nachthemd begrüßen", ärgerte sich dann Ludovica nicht gerade rosiger Laune, denn sie ging gerne früh zu Bett und war dann naturgemäß unausgeschlafen.

Nur Herzog Max verlor seine Ruhe nicht und versuchte seinerseits den ungeduldigen künftigen Schwiegersohn respektlos mit einem Schnaps zu trösten, was zwar seiner eigenen vierschrötigen Art entsprach, nicht aber dem hochfahrenden Sinn des jungen Königs.

Zornig stampfte dann Ludwig mit den Füßen auf, warf einen mitgebrachten riesigen Rosenstrauß auf den Tisch und verabschiedete sich brüsk. Kutsche und Reiter verschwanden wieder unter lautem Hufgetrappel und Peitschengeknall wie ein gespenstischer Spuk in der Nacht. Und zwar meist gerade in dem Augenblick, als die nun endlich empfangsbereite Sophie-Charlotte in der Halle erschien, begleitet von der aufgebrachten Mutter, die dem davoneilenden König nicht gerade freundliche Worte nachrief.

„Hat man schon so etwas erlebt?! In meinem ganzen Leben ist mir dergleichen noch nicht vorgekommen! Hat ihn denn niemand gelehrt, was sich gehört? Er ist ja ganz und gar unmöglich!"

„Laß doch, Ludovica", brummelte Herzog Max und goß in aller Gemütsruhe seinen und des Königs unangerührten Schnaps hinter die Binde. „Junges, heißes Blut, das ist es. Er wird sich schon abschleifen, wenn er erst einmal älter wird."

Ein andermal wieder erschien der junge König gegen drei Uhr morgens vor Sophie-Charlottes Fenster und brachte ihr ein Ständchen dar. Dann wieder ruderte er mit ihr zu einer Insel im See, auf der er sich einen Rosengarten angelegt hatte. Er benahm sich dort so sonderbar, daß er Sophie-Charlotte zwar wie ein verzauberter Märchenprinz erschien, ihr aber zugleich auch solche Furcht einflößte, daß sie ihrer Mutter gestand, mit ihm nicht mehr allein sein zu wollen, weil sie sich vor ihm fürchte.

Ludovica hatte alle Mühe, ihr diese Furcht wieder auszureden. Das Verlöbnis war offiziell bekanntgegeben und sogar schon ein Hochzeitstermin für den 12. Oktober des Jahres 1867 festgesetzt. Die herzogliche Familie hatte alle Hände voll zu tun, um für die Aussteuer ihrer jüngsten Tochter standesgemäß Sorge zutragen. Und es gingen, wie man sich denken kann, beträchtliche Geldmittel dafür auf.

Da mußten Kleider und Roben genäht, Unterröcke, Strümpfe, Schuhe und Hemdchen angefertigt werden, Schleier, Hütchen, Handschuhe und Fächer, Wäsche für die Nacht und den Tag. Und all das Zubehör war anzuschaffen, das einer jungen Braut, die einen König heiratet, in eine solche fürstliche Ehe mitgegeben werden muß. Viele Hände fleißiger Näherinnen, Schuhmacher, Miedermacher, Modistinnen und anderer Leute waren dazu nötig. Die Koffer füllten sich in beträchtlicher Zahl. Schwere Truhen wurden randvoll mit Wäsche gepackt, die aus feinstem handgewebtem Leinen bestand, und Ludovica war von früh bis spät beschäftigt, über endlos langen Listen zu sitzen und alles, was angeliefert wurde, darin abzuhaken, damit es ihrer Tochter nur ja an nichts fehle und das herzogliche Haus sich nichts nachsagen zu lassen brauche.

Doch völlig überraschend unterfertigte gegen Ende September der König ein Handschreiben, das er seinem staunendem Sekretär diktiert und an seinen Minister Fürst Hohenlohe gerichtet hatte.

Es enthielt die lakonische Mitteilung, der Fürst habe das Münzamt augenblicklich zu veranlassen, das Prägen der Hochzeitsmedaillen einzustellen.

Fürst Hohenlohe war in diesen Belangen die rechte Hand des jungen Königs. Wie die Brautmutter, Herzogin Ludovica, war er seit Wochen bemüht, die Hochzeit mit allem Prunk und Gepränge vorzubereiten. Er hatte eine eigene Prunkkarosse bauen lassen, die von einem Gespann von acht prächtigen Schimmeln gezogen werden sollte. Der Hofstaat der künftigen Königin war bereits ernannt worden und die Zeremonien der Trauung schon festgelegt. Für den Hof und die Bevölkerung waren zahlreiche Festlichkeiten geplant, unter denen ein gewaltiges Feuerwerk einen besonderen Höhepunkt bilden sollte. Die Hochzeitsmedaillen, die sich im Münzamt in Prägung befanden, zeigten das Bildnis des Brautpaares nebst einer entsprechenden Inschrift, und sie würden als Souvenir reißenden Absatz finden.

Doch das festliche Ereignis schien Fürst Hohenlohe durch die unerwartete schriftliche Mitteilung plötzlich in Frage gestellt. Augenblicklich ersuchte er um eine Audienz und seine schlimmsten Befürchtungen sah er in der darauffolgenden Aussprache mit dem König bestätigt.

Der wankelmütige junge Mann hatte offensichtlich Angst vor seiner eigenen Courage bekommen. Hohenlohe konnte es sich nicht anders erklären, daß der König, bleich und sichtlich verwirrt, aber auch festen Willens, erklärte, nicht heiraten zu wollen.

„Aber Majestät, aus welchem Grunde?" wagte der

Fürst zu fragen.

„Fragen Sie mich nicht; es ist mein unabänderlicher Entschluß", erklärte ihm Ludwig.

Er erhob sich hinter seinem Schreibtisch und trat zum Fenster, um auf den Residenzgarten hinabzustarren. Damit wandte er Hohenlohe gleichzeitig den Rücken zu, so daß der Fürst nicht sehen konnte, was das Mienenspiel des Jünglings zu erkennen gab. Kopfschüttelnd fragte Hohenlohe dennoch weiter: „Und wie, Majestät, soll ich dies Ihrer Braut und deren Eltern begreiflich machen? Haben Majestät auch bedacht, daß die junge Herzogin durch Euer Majestät Verhalten in aller Öffentlichkeit aufs schwerste brüskiert wird?"

Ludwig wandte sich nicht zu seinem Besucher um. Er zuckte bloß die Schultern.

„Ich überlasse dies alles Ihrem diplomatischen Geschick", erklärte er kalt.

Wenige Stunden später erschien der Fürst in Possenhofen. Er kam unangemeldet und war sichtlich in größter Verlegenheit. Bei seinem Anblick ahnte der Herzog, der ihn empfing, schon alles.

„Reden Sie ruhig, Fürst, uns kann nichts überraschen", ermunterte ihn Max und goß sich und seinem Besucher ein Beruhigungsschnäpschen ein.

Fürst Hohenlohe suchte verzweifelt nach Worten. Er war zwar ein geschickter Diplomat und als solcher mit allen Wassern gewaschen, doch hier schien ihn seine Routine im Stich zu lassen.

Herzog Max suchte im Gesicht seines Gegenübers zu lesen. Mit einem schmerzlichen Lächeln kam er Hohenlohe zu Hilfe.

„Sie kommen im Auftrag des Königs, nicht wahr, Fürst?" meinte er ermunternd. „Ludwig möchte die Hochzeit verschieben?"

„Es ist schlimmer. Er hat sie gänzlich abgesagt. Aus –
aus gesundheitlichen Gründen", preßte der Fürst verlegen
hervor. „Ich halte es für das beste, wenn wir es so formulie-
ren. Immerhin ist es möglich, Ihrer durchlauchtigen Tochter damit eine Brücke zu bauen. Sie ist ja sonst vor aller
Welt und ohne jeden Grund blamiert."

Herzog Max nickte mit gefurchter Stirn. „Das kann man
wohl sagen", knurrte er. „Von den Kosten, die wir uns gemacht haben, gar nicht zu reden. Ich bin zwar nicht pleite,
aber immerhin. So eine Hochzeit geht ganz schön ins
Geld, wie Sie sich denken können."

„Wem sagen Sie das!" jammerte der Fürst. „Wie der
König seinen Entschluß dem Finanzminister klarmachen
will, kann ich mir überhaupt nicht vorstellen. Die Vorbereitungen für die Hochzeit haben bereits ein Vermögen
gekostet. Allein die Kutsche – ich darf gar nicht daran denken!"

Der Herzog sah Fürst Hohenlohe kurz an und prostete
ihm dann zu.

„Spülen wir's hinunter, Fürst", meinte er. „Übrigens –
was dem König sein Finanzminister, das ist mir Ludovica.
Das wird ein schweres Stück Arbeit werden, Fürst! Ich
darf gar nicht daran denken. Das beste ist, ich rede ganz
kurz mit ihr und verschwinde danach für ein paar Tage."

Der Fürst sah sich außerstande, dem Herzog in dieser
mißlichen Lage beizustehen. Er hatte es sehr eilig, wieder
aus dem Haus zu kommen, bevor er Ludovica begegnete.

An diejenige, die es am meisten anging, nämlich an Sissys Schwester, dachten sie alle nicht.

Sissy jedoch dachte unausgesetzt an sie, als sie nun in
Richtung Bayern fuhren.

Der König blieb bei seinem Entschluß. Er heiratete niemals. Und das war gut so. Sophie-Charlotte blieb dadurch vieles erspart, und doch hatte sie es damals mit ihren zweiundzwanzig Jahren schwer genug, all den Klatsch und Tratsch, der nun folgte, durchzustehen. Als sitzengelassene Königsbraut war es auch nicht einfach, eine andere „Partie" zu finden, denn ein gesellschaftlicher Makel blieb an ihr haften, wenngleich sie an der Handlungsweise des Königs gänzlich schuldlos war.

Wie gesagt, Sissy hätte allen Grund gehabt, ihrem Cousin nicht sehr gewogen zu sein, und anfangs war dies auch der Fall. Doch mit der Zeit verblaßte ihr Ärger, und das seltsame Gefühl von Sympathie, das auch sie für den jungen König empfand, mehrte sich wieder.

Wie er, war sie ein schönheitsdurstiger Geist, und wie Ludwig, setzte sie sich bewußt über manches hinweg und stieß damit in ihrer Umgebung auf völliges Unverständnis. Sie liebte Musik und Literatur ebensosehr wie er und wunderte sich nicht einmal darüber, daß sich Ludwig kostspielige Aufführungen seines Theaters gönnte, bei denen er allein als einziger Zuschauer in seiner Loge saß. Fand doch auch sie die vielerlei Geräusche, das Rascheln und Tuscheln des Publikums, das Kommen und Gehen, Husten und Knarren der Sitze, die Hitze und den Dunst im Theatersaal für unausstehlich, ganz zu schweigen von der beengenden Garderobe, die sie bei solchen Gelegenheiten tragen mußte. Auch sie hätte sich gern so wie Ludwig für sich allein eine durch nichts getrübte Aufführung manch eines interessanten Stückes gegönnt. Doch sie tat dies nie, weil sie sehr genau wußte, daß man in Wien noch weniger Verständnis hierfür aufgebracht hätte als in München. Wahrscheinlich hätte auch Franzl ein solches Verhalten nicht gebilligt.

Der Bahnhof in München hatte nicht das Gepränge ei-

nes offiziellen Staatsbesuchs. Tatsächlich war Sissy auch
nur privat auf der Durchreise hier. Fürst Hohenlohe begrüßte Sissy im Namen des Königs mit einem mächtigen
Blumenstrauß und fuhr dann mit ihr in das Wittelsbach-
sche Palais, wo er sich von ihr verabschiedete. Er hatte die
Grüße Ludwigs überbracht, und Sissy hoffte, daß dieser es
damit bewenden lassen würde. Sie wollte noch am gleichen Abend weiter nach Possenhofen, doch am Nachmittag überbrachte ein Hoflakai eine Einladung zu einem
Fest im Schloß, das Ludwig für sie arrangiert hatte, ohne
ihr hiervon durch Fürst Hohenlohe Mitteilung machen zu
lassen.

Wieder einmal erwies sich, wie unberechenbar er war.
Wohl oder übel mußte Sissy die schon für die Weiterreise
bereitgestellten Koffer beiseite stellen und sich am Abend
in große Garderobe zwängen lassen, um im Königsschloß
zu erscheinen.

Das Münchner Königsschloß prangte im Schimmer unzähliger Lichter. Die Treppen zum Festsaal war von Lakaien in goldschimmernden Uniformen flankiert. Sissy,
begleitet von Gräfin Festetics, schritt sie erwartungsvoll
empor.

„Seltsam, Majestät", bemerkte die Gräfin plötzlich,
„außer unserem eigenen habe ich im Hof keine anderen
Wagen bemerkt! Und auch hier ist es merkwürdig still. Wo
sind die übrigen Gäste? Er wird uns doch nicht allein geladen haben?"

Aus dem Festsaal klang jedoch Musik. Ein melancholi-
scher Walzer ertönte.

„Sie hören doch, Festetics, daß musiziert wird", bemerkte Sissy. „Ich habe eher den Eindruck, daß mit unserer Einladung etwas anderes nicht stimmt. Wahrscheinlich
hat man uns eine falsche Zeit angegeben, und sie sind

schon alle oben."

Die Gräfin fühlte sich seltsam beklommen. Auch Sissy konnte sich eines unangenehmen Vorgefühls nicht erwehren, je weiter sie nach oben stieg.

Als sich die hohen Flügeltüren des Festsaals vor ihr öffneten, sah sich die Gräfin in ihrer Vermutung bestätigt. Der Saal, der vom Glanz seiner prachtvollen Kristallüster erleuchtet war, war menschenleer. Die Kapelle, die den Walzer spielte, war anscheinend hinter Vorhängen verborgen, und selbst König Ludwig sah man nicht auf den ersten Blick. Er saß auf dem an der Stirnfront des Saales errichteten Thron und erhob sich beim Eintritt der beiden Frauen.

„Ich begrüße die schönste Kaiserin!" rief er pathetisch.

Verwundert trat Sissy, von der Gräfin gefolgt, auf ihn zu. Sie bemerkte Ludwigs Stirnrunzeln und gleich darauf hörte sie ihn sagen: „Die Einladung, ma chêr cousine, galt nur für Sie."

Die Gräfin erstarrte zu Eis. Ein solcher Affront war ihr noch nie vorgekommen. Am liebsten hätte sie sich auf der Stelle entfernt. Doch Sissy ergriff augenblicklich ihren Arm.

„Ein Tête-à-tête, mein lieber Cousin? Du erstaunst mich!" sagte Sissy pikiert. „Wenn ich das gewußt hätte, wäre ich gar nicht hierhergekommen."

„Schade", erklärte Ludwig traurig. „Wir beide allein und diese Lichter, dieser Saal, diese Musik – es wäre so schön, hier schwerelos Arm in Arm übers Parkett zu schweben. Finden Sie nicht auch, Cousine?"

„Lieber Vetter, um zu schweben, hast du offensichtlich in letzter Zeit zu stark zugenommen", erinnerte Sissy den König an sein unverkennbar gewordenes Bäuchlein, das ihm gar nicht gutstand. Sie fand ihn über seine jungen

Jahre hinaus gealtert und seinen skurrilen Einfall für keineswegs amüsant.

Der König wurde nicht gerne daran erinnert, daß er sein gutes Aussehen zu verlieren im Begriff stand.

„Ich habe im Kleinen Salon decken lassen und lasse noch ein Gedeck auflegen", meinte er unwirsch.

„Du mußt dir die Mühe nicht machen, lieber Cousin", wehrte Sissy ab.

Gräfin Festetics dachte, es sei eine Flucht, als sie wenige Minuten später an Sissys Seite die Treppe hinabeilte, die sie eben noch in Erwartung eines wirklichen Festes erstiegen hatten.

8. Vetter Ludwig ist seltsam

Am darauffolgenden Vormittag kam Sissy, nur von Ida von Ferenczy und Marie-Valerie begleitet, in Possenhofen an. Die Gräfin war in München zurückgeblieben. Auch ihr Gefolge ließ Sissy im Stadtpalais. Es standen ihr nur vier Tage zur Verfügung, dann wollte sie weiter nach Wien. Doch diese vier Tage wollte sie unbeschwert in Possenhofen verbringen.

Zu ihrer Enttäuschung war ihr Vater nicht da. Er war irgendwo in den Bergen auf der Jagd, doch die gealterte Ludovica schloß sie und ihr Enkelkind liebevoll in die mütterlichen Arme.

„Sissy, daß du nur wieder da bist!" rief sie und küßte ihre Tochter herzlich, bevor sie ihr Enkelkind auf den Arm nahm.

„Großmama!" rief Marie-Valerie, „ich habe mich schon so auf dich gefreut!"

„Und ich mich auch auf dich, mein Liebes", lachte Ludovica und küßte ihr Enkelkind. „Ihr werdet mir ja sicher viel von eurer großen Reise zu erzählen haben."

Sissy ging mit dem Kind nach oben, wo sich beide ihrer Reisekleider entledigen konnten. Auch Ida von Ferenczy hatte ihr eigenes Zimmer und zog sich bequem um, während die Herzogin für einen kräftigen Imbiß sorgte.

Bald darauf saßen sie beisammen, und Sissy trank mit Behagen die frische Milch, die eben erst aus den Stallungen des Schlosses gebracht worden war.

„Das ist gut, trink, mein Kind!" ermunterte sie Marie-Valerie und drückte ihr ein volles Milchglas in die Hand. „Milch macht kräftig und stark. Sie wird dir guttun."

Der Leibarzt, der gleichfalls in München geblieben war, hätte daran gewiß seine Freude gehabt.

„Nun erzählt einmal", drängte Ludovica ihre Tochter. „Du kommst gerade aus München. Hast du Ludwig gesehen?"

Sissy wechselte mit Ida einen vielsagenden Blick. Ida von Ferenczy wußte haargenau, was Sissy und Gräfin Festetics im Münchner Königsschloß passiert war. Die Gräfin hatte es ihr in einer Art und Weise erzählt, als wäre sie mit der Kaiserin in einem Gespensterschloß gewesen.

Sissy berichtete ihrer Mutter von dem merkwürdigen Erlebnis, und Ludovica zog die Stirne kraus.

„Du weißt nicht, was offenbar noch geheimgehalten wird. Ludwigs Bruder Otto ist völlig dem Wahnsinn verfallen. Es ist schrecklich. Ich darf gar nicht daran denken, wenn ich mir vorstelle, was dir hätte passieren können. Ich fürchte nämlich auch schon um Ludwigs Verstand."

Sissy schüttelte abwehrend den Kopf.

„Das muß nicht sein, Mama. Er ist zwar exzentrisch, aber ich kann ihm in manchem durchaus folgen."

„Ich nicht. Wenn du mich fragst, Sissy, so glaube ich, daß sich ein vernünftiger Mensch so nicht benimmt. Denke doch bloß an deine arme Schwester Sophie-Charlotte. Man kann sich doch nicht, wenn man normalen Verstand besitzt, so über alle Gepflogenheiten hinwegsetzen!"

„Ein König darf sich mancherlei erlauben, Mama", erwiderte Sissy. „Zumindest scheint dies Ludwig zu glauben."

„Aber sein Bruder Otto!" rief Ludovica beklommen. „Und stell dir bloß vor, ein Wahnsinniger säße auf Bayerns Königsthron! Es wäre nicht auszudenken!"

„In diesem Falle würde man ihn sicher entmündigen. Aber ich glaube nicht, daß Ludwig verrückt ist."

Ich will es vielmehr nicht glauben, mußte sich Sissy eingestehen. Es sind zwar verdächtige Anzeichen vorhanden, die man nicht übersehen kann. Der Einfall mit der Einladung in sein Schloß war auch so einer. Man muß für ihn beten, daß Gott das Schlimmste verhüte. Mama hat recht, es wäre nicht auszudenken und ein ganz großes Unglück für Bayern, wenn der König wahnsinnig würde.

Sie bereiteten ein kleines Picknick vor, und dann ging Sissy mit Marie-Valerie und Ida von Ferenczy hinab zum Ufer des Starnberger Sees.

Sie setzten sich in das Gras und beobachteten das Kind, wie es spielte.

„Geh nicht zu nah ans Wasser!" rief Sissy ihrer Tochter. Dann wandte sie sich an Ida:

„Was halten Sie von der Geschichte mit König Ludwig?"

„Die Sache scheint mir bedenklich", meinte Ida ernst. „Am allerschlimmsten aber ist die Katastrophe mit seinem Bruder Otto, der ja gleichfalls Ihr Cousin ist, Majestät."

„Sie meinen doch nicht, daß ich ihn aufsuchen sollte? Diesen Anblick könnte ich nicht ertragen! Das kann mir niemand zumuten, Ferenczy. Es ist nicht dasselbe, ob man fremde Insassen eines Irrenhauses sieht oder eigene Verwandte, die sich in so einem Zustand befinden."

Das verstand Ida vollkommen. Sie berührte diese Thema auch nicht mehr. Vielmehr erhob sie sich und kümmerte sich um das Kind, während Sissy allein einen Spaziergang entlang des Ufers begann.

Jeder Schritt, den sie hier tat, rief Erinnerungen in ihr wach. Hier war der Platz, wo sie als Kind ihr kleines Lamm gehütet hatte, das eines ihrer liebsten Spielgefährten gewesen war. Und dort, auf jener Bank, die jetzt einsam und halb vermorscht am Ufer stand, hatte sie sich manchmal mit ihrem Freund David getroffen, der so früh verstarb. Auf jener Wiese und hinter den Hecken hatte sie mit ihrem Bruder Karl Theodor gespielt, der von ihr den Spitznamen „Gackl" erhalten hatte. Und ihre ältere Schwester Helene, von der Familie zärtlich Nené gerufen, und sie hatten sich in tollem Übermut oft auf jener robusten Schaukel geschwungen, die vergessen und unbenutzt hier wahrhaftig noch immer von einem starken Baumast hing.

Wie um die alten Zeiten heraufzubeschwören, ging Sissy hin und nahm auf der Schaukel Platz. Sie stieß sich leicht vom Boden ab und schwang schwerelos auf und nieder.

Schwerelos – dieses Wort hatte Ludwig gebraucht, und sie verstand genau, was er meinte. All das, was sie an Widerwärtigem an dieses Dasein band, wollte er hinter sich lassen, wenn auch nur für einen kurzen, festlichen Augenblick. Und Arm in Arm mit ihr, von der er wußte, daß sie einer der wenigen Menschen war, die ähnlich wie er dachten und empfanden.

Ludwig tat ihr leid. Doch mit Schrecken erkannte sie, daß sie, wenn sie in seinen Denkgleisen weiterdachte, unabänderlich in Gefahr geriet, auch zu handeln wie er. Mama hielt ihn für verrückt. Bin ich es etwa auch schon? fragte sie sich, während ihr Herz erschrocken aussetzte.

Die Schaukel schwang aus. Sissy atmete gepreßt. Da war sie wieder, jene schreckliche Furcht, die sie empfand und zu flüchten zwang. Sie bereute es, nach Possenhofen gekommen zu sein. Dieser Moment auf der Schaukel hatte ihr mit schrecklicher Klarheit gezeigt, daß sie sich auf einem schmalen Grat zwischen Traum und Wirklichkeit bewegte. Sie durfte aber diese Grenzlinie niemals überschreiten.

Hatte Ludwig dies schon getan...?

Auf der spiegelglatten Oberfläche des Sees erschien ein seltsames Wesen. Es hatte die Gestalt eines Schwans, war aber zu groß für so ein Tier und verhielt sich außerdem in seltsamer Starrheit. Die Sonne blendete sie, so daß sie nicht genau erkennen konnte, was es wirklich war. Das ungeheuerliche Ding kam immer näher, und jetzt sah Sissy, daß es ein Boot war, indem aufrecht ein Mann stand, der es mit einem Ruder fortbewegte.

Erstaunt lief Sissy ans Ufer und rief nach Ida und dem Kind. Etwas derartig Merkwürdiges hatte sie noch nie zuvor gesehen: ein wie ein Schwan aussehendes Boot mit hoch emporragenden Flügeln und den Bug wie ein Schwanenhals geformt, der von einem geschnitzten Kopf gekrönt wurde.

Doch das Wort erstarb ihr in der Kehle, als sie gleich darauf den Ruderer erkannte. Ludwig war es! Als hätte ihn eine Ahnung hierhergeführt, hielt er genau auf die Stelle zu, an der sie stand. Sissy wollte flüchten, doch sie konnte es nicht. Wie gebannt starrte sie auf die seltsame

Erscheinung, die hier in hellem Sonnenlicht auf sie zukam.

Knirschend setzte der Kiel auf dem Sand des Ufers auf, und Ludwig sprang aufs Trockene, sein Ruder einziehend.

Er trug einen Jagdanzug und sah im übrigen ganz vernünftig aus. Wäre dieses merkwürdige Boot nicht gewesen, er wäre niemandem aufgefallen.

Als wäre gestern nichts geschehen, nickte er ihr freundlich zu und kam näher.

„Guten Morgen, meine schöne Cousine", begrüßte er sie. „Wie ich sehe, seid Ihr gut angekommen. Ich hoffe nicht zu stören, wenn ich einen Besuch mache."

„Du störst nicht, lieber Vetter", antwortete Sissy, indem sie sich hilfesuchend nach Ida Ferenczy umsah.

Doch diese und das Kind waren nicht zu sehen. Man hörte nur Marie-Valeries frohes Lachen, das aus einiger Entfernung herüberdrang.

Ludwig schien ihre Gedanken zu erraten.

„Wir sind allein, verehrte Cousine", versetzte er beinahe spöttisch. „Niemand sieht und hört uns. Hast du über den gestrigen Abend nachgedacht?"

Sissy faßte sich ein Herz.

„Wie geht es Otto?" fragte sie rundheraus.

Ein Schatten fiel über des Königs Gesicht. „Frage ihn selbst. Willst du ihn sehen?"

„Nein, nein!" rief Sissy erschrocken.

„Sie haben ihn in eine Jacke geschnürt, in der er sich nicht bewegen kann. In dieser Jacke geht es ihm ganz gut, den Umständen angemessen."

„Ludwig, das ist ja entsetzlich!" rief Elisabeth.

„Wie man es nimmt, meine schöne Cousine. Tragen nicht auch wir beide solch eine Jacke? Man sieht sie bloß nicht, das ist der ganze Unterschied. Möchtest du nicht mit mir auf meine Roseninsel fahren? Dort sind wir fern von allem, fern von dieser Welt. Nichts ist um uns als der Himmel, die Blüten und das schimmernde Wasser des Sees. Dort können wir ihnen allen ein Schnippchen schlagen und frei sein. Mein Schwan wird uns hinübertragen."

„Nein!" rief Elisabeth abwehrend, „niemals!"

Ludwig lächelte bedauernd.

„Dann wirst du die Freiheit nie erfahren, teuerste Cousine", sagte Ludwig traurig, wandte sich ohne ein weiteres Wort um und bestieg wieder sein Schwanenboot.

Mit leisem Plätschern tauchten seine Ruder ins Wasser, und er entschwand allmählich ihren Blicken. Doch erst Marie-Valerie und Ida von Ferenczy lösten sie aus ihrer Starre.

Habe ich geträumt?

Sissy fragte sich das. Sie war sich wirklich dessen nicht sicher, ob dieses Erlebnis mit Ludwig nur ihrer Einbildung entsprang oder ob er wirklich vorhin bei ihr gewesen war und mit ihr geredet hatte. Doch die Spuren am Ufer, die er und der Kiel seines Bootes hinterlassen hatten, sprachen eine deutliche Sprache. Er war also wirklich hier gewesen! Er wollte sie mit sich nehmen, hinaus auf den See, auf die Roseninsel, die ein Werk seiner Phantasie war.

„Das war jetzt lustig, unser Spiel vorhin, nicht wahr, Kaiserliche Hoheit", wandte sich Ida an Sissys Kind, und damit rief sie gleichzeitig auch dessen Mutter in die Gegenwart zurück.

Es war Sissy, als müsse sie einen schweren Traum von sich abschütteln. Einen Traum, der seltsamerweise Ida von Ferenczy in dem Augenblick zu befallen schien, in dem sich Sissy seiner entledigte. Obwohl sie den König und sein merkwürdiges Schwanenboot nicht sehen konnte, starrte Ida auf den Fleck, an dem er gelandet war, und tat, als sähe sie ein Gespenst. Dann aber ermahnte sie sich, wandte sich gewaltsam um und blickte forschend auf die Kaiserin.

„Der König war hier, nicht wahr, Majestät?"

Die Blicke der beiden Frauen ruhten ineinander. Doch Sissy vermied eine Antwort. Sie wandte sich um und ging auf das Schloß zu, während Ida ihr wortlos mit dem Kind folgte.

Einen Tag früher als geplant brach die ruhelose Sissy ihren Aufenthalt in Possenhofen ab und fuhr nach München zurück. Wieder einmal war sie auf der Flucht vor sich selbst, auf der Flucht vor dem dunklen Geheimnis, das ihre Familie umgab und dem sie entkommen wollte.

Sie trafen am Abend in München ein und wollten am nächsten Morgen mit dem Hofzug nach Wien weiterreisen. Einen Augenblick lang überlegte Sissy, ob sie nicht schon diese Nacht im Schlafwagen übernachten solle, doch dann schien ihr dieser Gedanke absurd. Im Stadtpalais hatte sie es bequem, und ihre Dienerschaft, die nicht auf ihre Ankunft vorbereitet war, konnte nicht so mir nichts – dir nichts aus den Betten geholt und in den Hofzug verfrachtet werden.

Doch nicht lange danach sollte Sissy bereuen, ihren Gedanken nicht in die Tat umgesetzt zu haben. Denn König Ludwig sorgte für noch eine Überraschung.

Es war Mitternacht, als jemand heftig gegen das Tor pochte. Der Pförtner öffnete erschreckt und erkannte einen Offizier der königlichen Leibgarde, der sich eben von seinem Pferd geschwungen hatte und etwas balancierte, das der Pförtner in der Dunkelheit zunächst für ein Wagenrad hielt.

Doch als der Pförtner seine Laterne hob, erkannte er im Kerzenschein, daß das merkwürdige Ding ein unförmiger Strauß von mindestens hundert roten Rosen war.

Der Offizier ächzte förmlich unter der Last und verlangte zu des Pförtners Verwunderung, zur Gräfin Festetics geführt zu werden.

„Seine Majestät schickt mich mit diesem Blumengruß zu der Dame", polterte der Offizier ungehalten.

Der Pförtner, der sich an diesem Auftrag durchaus schuldlos fühlte, meinte: „Lassen Sie den Strauß ruhig hier, Herr Hauptmann, ich werde ihn morgen früh der Gräfin übergeben."

Er dachte, damit sei die Sache erledigt, doch zu seiner Verwunderung polterte der Offizier weiter: „Sie haben mich wohl nicht verstanden, wie? Ich muß den Strauß persönlich übergeben!"

„Jetzt, um diese Stunde?" staunte der Pförtner nicht schlecht. „Es ist Mitternacht, Herr Hauptmann, ich kann die Frau Gräfin unmöglich wecken!"

„Wer sagt das? Befehl ist Befehl!" polterte der Offizier wütend. „Wollen Sie sich etwa dem Befehl des Königs widersetzen, Mann?"

Der Portier war jetzt total eingeschüchtert und leuchtete dem Offizier voran. Er weckte einen Kammerdiener und befahl diesem, den Mann samt Rosenstrauß bis vor das Zimmer der Gräfin Festetics zu bringen und diese durch heftiges Klopfen zu wecken, weil Besuch dasei.

Die Gräfin ruhte ahnungslos in tiefstem Schlummer, als es gegen ihre Türe pochte, so daß sie vor Schreck aus ihrem Kissen emporfuhr.

„Frau Gräfin, Besuch ist da!" hörte sie voll ungläubigen Staunens die Stimme des Kammerdieners draußen auf dem Korridor. Sie sprang entsetzt aus dem Bett und in ihre Pantoffeln, und indem sie sich schlaftrunken ihren Schlafrock angelte, wankte sie stöhnend nach der Tür.

„Sind Sie wahnsinnig?! Sie wecken ja das ganze Haus

auf! Was ist los? Besuch, mitten in der Nacht? Sie sind wohl übergeschnappt!"

Doch der Diener trommelte unentwegt weiter gegen die Tür, denn er fürchtete nicht zu Unrecht, nicht richtig verstanden worden zu sein.

„Da ist ein königlicher Leibgardeoffizier mit Rosen!" erklärte der Diener lautstark. „Er ist nicht abzuweisen, Frau Gräfin, er will sie Ihnen unbedingt in die Hand drücken!"

Mittlerweile wurden schon rechts und links die Türen entlang des Korridors aufgerissen, und neugierige Gesichter, die zum Gefolge Sissys gehörten, wurden Zeugen, wie die arme Gräfin Festetics zum Opfer von Ludwigs Rache an Sissy wurde, die er nahm, weil sie weder mit ihm getanzt noch ihn zu seiner Roseninsel begleitet hatte.

Die Gräfin erschien in Schlafrock und Nachthaube wie ein leibhaftiges Gespenst im Licht des Kerzenleuchters, den der Kammerdiener hoch genug emporhielt, so daß ein jeder den riesigen Rosenstrauß sehen konnte, den ihr der Hauptmann, die Hacken zusammenschlagend, überreichte.

„Mit den besten Grüßen von Seiner Majestät, soll ich ausrichten!" polterte er, drehte sich um und verschwand blitzartig, im Innersten froh darüber, sich seines Auftrags entledigt zu haben.

Die Gräfin Festetics war teils noch gar nicht richtig erwacht, teils aber auch nicht auf einen so schwerwiegenden Blumengruß gefaßt, so daß ihr der gewaltige Strauß polternd auf den Teppich krachte. Entsetzt schrie sie auf, knallte die Türe hinter sich zu und sprang schreckensbleich in ihr Bett, wo sie die Decke bis über die Nachthaube zog.

Anderentags hatte sie große Mühe, den vermaledeiten Strauß zu sich in die Kutsche zu zwängen, und dies mußte sie tun, weil er ein königliches Geschenk war und es gegen jede Etikette verstoßen hätte, ein solches bei der Abreise zurückzulassen.

Sissy wunderte sich nicht schlecht über den Ballast, doch tatsächlich stand der König mit kleiner Begleitung auf dem Bahnsteig und verabschiedete sich mit ironisch-bissigen Bemerkungen, während sich die Gräfin mit süß-saurem Lächeln für die wunderschönen Rosen bedanken mußte.

Während der Zug aus der Bahnhofshalle rollte, dachte Sissy grimmig: Und da soll noch einer behaupten, dieser Mensch sei verrückt! Das hat er uns bei vollem Bewußtsein angetan! Dieser schreckliche Ludwig!

Irgendwie fühlte sie sich erleichtert darüber. Offenbar stand es doch nicht so schlimm um den Geisteszustand des bayrischen Königs, als sie geglaubt hatte, befürchten zu müssen.

Nun aber rollte der Zug endlich der kaiserlichen Residenzstadt Wien entgegen.

9. Wiedersehen mit Franzl

Kaiser Franz Joseph ging besorgt in seinem Arbeitszimmer in der Wiener Hofburg an seinem Schreibpult auf und ab. Grünne hatte ihm soeben die Konfidentenberichte vorgelegt. Danach befand sich sein Sohn Rudolf gegenwärtig in der Nähe von Preßburg, von wo aus er zur Bärenjagd in die Karpaten aufbrechen wollte. Kaiser Franz Joseph ersah aus den Berichten, wen aller sein Sohn zur Jagd mitgenommen hatte, und zu seinem Erstaunen las es darin auch den Namen einer Baronin Vetsera

84

Er selbst gedachte, in den nächsten Wochen gemeinsam mit Sissy in der Umgebung von Pardubitz in Böhmen zu jagen, und er hatte von dorther die „allerunterthänigste" Einladung der Brüder Baltazzi erhalten, die ihnen bei dieser Gelegenheit ihren Reit- und Rennstall vorführen wollten. Durch all diese Unternehmungen der rührigen und geltungssüchtigen Familie war es nun nicht mehr möglich geworden, sie bei Hofe zu übersehen.

Unangenehm, dachte er. Doch wie können wir unserem Sohn einen Vorwurf machen, wenn Sissy und ich selbst diese Einladung nicht ausschlagen wollen? Denn sicher hat Sissy auch schon von diesen berühmten Pferden gehört, und wie ich sie kenne, wird sie es sich nicht nehmen lassen, womöglich selbst eines zu reiten. Nun, dies ist eben ein Zug der Zeit. Was unten ist, drängt nach oben.

„Es ist gut, Grünne", dankte Franz Joseph und wies den Adjutanten an, den ersten der im Audienzsaal wartenden Besucher vorzulassen.

Grünne verabschiedete sich, und der erste Audienzwerber trat ein. Es war ein Mann aus der Steiermark, der durch einen Erdrutsch um Haus und Hof gekommen war und sich nun nicht zu helfen wußte. Der arme Teufel stand vor dem völligen Ruin, doch um würdig beim Kaiser erscheinen zu können, hatte er in der Nachbarschaft Geld geliehen, sich einen funknagelneuen Anzug gekauft und – stolz auf seine Firmungsuhr mit dicker goldener Kette, die er hatte retten können – auf den Weg nach Wien gemacht. Er mußte, nachdem er sich in die Audienzliste eingetragen hatte, fast eine Woche warten, bis er die Benachrichtigung erhielt, daß ihn die Hofkanzlei eingereiht habe. Nun stand er seinem Kaiser Aug in Auge gegenüber, fühlte dessen forschenden Blick fragend auf sich gerichtet und brachte kein vernünftiges Wort hervor.

Franz Joseph war, obwohl seine Apanage es anders vorsah, in seinem Wesen ein genügsamer Mensch, so daß er zum Beispiel nur selten eine neue Uniform benötigte. Deshalb war er – obwohl von seinem Leibkammerdiener Ketterl pedantisch gepflegt – doch eher bescheiden gekleidet, und so entstand ein seltsamer Gegensatz: Der Kaiser der riesigen Monarchie wirkte fast ärmlich gegen den Bauern, der vor kurzem Hab und Gut verloren hatte.

Franz Joseph las aus den ihm vorliegenden Bericht, der ihm gleichzeitig mit der Audienzfolge für jeden einzelnen Besucher vorgelegt wurde, was der Mann, der vor ihm stand, wollte.

„Sie sind durch einen Erdrutsch geschädigt und haben kein Geld für den Wiederaufbau?" fragte er freundlich. „Aber Sie sind ja besser angezogen als ich, lieber Herr! So arg kann es also nicht sein. Nun ja, wir werden die Sache näher erheben."

Damit war der Unglückliche auch schon entlassen, und der nächste, der beim Kaiser vorsprechen wollte, folgte ihm nach. Franz Josephs Audienztage und -stunden, die ja allgemein bekannt sein sollten, wurden laufend in den Zeitungen veröffentlicht. Wer nun zum Kaiser wollte, mußte in die Kabinettskanzlei in die Hofburg gehen, wo der diensthabende Sekretär nach Namen, Stand und Adresse fragte sowie nach dem Grund für die Audienz. Soweit es möglich war, bekam er dann gleich zu hören, an welchem der nächsten Tage er sich im Audienzsaal einzufinden hatte. War das jedoch nicht der Fall, dann wurden Tag und Stunde brieflich mitgeteilt. Die Frage, in welchem Aufzug man zu erscheinen habe, beantwortete man in der Kabinettskanzlei ganz einfach: „Gerade so, wie Sie können!" Auch ärmliche Kleidung war durchaus kein Hindernis.

Im zweiten Stock des Reichskanzleitraktes, gegenüber

86

dem Franzensdenkmal, befand sich der Audienzsaal, vor welchem die Gardeinfanterie Wache stand. Ein Hoflakai komplimentierte die Ankommenden höflichst in den Vorraum, wo ein Hofkommissär in brauner Galatracht, wie hundert Jahre zuvor in Seidenstrümpfen und mit Lackschnallenschuhen bekleidet, jeden freundlich begrüßte, einen Blick in die Audienzliste warf, sich zu vergewissern, ob der Betreffende auch tatsächlich angemeldet sei. Die Höflichkeit des Personals des Audienzsaales war sprichwörtlich in der ganzen Monarchie. Zuvorkommend begleitete man den Gast in das Wartezimmer, hinter dem das Audienzzimmer lag, in welchem der Kaiser empfing.

Hier warteten freilich manchmal an die hundert Personen, bis sie an die Reihe kamen. Leute jeden Standes und aus allen Ländern der Monarchie waren zugegen und bildeten eine bunte Gesellschaft. Sie alle mußten darauf gefaßt sein, daß es eine Weile dauern würde, bis sie den Kaiser zu Gesicht bekämen. Doch der freundliche Empfang war darauf ausgerichtet, den Besuchern ihre Scheu zu nehmen, und trug viel dazu bei, daß die Stimmung im Wartesaal keine gedrückte, sondern eine eher angenehm-festliche war.

Zu beiden Seiten der Tür des Empfangsappartements stand die Ehrenwache: je ein ungarischer und ein österreichischer Nobelgardist in prachtvoller Uniform. Auch in den Nischen zwischen den Bogenfenstern konnte man je drei österreichische und drei ungarische Gardisten erblicken, die jedoch keine Kopfbedeckung trugen. Statt dessen hielten sie einen schwarzen, mit einer Masche geschmückten Stab in Händen, der an längst vergangene Zeiten erinnerte, in denen der Kaiser noch zwischen streitenden Parteien Recht sprechen mußte. Manchmal gab es auch Fälle, wo die Streitenden ihre Standpunkte in seiner Gegenwart derart verteidigten, daß sie einander in die Haare gerieten. Dann mußten die Gardisten dreinschlagen und die Streit-hähne zur Ordnung rufen. Dies kam freilich schon seit Jahrhunderten nicht mehr vor. Für die Rechtsprechung waren nun öffentliche Gerichte zuständig, doch der Stab in den Händen der Garden blieb als ein Zeichen der rauhen Vergangenheit und wurde ein Stück Hofburg-Tradition.

Der diensthabende Adjutant, der an einem Tisch neben der Tür des Kaisers amtierte, hatte die Audienzliste vor sich liegen, und der Flügeladjutant rief aus dieser Liste je-weils die fünf nächsten Namen auf, deren Träger sich dar-aufhin in die Nähe der Tür des Kaisers begaben und sich bereitmachten, vorgelassen zu werden. Wer an die Reihe kam, wurde vom Flügeladjutanten dem Kaiser vorgestellt. Franz Joseph empfing seine Besucher stehend, oft viele Stunden hindurch, und kaum jemand merkte ihm Ermü-dung an. Er nahm seine Aufgabe ernst, und Sissy wußte das. Auch sie hatte versucht, ihm in Regierungsgeschäften beizustehen, war jedoch damals schroff von Franz Josephs Mutter Sophie in die Schranken gewiesen worden. Da-nach gab sie es auf und begann jenes unstete Leben zu füh-ren, das wir kennen.

Diesmal wartete er voll Ungeduld, bis der Tag zu Ende war. Denn er wußte, daß der Hofzug mit Sissy am Abend auf dem Südbahnhof eintreffen werde. Er konnte es kaum erwarten, sie wieder in seine Arme zu schließen. Zu lange hatte er ihre Gegenwart entbehrt.

Sissy, dachte er, du wilder kleiner Vogel, nun kommst du endlich wieder heim. Dein Franzl erwartet dich! Und er dachte dabei an das Geschenk – eine wunderschöne Per-lenkette, die er ihr als Willkommensstrauß überreichen wollte.

Dennoch mußte er schmunzeln, als ihm der Flügeladjutant ein zehnjähriges Mädchen ankündigte, das den weiten Weg aus Pilsen nach Wien gekommen war, bloß um den Kaiser die Hand reichen zu dürfen. Es hatte eine Wette mit seiner Schulklasse abgeschlossen, daß ihr der Kaiser persönlich die Hand reichen werde. Doch dieser Wette war ein Versprechen vorausgegangen, das Versprechen, eine Mutprobe abzulegen. Sie wollte sich dieser Probe unterziehen, falls ihre Mutter von schwerer Krankheit genesen würde, und das Versprechen hatte sie vor dem Altar der Muttergottes in ihrer Pfarrkirche abgelegt.

Es war also nicht so, daß sie dem Kaiser einfach seine Zeit stehlen wollte. Franz Joseph las die Hintergründe der Wette von dem ihm überreichten Blatt, empfing die Kleine mit offenen Armen, reichte ihr nicht nur die Hand, sondern küßte sie auch auf die Stirn, ließ ihrer Mutter seine Glückwünsche zur Genesung bestellen und sagte dann: „Und werden deine Schulkameradinnen auch glauben, daß du wirklich bei mir gewesen bist? Paß auf, ich gebe dir etwas mit, womit du es ihnen beweisen kannst: Ein Foto von mir mit meiner eigenen Unterschrift."

Und er schrieb mit freundlichem Lächeln: Für die kleine Isabella, zur freundlichen Erinnerung, Franz Joseph.

Stunden später, als der Kaiser seine Sissy vom Bahnhof abholte, erzählte er ihr die Episode mit Isabella.

„Das hast du gut gemacht, Franzl", lobte ihn Sissy und gab ihm einen herzlichen Kuß. „Ich bin sicher, Isabella wird es noch als Großmutter ihren Enkelkindern erzählen. Es ist so schön, anderen zu helfen und ihnen Freude bereiten zu können. Doch nicht alle wissen deinen guten Willen zu schätzen, und manche intrigieren sogar gegen uns."

„An diesem Abend, Sissy, wollen wir keine trüben Gedanken wälzen. Sind wir nicht froh, einander wiederzuhaben? Jetzt wollen wir aber für eine Weile beisammenblei-

ben. Daheim in Schönbrunn wartet auch eine Überraschung auf dich! Ich wollte sie dir nur nicht vor allen Leuten geben."

„Eine Überraschung?" fragte Sissy gespannt. „Was ist
es denn, Franzl? Du wirst mich doch nicht auf die Folter
spannen!"

„Sissy, wenn ich dir jetzt verrate, was es ist, dann ist es
doch keine Überraschung mehr!" lachte Franz Joseph.
„Bis nach Schönbrunn wirst du dich schon noch gedulden
müssen!"

Schönbrunn war bald erreicht.

Da waren sie nun wieder in jenen Räumen, die Kaiser
Franz Joseph und sie bewohnten, in denen er auch viele ar-
beitsreiche Stunden verbrachte und die Sissys zweite Heimat geworden waren.

Vor fast zweihundert Jahren, im Jahre 1695, wurde der
Grundstein gelegt. Kaiserin Maria Theresia ließ das
Schloß in der Zeit bis 1749 nach den Plänen Fischers von
Erlach und Nikolaus Pacassis bauen. Es wurde eines der
schönsten Schlösser Europas. Im Verlauf seiner Geschichte wurde das Schloß Zeuge und Schauplatz großer
Ereignisse. Der kleine Mozart hatte hier vor der kaiserlichen Familie seine Kunst gezeigt, selbst Napoleon nach
der Eroberung Wiens im Jahre 1805 hier residiert und fünf
Jahre später Prinzessin Marie-Luise, die Tochter Kaiser
Franz I., geheiratet. Trotz seiner Größe und der weitläufigen Ausdehnung seiner dazugehörigen Anlagen und Ne-
bengebäude wirkte das Schloß anheimelnd und freundlich. Das riesige Gebäude enthielt mehr als eintausenvier-
hundert Säle, Salons, Gemächer und andere Räumlichkeiten, in denen man sich fast verirren konnte. Von einer Anhöhe herab grüßte die Gloriette und spiegelte sich in einem kunstvoll angelegten Teich.

Der Kaiser und Elisabeth bewohnten Zimmer im westlichen Trakt. Der Kaiser hatte sich hier in einem Eckraum ein einfaches Feldbett aufschlagen lassen, das ihm, der tagaus, tagein seinen Soldatenrock trug, genügte. Nicht viel besser war es um seine Schlafstelle in der Hofburg in Wien bestellt, welche er aber nur benützte, wenn ihn Konferenzen und andere Obliegenheiten in der Stadt so lange aufhielten, daß es sich nicht mehr auszahlte, nach Schönbrunn hinauszufahren.

Für gewöhnlich sahen die Wiener das Hin- und Herfahren seiner Kutsche durch die geschäftige Mariahilfer Straße zu so pünktlichen Zeiten, daß manche stehenblieben, um danach ihre Zwiebeluhren zu richten.

Sissys Schlafgemächer waren weit bequemer und luxuriöser ausgestattet. In ihrem Appartement in der Hofburg verfügte sie sogar über einen wunderschönen, kunstvoll gearbeiteten Zimmeraltar aus weißem Carrarer Marmor, vor dem sie zu beten pflegte, bevor sie schlafen ging.

An diesem Abend dinierten Sissy und Franz Joseph nach langer Zeit wieder einmal gemeinsam, nachdem Marie-Valerie von ihrer Gouvernante in Empfang genommen und mit elterlichen Küssen zu Bett gebracht worden war.

Eine Kerze auf dem Eßtisch verbreitete festlich-traulichen Schimmer, als Sissy und der Kaiser einander gegenübersaßen, während ein Lakai die Speisen auftrug.

Franz Joseph betrachtete unentwegt seine schöne und liebenswerte Frau. Sissy errötete unter seinem Blick wie ein junges Mädchen. Sie legte die Gabel, die sie eben zum Mund führen wollte, wieder ab und sagte stockend:

„Lieber Franzl, was siehst du mich so an? Habe ich mich sehr verändert?"

„Du bist noch jünger, schöner und reizvoller geworden, Sissy", gestand der Kaiser.

„Du übertreibst! Oder hast du solche Komplimente von deinem Freund, dem Kaiser Wilhelm, gelernt?"

Sie lachte, während sie sich der schnarrenden Worte des deutschen Kaisers in Baden-Baden erinnerte.

„Du lieber Himmel!" lachte auch Franz Joseph. „Er wird dir doch nicht etwa den Hof gemacht haben? Er muß ja ganz arg sein, wenn er flirtet."

„Das ist er auch", lachte Sissy fröhlich, indem sie sich an den Empfang in Baden-Baden erinnerte. „Du wirst doch nicht etwa auf ihn eifersüchtig werden?"

„Ich hoffe, das ist nicht nötig", meinte Franz Joseph gutgelaunt, und ihre Gläser klangen aneinander.

„Nun wird es aber endlich Zeit, daß du mir deine Überraschung zeigst", meinte Sissy.

Der Kaiser lächelte. Er hatte darauf nicht vergessen, sondern sich vielmehr schon lange auf diesen Moment gefreut. Nun öffnete er eine Tasche seines Uniformrocks und zog daraus das Etui mit der Perlenkette hervor, die er schon Tage zuvor beim Hofjuwelier Rohde am Kohlmarkt für Sissy gekauft hatte.

Franz Joseph erhob sich, trat hinter Sissy und legte ihr mit einem zärtlichen Kuß auf den Nacken die Kette um.

Mit einem leisen Aufschrei des Entzückens sprang Sissy auf, lief zum nächsten Spiegel und schlang gleich darauf Franzl ihre Arme um den Hals.

„Oh, Franzl, ist die aber schön!" rief sie beglückt und küßte ihren Gatten.

Franzl strahlte über das ganze Gesicht, weil er merkte, daß er das Richtige getroffen hatte.

Unter mancherlei Erzählungen und traulichen Gesprächen ging dieser schöne Abend dahin. Sissy erzählte von ihren Erlebnissen in München und Possenhofen, und der Kaiser lachte herzlich über die Geschichte von Frau von

92

Festetics' riesigem Rosenbukett, mit dem König Ludwig ihr und Sissy einen Streich gespielt hatte.

„Ein wenig sonderbar ist er aber schon, dein Herr Cousin", meinte Franz Joseph, wieder ernst werdend. „Und der Umstand, daß sein Bruder Otto nun endgültig dem Irrsinn verfallen ist, wirkt auch nicht gerade beruhigend."

„Da hast du recht, mein lieber Mann", nickte Sissy ernst.

„Nun, wir wollen nicht weiter davon sprechen. Was hältst du von einer kleinen Jagd in Pardubitz? Die Brüder Baltazzi haben sich erbötig gemacht, uns ihr berühmtes Gestüt vorzuführen. Ihre Schwester, die Baronin Vetsera, ist übrigens vor wenigen Tagen in Preßburg mit Rudi zusammengetroffen. Rudi will in die Karpaten, auf Bärenjagd."

„Das sind ja eine ganze Menge Neuigkeiten auf einmal, Franzl. Was ich dabei heraushöre ist aber, daß sich diese Familie aus der Levante beharrlich in unser Gesichtsfeld drängt."

„Das fällt mir auch schon auf, Sissy. Diese Leute haben sehr viel Geld und streben nach Einfluß. Es ist ihnen aber sonst nichts nachzusagen."

„Ich sehe es kommen, daß sie bei uns in Schönbrunn aus- und eingehen werden."

„Soweit ist es noch nicht, und wahrscheinlich wird es dazu auch nicht kommen. Unser alteingesessener Adel sorgt wohl dafür, daß die Bäume der Baltazzis nicht in den Himmel wachsen. Doch von Pferden scheinen sie viel zu verstehen. Und damit ist ihnen ja wohl auch deine Sympathie gewiß."

„Ich bin mit den Brüdern in England zur Jagd geritten", erzählte Sissy, „und finde, daß sie nicht nur gute Reiter, sondern auch recht interessante Leute sind."

„Na also", meinte Franz Joseph beruhigt, „dann freust du dich also auf Pardubitz?"

Sissy dachte ein wenig nach, nahm noch einen Schluck Wein und sagte dann endlich: „Weißt du, Franzl, worauf ich mich wirklich freue?"

Sie sah ihn liebevoll an. Franz Joseph wurde warm ums Herz.

„Sag es mir, Liebling", bat er.

„Ich freue mich auf unser Weihnachten und den Silvester in Gödöllö. Dort möchte ich endlich wieder einmal mit dir und unseren Kindern ungestört und ohne Trubel beisammen sein. Ja, das ist es, was ich mir wünsche."

Der Kaiser schloß sie gleich darauf in seine Arme.

Auch er sehnte die stillen Tage von Gödöllö von Herzen herbei. Doch bis dahin waren es noch viele Wochen, und Sissy mußte sich so wie er noch in Geduld üben.

Zweiter Teil

1. Weihnachtsfest in Gödöllö

Eigentlich hatte Sissy Pech, daß sie an einem 24. Dezember geboren wurde. Daher fielen bei ihr Geburtstag und Weihnachtsabend zusammen, und das Christkindl hatte jedes Jahr sehr viel zu tun, um die Geschenke für beide Feste auf einmal herbeizuschaffen.

Seit Sissy mit Franz Joseph verheiratet war, hatte sich auch an der Feier dieses Festes manches verändert. Der Geburtstag des Kaisers sowie der der Kaiserin waren nicht nur eine private, sondern auch eine öffentliche Angelegenheit, und Sissy mußte bis zu dem Tag, an dem sie sich in Gödöllö eingerichtet hatte, in der Wiener Hofburg eine große Gatulationstour über sich ergehen lassen, bei der gerade jene Menschen fehlten, die sie am liebsten bei sich gesehen hätte. Statt dessen kamen allerlei Höflinge und Würdenträger, und der Heilige Abend, der sonst ein Fest der Familie ist, wurde Sissy damit regelmäßig verdorben.

Seit sie das kleine Schlößchen in der Nähe von Budapest erworben und damit aus einer desolaten Ruine ein heimeliges Plätzchen geschaffen hatte, war dies wieder anders. Hierher konnte sie sich zurückziehen, und unter vielen Schwierigkeiten und Überwindung althergebrachter Ansichten, die zur festgefügten Tradition geworden waren, gelang es ihr schließlich auch, ihren Franzl davon zu überzeugen, daß es vernünftig war, wenn auch der Kaiser wenigstens am Heiligen Abend und zum Geburtstag seiner Frau einmal ausspannte und seine Geschäfte links liegenließ.

Die Woche zwischen Weihnachten und Neujahr wurde zu einer Woche in Gödöllö. Nach und nach kamen auch andere Mitglieder der Familie und Verwandte dorhin, und so wurde ein zwangloses familiäres Beisammensein ohne höfisches Zeremoniell und neugierige Blicke Fremder daraus.

Auch heuer wollte Sissy es wieder so halten. Noch in Wien, kurz vor ihrer Abreise, diktierte sie der Gräfin Festetics Weihnachtsgrüße an alle Freunde und näheren Bekannten, und das Sekretariat beförderte eine Menge Post in alle Welt. Ein langer Brief ging selbstverständlich auch nach Possenhofen ab, und Sissys in alle Winde verstreuten Geschwister wurden nicht vergessen.

Dann aber hatte Sissy nichts Eiligeres zu tun, als ihre Koffer zur Bahn schaffen zu lassen, und von der Wienerstadt für kurze Zeit Abschied zu nehmen. Wenige Tage zuvor hatte sich der flanierenden Menge am Kohlmarkt und Graben, in der Nähe des Stephansdoms, ein nicht alltäglicher Anblick geboten.

Sissy, Ida von Ferenczy und Gräfin Festetics waren auf einen Einkaufsbummel unterwegs gewesen. Denn selbstverständlich brauchte Sissy Weihnachtsgeschenke für ihre Lieben, und wenn sie es einrichten konnte, dann besorgte sie sich diese am liebsten selbst. Das war freilich nicht ganz so einfach, wie es erscheinen mag. Denn immerhin war Sissy eine Kaiserin, und die Sicherheitsbeamten, die sie überallhin auf Schritt und Tritt verfolgten, um ihr notfalls beizustehen, waren für sie stets ein lästiges Übel, dem sie oft nur mit List zu entgehen wußte.

Baron Oberzill, der die undankbare Aufgabe hatte, für die Sicherheit Ihrer Majestät Sorge zu tragen, hatte denn auch kein leichtes Leben, und mehr als einmal gestand er, daß es ihm wahrscheinlich leichter fiele, einen Sack Flöhe zu hüten, als Sissy.

Auch an diesem Tage kam Kommissär Wondratschek, ein rundlicher, jedoch nichtsdestotrotz sehr beweglicher

Herr, in das Sicherheitsbüro im Parterre des Reichskanzleitraktes gestürzt, in welchem Oberzill, eingehüllt in eine dicke Tabakswolke, im schwachen Licht der grünbeschirmten Schreibtischlampe kaum zu erkennen war.

Wondratschek, der eine eben erst angerauchte Zigarre in seiner Rechten schwang, während er mit der Linken eilig seinen Kalabreser-Hut vom Kopf riß, rief aufgeregt: „Eben sind sie durchs Amalientor! Sie haben sich einen Fiaker kommen lassen!"

Oberzill tauchte wie der Gottseibeiuns aus seiner Tabakwolke empor.

„Nichts wie ihnen nach", rief er heiser, „nehmen Sie zwei Konfidenten mit, und lassen Sie Ihre Majestät nicht aus den Augen!"

Doch als Wondratschek und seine beiden Leute zum Amalientor kamen, war der Fiaker längst weg, ganz abgesehen davon, daß niemand anders als Frau Feifal und zwei Kammerzofen darin gesessen hatten.

Sissy war unterdessen durch ein schmales Pförtchen hinaus auf den Josefsplatz geschlüpft, rasch gefolgt von Ida und Gräfin Marie, und alle drei Damen gingen so dicht verschleiert, daß sie nur ein sehr geübtes Auge hätte erkennen können.

Schnell trippelten sie durch die Habsburgergasse und ein Durchhaus auf den belebten Kohlmarkt, und Ida konnte sich nicht enthalten zu kichern: „Sehen Majestät doch den Wondratschek! Er steht dort drüben beim Demel und guckt sich die Augen aus!"

Herr Wondratschek besaß leider nicht die Gabe, durch dichte schwarze Schleier hindurchblicken zu können, und da Sissy es auch verstand, mit ihren beiden Begleiterinnen geschickt in der Menge unterzutauchen, waren sie bald aus seinem Gesichtsfeld verschwunden.

Nachdem diese Gefahr vorüber war, fühlte sich Sissy wieder einmal wie Harun al Raschid, der es liebte, unerkannt durch Bagdad zu streifen. Das Märchen aus Tausendundeiner Nacht wurde wahr, nur daß Sissy kein Kalif, sondern die österreichische Kaiserin war.

Ein leichter Schneeregen ließ schimmernde Kristalle auf den beleuchteten Auslagenscheiben zu Eisblumen werden. Das leise Traben der Fiaker und der gedämpfte Hufschlag ihrer Pferde sowie die unzähligen Stimmen einer vorweihnachtlich-festlich gestimmten Menge von Passanten erfüllten die Luft. Vor manchen der prächtig herausgeputzten Auslagen staute sich die kauflustige Menge, und besonders die Konditorei Demel prunkte wieder einmal mit kunstvoll gearbeiteten Süßigkeiten, unter denen ein mit richtigen Lichtern besteckter Weihnachtsbaum aus Zucker und Marzipan und ebensolchen pausbackigen Engeln das allerschönste war.

Sissy hätte gar zu gerne auch diese süßen Kunstwerke aus allernächster Nähe bewundert, doch leider ging dort drüben noch immer Herr Wondratschek auf und ab, und wachsamen Auges durchstreiften auch seine beiden Hilfsbeamten die lebhafte Menge.

Doch vor dem Schaufenster des kleinen, aber feinen Juweliergewölbes von Rohde blieb sie wie schon so oft bei solchen Gelegenheiten stehen und fand einen Ring, der ihr ins Auge stach. Es war ein rubingeschmückter Herrenring, von dem sie sich vorstellen konnte, daß Franzl ihn gerne tragen würde. Der kleine, elegant geschliffene rotschimmernde Stein leuchtete diskret aus einem glatten Goldreif, der alles in allem dezent, aber vornehm auf einer Männerhand wirken mußte.

„Gehen wir hinein", sagte Sissy, und Ida und die Gräfin nickten und folgten ihr in das Juweliergeschäft, das an diesem Adventabend gesteckt voller Leute war.

„Majestät, hier werden wir aber eine Weile warten müssen, bis wir drankommen", meinte die Festetics. „Oder wollen Majestät sich zu erkennen geben?"

„Sst", zischte Sissy, „nicht so laut! Und kein Wort davon, wer wir sind. Wir warten eben, wie alle anderen Leute auch. Hier drin ist es ja auch ganz schön warm und gemütlich."

Doch eine der Verkäuferinnen, die hinter den gläsernen Pult die Kunden bediente, schien zu ahnen, wer da gekommen sei und einkaufen wollte. Sissy war ja auch bei Rohde kein allzu seltener Kunde, und die Verkäuferinnen hatten einen Blick dafür, wenn jemand inkognito bleiben wollte. So wurde denn auch dem „K. u. K. Hofjuweliergeschäft" diesmal wieder die Ehre zuteil, daß die Kaiserin höchstpersönlich dort einen Einkauf tätigte und der Kaiser selbst einen Ring tragen würde, der aus der traditionsreichen Werkstätte dieses alten Familienunternehmens kam.

Nachdem dieser Punkt erledigt war, wanderten die drei Frauen wie Freundinnen auf den Graben hinaus, wo sie noch vor manchem Geschäft stehenblieben und schließlich, bepackt mit zahlreichen Schachteln, Paketen und Päckchen, ihre Schritte wieder heimwärts in die Hofburg lenkten.

Sissy hatte eine wunderschöne sprechende Porzellanpuppe, die „Mama!" rufen konnte, für Marie-Valerie gekauft, ferner ein Reisenecessaire, in dem Rudi seine Toilettesachen praktisch unterbringen konnte, wenn er, wie so oft, auf einer Jagdreise war. Auch Gisela wurde nicht vergessen. Die Gräfin Festetics schleppte eine Menge Geschenkpäckchen für sämtliche Nichten und Neffen der zahlreichen kaiserlichen Verwandtschaft, wovon freilich die meisten nicht unterm Christbaum liegen, sondern auf

101

anderem Wege in die Hände der Beschenkten gelangen würden.

Diesmal betraten Sissy, Ida und Gräfin Marie jedoch die Hofburg ganz offiziell durch das Haupttor am Michaelerplatz, wo sie über die Säulenstiege die Kaiserappartements erreichten. Dem armen Herrn Wondratschek, dem bei dieser Gelegenheit seine Zigarre endgültig aus dem offenen Munde fiel, nickte Sissy noch freundlich zu und wünschte ihm schnippisch einen angenehmen Abend.

An diesen ihren Streich, den sie ihrem Bewachungspersonal gespielt hatte, dachte Sissy noch amüsiert zurück, als ihr Hofzug in Richtung Ofen rollte. Von dort sollte es dann weitergehen nach Gödöllö.

Es war die Woche vor dem Weihnachtsfest, dem 24. Dezember, der zugleich auch Sissys Geburtstag war. Sie hatte vor, in Gödöllö noch nach dem Rechten zu sehen und alles im Schloß für das Fest recht schön herzurichten.

Die Gedanken von Ida von Ferenczy und Gräfin Festetics zielten aber schon weit über das Weihnachtsfest hinaus.

Beide waren hübsche junge Frauen, deren angenehmes Äußeres auf die Männer ihrer Umgebung nicht ohne Eindruck blieb. Manch ein Mann von Adel zeigte Interesse, und sicher hätte sowohl Ida als auch die junge Gräfin längst auch zum Traualtar treten können, wären sie nicht im Dienst an der Kaiserin aufgegangen.

Sie saßen in einem Abteil des Hofzuges beisammen und blickten durch die Scheiben auf das Schneetreiben hinaus, das sich vor den Waggonfenstern mit dem Rauch der Lokomotive mengte. Die schneebedeckte Landschaft, die an ihnen vorübereilte, war zeitweilig kaum zu erkennen. Es dämmerte auch schon.

Man war bereits in Ungarn. Der Zug fuhr durch flaches

Land, auf dem während der Sommermonate große Vieh-
herden weideten. Nun aber war die Pußta öde und leer.
Der Schnee bedeckte sie wie ein Leichentuch. Kein Tier
war zu sehen, kein Csikos auf seinem Pferd, der eine
Herde gehütet hätte.

Dann und wann tauchte für kurze Augenblicke die Silhouette eines Ziehbrunnens auf.

Ida von Ferenczy blickte auf ihre kleine, von einer Bro-
sche an einer zierlichen Kette herabbaumelnde Medaillon-
uhr, klappte ihren Deckel auf und sagte: „Es ist schon vier
Uhr nachmittags. In zwei Stunden werden wir ankommen."

„Haben Sie schon Pläne für die Ballsaison?" fragte die
Gräfin.

„Pläne? Ebensowenig wie im vorigen Jahr. Es hängt
doch alles von Ihrer Majestät ab."

„Die Kaiserin wird im nächsten Jahr nicht umhinkönnen, die Ballsaison mitzumachen. Ich weiß, daß sie es
haßt. Doch schon im Vorjahr hat sie sich nur selten blicken
lassen, und das hat man ihr übelgenommen. Auch der Kaiser hat es unliebsam vermerkt. Nein, diesmal muß sie es
durchstehen."

„Die Arme tut mir leid! Aber schließlich trägt sie die
Krone. Das schafft Pflichten, denen man sich nicht entzie-
hen kann. Vier Stunden im vollen Putz im Trubel, das
strengte freilich an. Und dazu muß sie noch all den Tratsch
auf sich nehmen, dem sie sich dabei aussetzt. Jedes Wort,
das sie sagt, wird auf die Goldwaage gelegt. Sie darf sich
keinen Augenblick gehenlassen wie andere Menschen
auch."

„Das ist es ja, was sie so haßt. Ich für meine Person habe
nichts gegen einen Ball, ich tanze ganz gern, aber zum
Tanzen kommt sie ja nie. Sie muß in einemfort Konversa-

tion machen!"

„Dabei bewundere ich sie ganz besonders. Ich wette, mir würde gar nicht genug einfallen, um mit all den Leuten reden zu können. Doch um die vielen bewundernden Blicke, die ihr gelten, beneide ich sie manchmal doch ein bißchen."

„Mancher Blick gilt auch Ihnen, liebe Ida", stellte die Festetics fest.

„Nun, Sie können sich auch nicht beklagen", meinte die Ferenczy anerkennend. „Da ist manch ein schmucker Kavalier, und ich möchte wetten, Sie bräuchten nur ein wenig nett zu lächeln, und er läge Ihnen auch schon zu Füßen."

Die Gräfin lachte geschmeichelt.

„Nun, wir werden ja sehen, ob sich für uns beide in der kommenden Ballsaison der Teppich mit Kavalieren bedeckt. Ich für meinen Teil finde sie angenehmer im Stehen."

„Ja, heuer soll es mehr Bälle geben als sonst. Da werden wir auch wieder Toilettensorgen haben. Die Modelle aus Paris, die ich neulich in einem Modeblatt gesehen habe, sind ganz schön raffiniert!"

„Raffiniert, aber unbequem. Wenn die Taille noch enger wird, werden wir kaum mehr atmen können."

„Wer schön sein will, muß leiden. Davon weiß ja auch unsere Kaiserin ein Lied zu singen."

„Ich denke, wir müssen jetzt nach ihr sehen! Vielleicht braucht sie uns."

Doch die Kaiserin hatte nach niemand geklingelt. Sie saß in ihre Träume versponnen am Fenster ihre Salonwagens, und Marie-Valerie hatte sich eng an sie geschmiegt.

„Mama, hast du schon einmal das Christkind gesehen?" fragte die Kleine plötzlich.

„Gesehen noch nicht, aber gespürt habe ich es."

104

Marie-Valerie bekam große runde Augen.

„Wie ist das, wenn man das Christkind spürt?" fragte die Kleine.

„Oh, das ist wunderschön. Da wird einem ganz warm ums Herz", antwortete Sissy lächelnd.

„Ich möchte es auch einmal spüren, Mama", rief Marie-Valerie verlangend.

„Wenn du es recht lieb hast, das Christkind, dann kann das schon einmal vorkommen", versicherte Sissy und strich ihrer Tochter zärtlich übers Haar. „Man kann nie vorher wissen, wann das ist."

„Wird es mir heuer auch viele schöne Sachen bringen?"

„Ganz sicher, mein Schatz. Du bist ja auch heuer wirklich sehr brav gewesen!"

2. Der junge Kronprinz

In der Woche zwischen Weihnachten und Neujahr herrschte stürmisches Winterwetter. Ein eisiger Schneesturm umheulte die Mauern von Schloß Gödöllö. Doch an diesem Abend waren es auch die Hunde, die in der Dämmerung in ihren Koppeln wütend zu bellen und zu jaulen begannen, so daß sie selbst den Sturm damit übertönten, der an den geschlossenen Fensterläden rüttelte.

Antal, der alte Diener, der aus der Umgebung des Schlosses stammte und eigentlich einst Wildhüter gewesen war, nahm seine Laterne, um Nachschau zu halten.

Er warf seinen Karpak über, entzündete die Kerze in der Laterne und nahm den mächtigen Schlüsselbund vom Haken, um das versperrte Schloßtor öffnen zu können. Es war fast zehn Uhr nachts, und normalerweise hatte um diese Stunde nur selten jemand Einlaß begehrt. Abgesehen davon, daß in den rauhen Nächten bis hin zu Dreikönig niemand sicher war, nicht irgendwelchen bösen Geistern oder Dämonen zu begegnen, war auch das Wetter derart schlecht, daß ein vernünftiger Mensch sich kaum auf die Landstraße gewagt hätte.

Antal schlurfte durch die Einfahrt, deren Gewölbe die Schritte widerhallen ließ. Er steckte den mächtigen eisernen Schlüssel in das große handgeschmiedete Schloß und rief vorsichtshalber, bevor er ihn umdrehte: „Wer da?"

„Mach auf, Antal, ich bin es!" kam es zurück.

Antal riß erschrocken die Augen auf. Er hob die Laterne, so daß die Furchen seines Gesichtes sich in bewegten Schatten zeichneten, drehte den Schlüssel im Schloß und öffnete knarrend die Tür.

Draußen sah er in der diesigen Schneenacht vier Männer stehen. Sie trugen Uniformen. Die Krägen ihrer Mäntel waren hochgeschlagen und ihre Kappen tief in die Stirnen gedrückt. In einigem Abstand hielt ein Pferdeschlitten, auf dessen Bock eine in ihrem Pelzmantel bis zur Unkenntlichkeit vermummte Gestalt hockte. Der junge Mann, der sich als erster eilig vor dem Schneesturm in Sicherheit brachte und dem die anderen drei Männer folgten, so rasch es nur möglich war, war niemand anders als Sissys und Franz Josephs Sohn, der Kronprinz Rudolf. Er war schlank und hochaufgeschossen. Der Kronprinz hatte ein schmales, intelligentes Gesicht und lebhaft braune Augen, die jetzt forschend in Antals Laterne blinzelten.

„Sind sie alle oben? Wohl schon zu Bett gegangen, wie? Wir sind mächtig durchfroren, Antal, und hungrig dazu. Ich hoffe, es ist möglich, daß wir noch etwas Warmes in den Magen kriegen und einen kräftigen Schluck obendrein, der uns aufwärmt."

Antal trat respektvoll zur Seite. Er wies auf den Schlitten und fragte: „Und was ist mit Ihrem Kutscher, Kaiserliche Hoheit?"

„Er wird hier übernachten und fährt morgen früh nach Budapest zurück. Sorgen Sie auch für ihn, weisen Sie ihm eine Kammer zum Übernachten an."

„Ich werde den Kammerdiener rufen. Soll ich die Majestäten wecken lassen?"

„Lassen Sie meine Eltern schlafen. Der Heilige Abend ist ohnedies schon vorbei. Den Christbaum brauchen wir meinetwegen nicht mehr anzuzünden. Los, Antal, wir haben Hunger und Durst und nicht die Absicht, hier in der Halle anzufrieren."

Er winkte seine drei Begleitern, und Antal, der mit der Laterne dem Kutscher ein Zeichen gab, war nicht imstande, ihm so schnell zu folgen. Denn die Beine des siebzehnjährigen Kronprinzen waren jünger als seine.

„Augenblick, Kaiserliche Hoheit! Ich mache Licht!" rief Antal, doch einer der drei Männer nahm ihm wortlos die Laterne aus der Hand und eilte damit den anderen nach.

Fluchend stand Antal im Dunkeln.

„Diese jungen Leute", knurrte er ärgerlich. Dann stapfte er in den heulenden Schneesturm hinaus und wies den brummigen Kutscher den Weg zur Remise und zum Stall, wo er Schlitten und Pferde unterbringen konnte.

Danach gingen die beiden in die Schloßküche, und Antal trommelte die Köchin und zwei Mägde heraus, weil er gesehen hatte, daß hinter den Fenstern des kleinen Salons Licht gemacht wurde, das durch die Ritzen der Fensterläden hindurchschimmerte.

„Schnell, etwas Warmes hinauf in den kleinen Salon. Der Kronprinz ist da und hat noch zwei Männer mitgebracht. Ihr müßt auch zusehen, Mädchen, daß sie anständige Betten kriegen."

„Der Kronprinz kommt direkt von der Jagd", erzählte der Kutscher. „Er war auf Bären aus und hat auch einen erlegt. Dabei wäre es ihm beinahe übel ergangen. Denn das Biest war nur angeschossen und ging ihn an. Der Oberleutnant Hellburg hat ihn gerettet. Seine Kugel traf genau zwischen die Augen des Bären. Der Schütze ist einer der beiden Männer, die der Kronprinz hierher mitgebracht hat. Vielleicht verdankt er ihm sogar sein Leben."

„Was Sie nicht sagen", schnaufte Antal und langte nach einer Weinkaraffe, aus der er sich und dem Besucher Gläser vollgoß. „Da, trinken Sie! Der macht warmes Blut. Ich denke, das haben Sie nötig."

Der Kutscher schlürfte behaglich und hatte auch nichts dagegen, als ihm eine der Mägde ein mächtiges Speckbrot vorlegte, in das er gleich tüchtig biß.

„Und wer sind die anderen beiden?" wollte Antal neugierig wissen.

„Der eine ist ein Zeitungsschreiber aus Wien. Der andere ein Gutsbesitzer. Er stammt aus der Slowakei. Der Zeitungsmann war nicht mit auf der Jagd. Der Kronprinz hat ihn erst vor wenigen Stunden in Budapest getroffen."

Der Kronprinz hatte es sich unterdessen mit seinen Gästen im Kleinen Salon gemütlich gemacht. Sie hatten ihre schneefeuchten Mäntel ausgezogen, und Rudolf hatte ihnen Likör eingeschenkt. Nun kam auch eine der Mägde und brachte dampfenden Punsch, was allgemeine Begeisterung hervorrief.

„Kaiserliche Hoheit, die Marika schickt gleich auch noch heiße Würstel nach oben. Es ist mitten in der Nacht, und sie sagt, mehr kann sie jetzt nicht tun. Dafür wird es morgen ein ganz besonders feines Mittagessen geben."

Die Männer lachten herzlich, und knicksend verschwand das Mädchen aus dem Raum.

„Sie haben es ja wirklich gemütlich hier in Gödöllö", meinte der Journalist aus Wien. „Ich hoffe, Kaiserliche Hoheit werden morgen Zeit finden, mir einen genauen Bericht über die Ereignisse auf der Jagd zu geben, damit ich ihn gleich meinem Blatt telegraphieren kann."

„Wir werden sehen", meinte Rudolf. „Zunächst aber werde ich wohl die Kaiserin und den Kaiser begrüßen müssen."

Sissy lag in ihrem Bett in tiefem Schlummer. Der Lärm, den die Ankunft ihres Sohnes hervorgerufen hatte, hatte sie nicht geweckt. Doch Franz Joseph lag wach, und als er die Unruhe im Hause gewahr wurde, erhob er sich, warf seinen Schlafrock über und trat auf den Korridor.

Die Geräusche, die er hörte, kamen aus dem Kleinen Salon. Franz Joseph glaube, die Stimme seines Sohnes zu erkennen, und eilte über die schwach beleuchteten Stufen einer kleinen Wendeltreppe, auf der ihm eine verschlafene Dienstmagd begegnete.

„Wer ist gekommen?" fragte er.

„Der Kronprinz, Majestät", antwortete die Magd, indem sie mühsam ein Gähnen unterdrückte.

„Und er hat offenbar wieder eine ganze Gesellschaft mitgebracht?" fragte der Kaiser mißbilligend.

Die Magd nickte. „Drei Herren sind es, die ich nicht kenne, Majestät."

Der Kaiser hatte vor, seinen Sohn zu begrüßen. Doch in dem Aufzug, in dem er sich zu dieser Stunde befand, war ihm dies in Gegenwart von Gästen nicht möglich. Unwillig und enttäuscht wandte er sich wieder um und ging den Weg zurück, den er gekommen war.

Unterdessen nahm die Unterhaltung im Kleinen Salon

lebhafte Formen an. Der Kronprinz ließ Champagner kommen und feierte auf seine Weise den glücklichen Ausgang der Karpatenjagd.

Franz Joseph hörte den immer noch anhaltenden Lärm bis gegen vier Uhr morgens, zu welcher Stunde endlich Ruhe eintrat.

Er erwachte unausgeschlafen, als Sissy sich bereits den Händen der Frau Feifal überantwortet hatte und ihr langes Haar kämmen und pflegen ließ.

Er trat in das Frisierzimmer ein, und Sissy wandte sich ihm glücklich lächelnd zu.

„Guten Morgen, Franzl! Gut ausgeschlafen?"

„Überhaupt nicht. Unser Herr Sohn ist daran schuld. Er ist diese Nacht gekommen und nahm auch schon die Gelegenheit wahr, ausgiebig mit Freunden anzustoßen. Ich habe es bis in die frühen Morgenstunden gehört und kein Auge zugetan."

Ein Schatten fiel über Sissys Gesicht: „Oh, du Armer! Aber eigentlich sollten wir uns doch freuen, daß Rudi da ist!"

„Ich möchte mich sehr gern freuen! Doch Rudi macht es mir sehr schwer. Seine Lebensweise gefällt mir nicht, ebensowenig wie der Umgang, den er pflegt. Ich bin neugierig, was das nun wieder für Leute sind, die er jetzt mitgebracht hat!"

„Franzl, du vergißt, daß er ein junger Mann ist, der sich ausleben möchte. Er möchte Freunde haben und ausgehen mit ihnen wie alle anderen jungen Leute auch. Das ist ganz natürlich, und ich finde nicht Schlechtes dabei."

„Er ist eben kein junger Mann wie alle anderen, Sissy! Er ist der Kronprinz, unser einziger Sohn, und die Zukunft des Reiches ruht auf ihm. Er kann nicht tun und lassen was er gerne möchte, ihm sind ebenso Schranken auferlegt wie

110

uns. Keiner von uns ist Herr seiner selbst. Wir gehören dem Reich, das zu verwalten unsere von Gott verfügte Aufgabe ist. Niemand kann sich aussuchen, als wessen Sohn oder Tochter er geboren wird. Es ist unser Schicksal, als Kinder regierender Familien geboren zu sein, und wir müssen es tragen und unsere Aufgabe erfüllen, so gut wir können. Dafür sind wir unserem Herrgott und jedem Untertanen, der uns vertraut, verantwortlich."

Sissy begriff ihn voll und ganz. Sie wußte, was er meinte und wie ernst er sein Amt als Kaiser nahm. Sie wußte auch, daß er jede Stunde des Tages, ja selbst der Nacht, bereit war, für dieses Reich einzutreten. Sie wußte aber auch, daß Rudi ein ganz anderer Mensch war als sein Vater und daß er in vielen Punkten auch nicht dessen Meinung war.

So wenig Kontakt die Eltern auch mit ihrem Sohn hatten, weil es dessen Großmutter Sophie in bester Absicht so eingerichtet hatte, daß er ganz von seinen Erziehern beherrscht und auch sein Denken von diesen geprägt wurde, so wußte Sissy doch soviel von ihrem Sohn, daß sie ahnte, dieser würde einmal ein Kaiser werden, der neue Wege einschlägt.

Franz Joseph versuchte nach bestem Wissen und Gewissen sein Reich auf althergebrachte Weise zu regieren, so, wie er es von seiner Mutter gelernt hatte. Doch Sophie hatte zwar ihn, nicht aber ihren Enkel in diesem Denken beeinflußt. Dazu kam, daß Rudolf viel vom freisinnigen Wesen seiner Mutter geerbt hatte. Als junger Mann war er zudem offen für moderne Zeitströmungen und Ideen, wie sie ihm auch durch gleichaltrige Freunde aus seinem Bekanntenkreis in Zivil oder im Militär zugetragen wurden.

Er hegte ein lebhaftes Interesse für die Presse und Publizistik im allgemeinen. Zum Unterschied von seinem Va-

111

ter, der, je älter er wurde, um so mehr einen Hang zur Reserviertheit den Medien gegenüber erkennen ließ, war Rudolf der Presse wohlgesinnt und wußte sich ihrer auch zu bedienen. Er selbst war ein talentierter Schreiber, und man munkelte bereits, daß schon in verschiedenen Zeitungen Aufsätze des Kronprinzen erschienen seien, wenn auch nicht unter seinem Namen.

In diesen Artikeln, die es tatsächlich gab, legte der Kronprinz offen verschiedene Mißstände in Heer und Verwaltung bloß, sehr zum Ärger der hiervon betroffenen Instanzen.

Eines war sicher: Wenn Rudolf den Thron bestieg, würde es von diesem Tage an Reformen geben, die nicht nach jedermanns Geschmack waren. Und so gab es jetzt schon in machen Kreisen diesbezüglich Bedenken, obgleich der Kronprinz noch in jugendlichem Alter stand und ein Thronwechsel auf lange Sicht nicht erwartet werden konnte.

Der Kaiser und Sissy nahmen ihr Frühstück schweigsam ein. Rudolf, der bis in die Morgenstunden aufgewesen war, schlief noch und nahm nicht daran teil. Sissy hatte also noch keine Gelegenheit, ihn zu begrüßen und ihm das Reisenecessaire zu geben, das sie ihm als Weihnachtsgeschenk gekauft hatte.

Wieder gingen ihr bei diesem Frühstück Gedanken durch den Kopf, die sie vor längerer Zeit schon gehegt hatte, und plötzlich sagte sie unerwartet: „Glaubst du nicht, Franzl, daß er sich ändern und mäßigen wird, wenn er erst einmal verheiratet ist?"

Franz Joseph blickte erstaunt auf.

„Du sprichst gerade, wie Mama reden würde, wenn sie noch lebte."

Sissy mußte lächeln.

112

„In manchen Punkten denken eben alle Frauen gleich. Und ich bin auch keine Ausnahme! – Ich glaube wirklich, daß es auch bei Rudi bloß eine Frage der Zeit ist. Er muß sich seine Hörner ablaufen und manches einsehen lernen, genau wie ich es auch mußte. Rudi ist doch erst siebzehn! Auch wenn er ein Kronprinz ist, ändert das nichts daran."

„Er macht mir Sorgen", erklärte Franz Joseph gedankenvoll. „Doch in der Sache mit der Heirat könntest du recht haben. Eine Ehe verändert den Menschen. Man gewinnt einen Blick für Aufgaben und Verantwortung. Und genau das ist es, was unserem Rudi not täte."

„Gibt es vielleicht gar schon in dieser Richtung irgendwelche Pläne?"

Franz Joseph lächelte.

„Pläne gibt es immer. Es fragt sich nur, ob sie auch tauglich sind und sich realisieren lassen. An den Höfen Europas lebt manch eine Prinzessin, die in Frage käme und wahrscheinlich auch nichts dagegen hätte, Österreichs künftige Kaiserin zu werden. Es sind auch Korrespondenzen im Gang, vorsichtige Anfragen, die über die Botschaften laufen. Man wird sehen. Vielleicht bringt schon das Frühjahr eine Überraschung."

Sissy hätte gar zu gerne erfahren, welcher Art diese Überraschung sein könnte, denn schließlich war sie Rudolfs Mutter. Doch gerade in dem Augenblick, in dem sie zu einer Frage den Mund auftat, riß der, den sie betreffen sollte, in jugendlichem Ungestüm die Türe auf und trat ins Frühstückszimmer.

„Mama! Papa!" rief Rudolf lachend. „Hier habt ihr mich leibhaftig! Und ich habe auch ein prächtiges Bärenfell mitgebracht. Wollt ihr es sehen? Es hängt schon unten in der Halle. Aber natürlich muß es noch zum Gerber. Und im übrigen..."

Franz Joseph erhob sich von seinem Sitz.

„Guten Morgen, mein Sohn. Ich wünsche dir noch nachträglich ein frohes Weihnachtsfest. Deswegen wollten wir doch hier zusammenkommen, nicht wahr? Oder hast du darauf vergessen?"

Der Tadel in seinen Worten war unüberhörbar. Rudolf erstarrte, und seine Miene wurde zu Eis.

Auch Sissy erhob sich und trat vermittelnd zwischen die beiden.

„Was ist denn, Rudi? Der Vater meint es nicht so! Er hätte dich nur gerne, wie wir alle, am Heiligen Abend bei sich gehabt."

Rudolf sagte nichts. Er küßte flüchtig seiner Mutter die Hand und drückte die seines Vaters. Es war eine halbe Geste der Entschuldigung. Man konnte ihm aber deutlich anmerken, daß der Ärger in ihm aufgestiegen war und ihm das Wiedersehen mit seinen Eltern verdarb. Franz Joseph traf keine Anstalten, das so begeistert angekündigte Bärenfell zu bewundern, und Sissy ließ schnell das Necessaire kommen und drückte es Rudolf in die Hand. „Aber wenigstens zu Silvester werden wir doch beisammen sein?" meinte sie dabei fragend.

Der Kronprinz preßte die Lippen aufeinander. „Ich glaube, da bin ich in Budapest", antwortete er reserviert.

„Dann können wir dir ja auch schon Neujahr wünschen", versetzte der Kaiser bissig. Die Zornesadern traten auf seine Stirn.

Rudolf sah es. Er nickte wortlos und verließ mit raschen Schritten den Raum.

Das Päckchen Sissys nahm er mit sich, doch er hatte es nicht geöffnet.

„Ich fürchte, wir werden mit ihm noch böse Überraschungen erleben!" hörte sie den Kaiser sagen.

114

3. Hofballklänge

Die Bälle in der Wiener Hofburg versammelten den Adel und die Gesellschaft Wiens. Der Fasching mit seinem lustigem Treiben fand bei diesen Gelegenheiten stets einen besonderen Höhepunkt.

Wenn der Hofballmusikdirektor Johann Strauß im Redoutensaal in der Hofburg aufspielte, dann kehrte auch dort mit dem Walzertakt die gute Laune ein, und in der Folge brachten die Gesellschaftsnachrichten der Wiener Tagesblätter auch stets die Ankündigungen von Verlöbnissen diverser Komtessen und Baronessen mit jungen Grafen und Baronen, die einander bei einem Ball bei Hofe kennen- und liebengelernt hatten.

Diese Feste boten den ganzen Prunk jener reichen Jahre der Monarchie auf, und die Liste der geladenen Gäste war voll von bekannten Namen alter und berühmter Geschlechter.

Zum sogenannten Kaiserball konnten die Baltazzis keine Einladung erhalten, weil dieser den engeren Kreisen des Hofes vorbehalten war. Doch der Ball bei Hofe sah auch sie unter den Gästen, die beiden Brüder, deren Schwager, den Baron Vetsera, und ihre mit diesem verheiratete Schwester.

Die Baronin rechnete sich bei dieser Gelegenheit aus, wie viele Jahre es noch bedurfte, bis sie ihre Tochter Marie beim Debütantinnenball in die Gesellschaft würde einführen können. Marie versprach jetzt schon eine rassige Schönheit zu werden, und ihre großen, brennend dunklen Augen würden gewiß noch manche Männerherzen brechen – bis sie soweit war, eine Heirat zu machen, die ihr eine gute gesellschaftliche Position und ein angenehmes und sorgenfreies Dasein ermöglichen würde.

Die Baronin sah in einem Ball wie diesem aber schon jetzt die Möglichkeit, ihre Fühler auszustrecken und Chancen zu sondieren, die vielleicht einmal spruchreif werden könnten. Dabei zog sie sich freilich unweigerlich den Spott ihrer beiden Brüder zu, denn das Mädchen, um das es sich handelte, war erst im März 1871 zur Welt gekommen, so daß sie das vierte Lebensjahr eben erst erreichte.

Immerhin konnte man der Baronin nicht nachsagen, keine vorausschauende Mutter zu sein.

Einst, als sie ihren Gatten, den Baron Albin, heiratete, galt sie als das reichste Mädchen von Konstantinopel. Ihr Vater Theodor, der in Venedig zu Welt kam, gründete in der Sultansstadt ein Bankhaus und erwarb sein großes Vermögen, das zum späteren sagenhaften Reichtum der Familie führen sollte, durch die Pacht der Maut auf der Galata-Brücke, welche den Bosporus überspannt und damit Europa und Asien verbindet.

Zu ihren beiden älteren Brüdern kamen später noch zwei, die alle die Liebe zum Geld, aber auch zu den Pferden im Blute hatten. Aristides, der jetzt noch in den Kinderschuhen umherlief, sollte später das berühmte Gestüt Napajedl erwerben, und Alexander mit seinem Kisbér das Derby von England gewinnen.

Bis dahin aber würden die Baltazzis und auch die Vetseras noch viel auf Reisen sein.

Elisabeth, welche nur ungern die Hofbälle besuchte, blieb heuer wirklich nichts anderes übrig, als sich in der Öffentlichkeit zu zeigen.

„Majestät dürfen sich nicht davor drücken. Majestät verschwinden immer zu früh, und es gibt danach ein Getuschel! Die Leute verstehen das nicht. Sie reimen sich allerlei zusammen, was weder Hand noch Fuß hat", drängte

Gräfin Festetics.

„Ja, ja, ich weiß", nickte Sissy. „Doch was dem einen ein Vergnügen ist, wird eben manch anderem zur Qual. Ich bin ein wenig menschenscheu und kann das nicht ändern."

War sie aber erst einmal auf so einem Fest erschienen, dann merkte man ihr diese Scheu nicht an. Wäre sie auch nicht die Kaiserin gewesen, so würde sie doch der Mittelpunkt des Balles geworden sein. Auch an diesem Abend war es wieder so. Sie eröffnete mit dem Kaiser den Ball im Redoutensaal, doch während Franzl sich seiner Geschäfte halber schon bald zurückziehen konnte, mußte sie bleiben.

„Sieht sie nicht großartig aus?" zischte Gräfin Festetics Ida von Ferenczy zu. „Noch immer ist sie schlank wie eine Gazelle, mädchenhaft und zugleich hoheitsvoll! Es gibt keine schönere Frau heute abend im Saal."

Ida konnte dem nur zustimmen. Sie war richtig stolz auf ihre Kaiserin. Auch wenn sie innerlich wußte, daß diese sich im selben Moment weit fortgewünscht hätte, fort aus dem Trubel, der sie umgab, und der Hitze, in der sie kaum atmen konnte.

Ein schlanker, fremdländisch aussehender Herr im Frack wendete kein Auge von Gräfin Maria, und Ida bemerkte dies wohl.

„Haben Sie den schon bemerkt, Gräfin?" fragte sie interessiert und deutete verstohlen in die Richtung, in welcher der Unbekannte eben hinter einer Säule verschwand.

„Ich habe ihn auch schon gesehen", nickte die Gräfin. „Ich kenne ihn nicht. Glauben Sie nicht, Ida, daß sein Interesse Ihnen gilt?"

„Keine Spur. Solange wir uns in der Nähe der Kaiserin aufhalten, wagt er sich nicht an uns heran. Im übrigen bin ich sicher, daß er nur Augen für Sie hat, meine Liebe." Die beiden Hofdamen waren amüsiert über die Aussicht auf ein Abenteuer. Die Gräfin Festetics war eben dabei, der Kaiserin vom Buffet ein Glas Sekt zu bringen, als der Fremde hinter sie trat und sie ansprach.

Das kam so unerwartet, daß sie den Sekt fast verschüttet hätte.

„Gestatten Sie, daß ich Ihnen helfe?" fragte er, nahm das nur mehr halbvolle Glas aus ihrer Hand, ersetzte es durch ein volles, nahm sich auch eines vom Buffet und stieß mit ihr an.

„Auf Ihr Wohl, Gräfin. Ich bin Fürst Woronzeff. Ich beobachte sie schon lange. Sie haben heute abend noch nicht ein einziges Mal getanzt."

„Ich bin im Dienst", erwiderte die Gräfin erschrocken.

„Im Dienst, wieso?" fragte er verwundert. „In dieser schönen Toilette? Sie sind zum Tanz gekleidet, und es juckt Sie in den Beinen. Meister Strauß geigt auch zu wundervoll. Trinken Sie aus, wir wollen mitsammen diesen Walzer tanzen!"

Gräfin Festetics schüttelte heftig den Kopf.

„Es tut mir leid, Fürst, aber es geht wirklich nicht! Ich bin Hofdame Ihrer Majestät und wollte ihr gerade ein Glas Sekt bringen."

„Senden Sie doch einen Lakai auf die Empore. Es ist eine Sünde für eine schöne Frau wie Sie, an einem solchen Abend nicht zu tanzen."

„Sie scherzen. Meine Sünde besteht darin, daß ich Ihre Majestät dursten lasse. Entschuldigen Sie mich, Fürst."

Noch einmal wechselte sie das Glas, ließ den Fürsten stehen und eilte durch das Gewühl der Menge zu Sissy.

„Entschuldigen, Majestät, es hat ein bißchen länger gedauert. Ich wurde aufgehalten von einem Mann, der unbedingt mit mir tanzen wollte."

Sissy, die oben auf der Empore saß, fächerte sich heftig
Kühlung zu und fragte interessiert: „Sie haben eine Eroberung gemacht, Gräfin? Kenne ich Ihren Verehrer? Wer ist
es?"

„Wenn Majestät ihn kennen sollten, mir ist er jedenfalls
unbekannt. Er nannte sich Woronzeff und sagte, er sei
Fürst. Dem Namen nach scheint es sich um einen Russen
zu handeln."

Sissy lächelte: „Er ist Kulturattaché an der Botschaft.
Gratuliere! Die Güter der Woronzeffs in Rußland sind
nicht viel kleiner als unsere Steiermark."

Die Gräfin erbleichte.

„Aber ich habe nicht das geringste Interesse an diesen
Gütern, Majestät", versicherte sie eifrig. „Ich will auch
nicht nach Rußland! Meinetwegen kann der Fürst bleiben,
wo der Pfeffer wächst."

„Dazu scheint er nicht die geringste Absicht zu haben.
Wie ich sehe, kommt er eben her, um eine passende Gelegenheit abzuwarten, doch noch mit Ihnen zu tanzen."

„Ich rühre mich nicht von der Stelle, Majestät", flüsterte die Gräfin aufgeregt und rückte noch ein Stück näher an Sissy heran, als wolle sie bei ihr Schutz suchen.

„Nun seien Sie doch nicht kindisch, Festetics!" lachte
Sissy und verbarg ihr Gesicht hinter dem Fächer. „Ich
gebe Ihnen frei. Verbringen Sie diesen Abend, so gut Sie
können!"

„Ich will aber gar nicht!" erklärte die Gräfin weinerlich.
Da schubste sie Sissy von ihrer Seite und gerade in die
Arme des Fürsten hinein, der prompt zur Stelle war und
sie auffing, da sie sonst von der Empore gepurzelt wäre.

„Ich bin entzückt, Gräfin!" lachte der Fürst herzlich.
„Wenngleich ich auch eine so stürmische Umarmung

schon zu Beginn unserer Bekanntschaft noch nicht erwarten durfte!"

Gräfin Marie riß Mund und Augen auf und machte sich dann empört und erschrocken von ihm los.

„Was fällt Ihnen ein, Fürst!" stieß sie hervor. „Nehmen Sie sofort die Hände von meinen Schultern! Alle Welt kann uns sehen! Sogar die Kaiserin."

„Augenscheinlich amüsiert sie sich köstlich, wenn auch hinter vorgehaltenem Fächer. Kommen Sie, wir wollen ihr keinen weiteren Grund dazu geben. Wir wollen vielmehr tanzen."

Und da eben wieder ein neuer Walzer begann, fühlte sich Gräfin Marie auch schon um die Taille gefaßt und von dem Fürsten schwungvoll übers Parkett gewirbelt.

Der Walzer benahm ihr fast den Atem. Der Fürst war ein vorzüglicher Tänzer, das merkte sie schon an der Art, wie er sie führte, und sooft sie verstohlen zu ihm aufblickte, mußte sie sich auch eingestehen, daß er ein gutaussehender Mann war, der ihr gefallen konnte.

Doch sie wehrte sich gegen diese Empfindung. Wie hatte Sissy gesagt? Die Woronzeffs hätten in Rußland Güter, die fast so groß wären wie die Steiermark? Wenn sie auf diesen Gütern leben müßte, dann würde sie ihre Kaiserin verlassen müssen, ihre Kaiserin und auch ihre Heimat!

Woronzeff ahnte nicht, was in seiner Tänzerin vor sich ging. Die ungarische Gräfin hatte sein Gefallen gefunden, und obwohl sie ihrem Stande nach unter dem seiner Familie stand, war sein Interesse auch nach den Erkundigungen, die er bereits über sie und ihre Familie eingeholt hatte, wach geblieben. Das einzige Hindernis, das sich einer Bekanntschaft entgegenstellte, schien Gräfin Maries Dienst bei Hof zu sein. Dieser Dienst nahm sie tatsächlich sehr in Anspruch.

Was der Fürst nicht wußte, war, daß Marie Festetics freiwillig viel von ihrer Zeit opferte, um bei ihrer Kaiserin sein zu dürfen. Teils tat sie dies aus Sympathie und Anhänglichkeit, teils aber auch aus einem patriotischen Empfinden heraus, das sie für ihre ungarische Heimat hegte.

Sie hatte den Eindruck, daß es ihr möglich wäre, auf Elisabeth, die ja nicht nur Kaiserin von Österreich, sondern auch Königin von Ungarn war, Einfluß zu nehmen und daß sich dieser Einfluß günstig auf Ungarn auswirken würde.

Doch Sissys Sympathien für Ungarn waren ohnedies groß und aufrichtiger Natur. Die Gräfin hatte ein solches Bemühen ihrer Heimat zuliebe gar nicht nötig.

Bei genauerem Überlegen mußte sie sich das auch eingestehen. Und wie sie sich sagte, hatte sie auch ein Recht darauf, sich nach freiem Entschluß ihr Leben zu gestalten. Viele Frauen ihres Alters waren glücklich verheiratet und manche von ihnen auch ins Ausland gegangen, um dort eine Familie zu haben, die ihnen zur neuen Heimat wurde. Warum nicht auch sie, wenn sich ihr hier so offensichtlich eine Gelegenheit bot?

Nach diesem Tanz war sie ganz außer Atem und völlig verwirrt, als sie der Fürst in eine lauschige, mit Palmen geschmückte Ecke führte, sie dort mit einem Imbiß versorgte und sich zu ihr setzte.

„Sie müssen mir Gelegenheit geben, Sie wiederzusehen, Gräfin", drängte er.

„Sie sind ein wenig stürmisch, Fürst, nicht nur beim Tanz", stellte sie fest.

„Mir bleibt wenig Zeit. Ich soll demnächst nach Petersburg abberufen werden. Ich werde künftig direkt am Hof des Zaren tätig sein. Sie werden verstehen, daß ich Ihnen dies nicht leichtfertig sage. Mein Interesse ist ernst."

Die Gräfin hörte ihn mit großem Erstaunen so sprechen.

„Aber Sie kennen mich doch kaum", wandte sie ein.

Er lachte spitzbübisch.

„Der Zar hat seine Spione überall", scherzte er. „Ich weiß alles über Sie. Alles, was ich wissen will! Es war nicht schwer, es herauszubekommen."

„Frechheit", zischte sie blitzenden Auges. „Wie konnten Sie sich bloß unterstehen, mich und meine Familie auszuspionieren?"

„Es war mir ein aufrichtiges Vergnügen, Gräfin", konterte er und zeigte beim Lachen eine reihe perlenweißer Zähne.

Seine unbekümmerte Fröhlichkeit, mit der er ihren Angriff abwehrte, wirkte ansteckend. Nun lachte auch sie.

„So gefallen Sie mir", stellte er fest. „Sie sollten überhaupt viel mehr lachen, meine Teuerste. Es wird Ihnen doch nicht etwa am Wiener Kaiserhof vergangen sein?"

„Sie werden schon wieder frech, Fürst. Ich bin sicher, am Hof Ihres Zaren ist es auch nicht besser."

„Da können Sie recht haben. Doch das soll uns beide nicht bekümmern. Im Ernst: Ich habe nicht viel Zeit, da ich mit meiner Abberufung jeden Tag rechne. Wie sieht es mit Ihrem Dienst morgen nachmittag aus? Könnten Sie sich auf eine Stunde oder zwei freinehmen? Wir würden uns beim Demel treffen, das ist ja nur wenige Schritte von hier."

Gräfin Marie fühlte, wie ihr das Herz bis zum Halse schlug.

„Ich weiß wirklich nicht", antwortete sie gepreßt.

„Versuchen Sie doch, es herauszubekommen", drängte er.

„Das geht ganz unmöglich", sagte sie kopfschüttelnd.

Er überlegte kurz. „Nichts ist unmöglich, wenn man es wirklich will", meinte er ernst. „Fragen Sie doch einfach Ihre Majestät. Ich bin sicher, sie wird Verständnis haben."

„Das wage ich nicht", bekannte Gräfin Marie verlegen.

„Gut", nickte er. „Dann werde ich morgen zwischen vier und sechs Uhr beim Demel auf Sie warten, und wenn ich dort den ganzen Vorrat an Tee dabei trinken muß. Bis sechs Uhr, haben Sie verstanden? Jedoch keine Minute länger!"

Sich vor ihr verbeugend, erhob er sich und verließ den Saal.

Er hatte seinen Abgang gut gewählt, denn auch Sissy war eben im Begriff, sich zurückzuziehen, und sie warf der Gräfin einen fragenden Blick zu. Sofort erhob sich diese von ihrem Tisch und eilte auf die Empore, um sich dort dem Gefolge der Kaiserin anzuschließen, das den festlichen Saal verließ.

„Nun? Was wollte er? Haben Sie sich gut in seiner Gesellschaft amüsiert?" fragte sie Sissy auf dem Weg zu den kaiserlichen Gemächern.

„Amüsiert?"

Noch immer war die Gräfin von dem überraschenden Abenteuer und den sich daraus ergebenden Aussichten völlig verwirrt und wagte auch nicht, die Frage vorzubringen, ob sie morgen nachmittag vom Dienst befreit sein könne.

Die Kaiserin schien zu ahnen, was in ihr vorging. Sie lächelte in sich hinein, fragte aber nicht weiter, sondern verabschiedete sich von ihren Hofdamen im Vorzimmer.

Die Türsteher rissen die Flügeltüren zu den kaiserlichen Privatgemächern auf, und Sissy rauschte in die goldschimmernde Pracht ihrer Räume, in der sie sich trotz allem in manchen Stunden so einsam fühlte.

Die liebe Gräfin Marie, dachte sie. Wahrscheinlich werde ich sie in absehbarer Zeit verlieren. Sie wird mir sehr fehlen. Doch der Fürst ist ein sehr anziehender und weltgewandter Mann, der es gewiß verstehen wird, sie glücklich zu machen.

Eines Tages wird sie eine sehr reiche, von vielen Enkeln umgebene alte Dame im fernen Rußland sein. Ob sie dann noch nach Wien oder nach Gödöllö zurückdenken wird? Vielleicht hat sie die Tage am Wiener Hof und in meiner Gesellschaft dann schon vergessen...

Nun, ich will ihrem Glück nicht im Wege stehen. Aber fragen muß sie mich schon. Ich werde kein Wort sagen, wenn sie nicht selbst den Mut dazu aufbringt, ihren Mund aufzutun.

Das nahm sich Sissy fest vor. Sie erreichte ihr Schlafgemach, wo sie von ihren Kammerzofen in Empfang genommen und entkleidet wurde. Nachdem erst das enge Korsett aufgeschnürt war, fühlte sie sich freier und wohler. Sie nahm ein kleines Bad, ließ sich massieren, und es schlug schon Mitternacht, als sie vor ihrem Altar niederkniete, um zu beten.

„Lieber Gott, gib, daß es mir möglich ist, die Menschen, die uns anvertraut sind, glücklich und zufrieden zu machen. Hilf meinem Franzl in seinem schweren Amt und steh auch meinen Eltern und meinen Geschwistern bei. Hilf allen armen, kranken und alten Leuten. Und erhalte unserer Heimat den Frieden!"

Es war nur ein einfaches kurzes Gebet, das sie sprach, doch es kam ihr aus tiefstem Herzen. Sie legte sich zu Bett, zog die Decke hoch und schloß die Augen, um bald darauf in Schlummer zu sinken.

Mit gleichmäßigen Schritten durchmaß die wachhabende Garde die Korridore, und der Ruf der Ablöse unten im Franzenshof schallte bis zu ihren Fenstern empor. Im Gleichschritt zog die Wachmannschaft, nachdem die Posten abgelöst worden waren, in ihr Wachlokal ab, das sich nur wenige Stockwerke unter Sissys Räumen im Amalientrakt befand.

Unwillkürlich blickte manch einer der Posten hinauf auf die Dächer der Burg, auf der sich alten Chroniken zufolge zwischen Mitternacht und ein Uhr morgens die Weiße Frau zeigen sollte, wenn dem Hause Habsburg und Österreich ein Unheil drohe.

Doch die Weiße Frau zeigte sich nicht. Nur der Mond stand hoch über den Türmen und Dächern von Wien und zog dort wolkenverhangen wie jede Nacht seine Bahn.

Der Zeiger der Schloßuhr rückte langsam weiter, und fern im Osten, dort, wo die Heimat des Fürsten Woronzeff lag, graute ein neuer Tag.

Unruhig wälzte sich Gräfin Marie auf ihrem Lager und sah, wie es heller und heller wurde. Sie fand in dieser Nacht keinen Schlaf.

Würde es ihr möglich sein, das Rendezvous, um welches der Fürst sie für heute abend gebeten hatte, einzuhalten? – Wollte sie dies überhaupt?

Vergebens suchte sie, diese Frage zu klären. Sie war sich nicht schlüssig. Und zu tief waren in ihr die Treue und Liebe zu ihrer Heimat und zu Sissy verwurzelt.

4. Romanze um Marie

In den folgenden Tagen herrschte in der Reichskanzlei eine lebhafte Tätigkeit, ein Kommen und Gehen verschiedener Minister und Militärs, so daß es sogar bis ins Appartement der Kaiserin bemerkbar wurde. Sissy ahnte, daß etwas im Gange war, das nichts Gutes verhieß.

„Festetics, versuchen Sie doch herauszukriegen, was sich da tut", ersuchte sie die Gräfin, nachdem Franz Joseph ihr auf eine diesbezügliche Frage eine Antwort gab, aus der sie nicht schlau werden konnte.

„Du weißt doch, Sissy, daß Viktor Emanuel bei uns zu Besuch war", hatte er ihr bloß gesagt.

Daraus wurde Sissy nicht recht klug. Doch die Gräfin, die sich hinter den Adjutanten des Kaisers steckte, erfuhr von diesem ohne Schwierigkeiten, was sie bald darauf der Kaiserin berichtete.

„Majestät, es handelt sich um die Reise nach Italien, die Seine Majestät in Kürze wird antreten müssen."

„Mein Mann reist nach Italien?" fragte Sissy kopfschüttelnd. „Und was will er dort? In dieser Gegend ist man doch zur Zeit seines Lebens nicht sicher!"

„Es handelt sich um eine Staatsvisite. Seine Majestät ist genötigt, den Besuch König Viktor Emanuels zu erwidern. Der König war in Wien, während wir im Ausland weilten. Nun ist der Gegenbesuch fällig."

Sissy zog die Stirne kraus. Mit einem Male stieg Besorgnis in ihr hoch. Sie reimte sich jetzt alles zusammen. Dieser Staatsbesuch in Italien mußte offensichtlich wegen der Gefahr von Attentaten unter besonderen Sicherheitsvorkehrungen durchgeführt werden.

„Die Terroristen – ich kann nur hoffen, daß nichts passiert! Wenn Franzl etwas zustieße – ich glaube, ich würde es nicht überleben!" preßte Sissy hervor, sprang von dem Fauteuil auf, in dem sie gesessen hatte, und begann unruhig im Zimmer auf und ab zu laufen.

Der Teppich dämpfte den Laut ihrer hastigen Schritte. Die Gräfin sah, daß die Erregung, welche die Kaiserin befallen hatte, sich von Minute zu Minute steigerte, während ihr offenbar ihre Gedanken die schrecklichsten Bilder vorgaukelten.

„So beruhigen Sie sich doch, Majestät! Noch ist der Kaiser ja hier in Wien. Und ganz sicher wird man nichts unversucht lassen, um jede Gefahr von ihm fernzuhalten. Wahrscheinlich wird man schon vor dem Staatsbesuch alle verdächtigen Personen verhaften. Der König von Italien weiß, welche Verantwortung er auf sich lädt, wenn er den Kaiser von Österreich nach Rom einlädt."

„Sicherlich weiß er dies! Aber wird er auch im Stande sein, die Sicherheitsgarantien, die er geben muß, einzuhalten? Rom ist ein einziges Terroristen- und Agentennest. Viktor Emanuel ist ja selbst seines Lebens nicht sicher. Der einzige Ort in Rom, wo ich nichts für den Kaiser befürchte, ist der Vatikan. Doch an jedem anderen Platz können sie lauern!"

„Majestät sehen wohl zu schwarz. So arg ist es sicher nicht, und unser Kaiser wird sich vorsehen. Wahrscheinlich wird man ein ganzes Heer von Polizisten und Geheimagenten aufbieten, um ihn abzuschirmen. Vom Militär ganz zu schweigen, das sicherlich alle Straßen, die er passieren muß, säumen wird."

„Aber die Bombenwerfer! Sie sind am gefährlichsten Sie haben schon mehr als ein gekröntes Haupt auf dem Gewissen. Und die Italiener hassen uns, weil sie auch unsere Adriaprovinzen mit ihrem Reich vereinigen wollen Dabei tun wir alles, um die Bevölkerung zufriedenzustellen. Ich glaube, so gut ist es den Leuten dort noch nie gegangen wie jetzt. Doch ich kann den Haß nicht vergessen, den uns der italienische Adel spüren ließ, als wir die Adriaprovinzen besuchten. Es hätte so schön sein können in Venedig und in Mailand, wenn dieser Haß nicht gewesen wäre! All unsere Mühe war vergebens."

„Seit damals ist viel Zeit vergangen, Majestät."

„Aber es hat sich nichts in der Denkart dieser Menschen geändert. Sie verfolgen uns noch immer mit ihrem Haß, und in Rom wird ihn mein Mann zu spüren bekommen."

Das Dinner mit Franz Joseph verlief nahezu wortlos. Der Kaiser aß mit gewohnter Eile seinen Tafelspitz, und die übrige Tischgesellschaft, die aus einem kleinen Kreis von Höflingen und Sissy bestand, hatte Mühe, mitzukommen. Er nahm noch ein Glas Weißwein zu sich, verzichtete auf das Dessert und trank danach hastig sein Tafelwasser.

Als er die Tafel aufhob, waren seine Tischgäste genötigt, auch ihrerseits das Essen abzubrechen, und mancher stand mit knurrendem Magen auf, da die Lakaien mit dem Vorlegen der Speisen nicht nachgekommen waren.

Dies war ein fast alltäglicher Vorgang. Vom Kaiser zu Tisch geladen zu sein war zwar ein Vorzug, jedoch tat jeder seiner Gäste daran gut, noch für ein anschließendes ausgiebiges Nachtmahl Vorsorge zu treffen. Franz Joseph ließ sich hierzu nie Zeit.

Diesmal suchte ihn Sissy in seinem Arbeitszimmer auf, in das er sich sofort nach dem Essen zurückzog. Das geschah nicht oft, weil Sissy genau wußte, daß er es nicht liebte, dort in seinen Geschäften gestört zu werden.

„Da wir nicht wie normale Eheleute beim Essen miteinander reden können und ich überhaupt Dinge, die dich betreffen und auch mich angehen, erst von dritter Seite erfahren muß, mußt du wohl entschuldigen, Franzl, daß ich dich jetzt und hier in Anspruch nehme."

Der Kaiser stand an seinem Sekretär, auf dem er eine dicke Akte zur Bearbeitung liegen hatte, und wandte sich erstaunt um.

„Du, Sissy? Was möchtest du? Kann ich etwas für dich tun?"

128

„Mit mir reden kannst du, Franzl, wie es sich unter Eheleuten, die einander lieben, gehört."

Franz Joseph sah, daß Sissy innerlich erregt war. Doch er begriff die Ursache dieser Gemütsstimmung nicht. Seine Miene verriet Staunen und leichte Reserviertheit, während er stumm blieb und wartete, was sie sagen würde.

„Seit Tagen, Franzl, geht es hier schon drunter und drüber, deines italienischen Staatsbesuches wegen. Doch zu mir sagst du kein Wort."

„Aber du wirst mich auf diesen Staatsbesuch ja nicht begleiten", sagte er abweisend.

„Und wenn ich dies aber möchte?" fragte sie und blickte ihn herausfordernd an.

Franz Joseph schüttelte den Kopf und erklärte mit Bestimmtheit: „Es tut mir leid, Sissy, aber nach Italien nehme ich dich nicht mit."

„Sage bloß, es geschieht deswegen, weil du meine Abneigung gegen Gedränge, Zeremoniell und das Begafftwerden durch die Menge kennst. Dann, lieber Franzl, wäre es eine Unwahrheit! Ich weiß sehr genau, mein Lieber, daß es nicht deswegen ist. Du möchtest mich vielmehr nicht mitnehmen, weil du selbst befürchtest, in Italien deines Lebens nicht sicher zu sein."

Er senkte den Kopf.

„Es gibt Dinge, mit denen unsereins stets rechnen muß. Man muß auf alles gefaßt sein, nicht nur in Italien. Von den Sorgen, die ich mir deinetwegen mache, wenn du im Ausland unterwegs bist, weißt du nichts."

„Diese Sorgen sind unnötig, Franzl. Ich bin eine Frau, mir wird man nichts tun. Man weiß auch, daß ich mich nicht in die Politik menge. Doch bei dir ist es etwas anderes. Du versinnbildlichst Österreichs Macht. In deiner Person können sie sie treffen wollen."

„Sissy, es ist schön, daß du dich um mich sorgst. Doch mein Leben liegt in Gottes Hand. Und im übrigen sei unbesorgt, es geschieht das menschenmögliche, um eine Gefahr auszuschließen."

„Wenn du so sicher bist, warum nimmst du mich dann nicht mit?" Sie trat ganz dicht an ihn heran und ergriff seine Hände. „Du bist aber nicht sicher, nicht wahr?"

„Ich sagte schon, mein Leben liegt in Gottes Hand. Und nun, Sissy, bitte ich dich, mich nicht länger aufzuhalten. Ich habe noch schrecklich viel zu tun und muß morgen in aller Herrgottsfrühe wieder auf den Beinen sein."

Sissy schüttelte den Kopf und wandte sich stumm zum Gehen. An der Türe seines Arbeitszimmers wandte sie sich noch einmal nach Franzl um. Er stand schon wieder über seine Akte gebeugt und schien sich für nichts anderes mehr zu interessieren.

Seufzend schloß sie die Tür von außen und ging müde in ihr Appartement zurück.

In den folgenden Tagen steigerte sich ihre Nervosität.

Nur mit Mühe konnte sich Gräfin Festetics an einem Nachmittag eine Stunde freimachen, um sich beim Demel mit Fürst Woronzeff zu treffen.

Der Fürst hatte sie offenbar schon ungeduldig erwartet. Er saß in einer Ecke des noblen Lokals, das gut besucht und von leisem Lachen, Gläserklingen und angeregten Gesprächen der Gäste erfüllt war.

Die junge Gräfin brauchte nicht lange zu suchen. Der Fürst erhob sich an seinem runden Tisch und machte sich bemerkbar. Marie Festetics stand gleich darauf neben ihm. Er küßte ihr die Hand und lud sie zum Sitzen ein.

„Ich konnte nicht früher kommen, entschuldigen Sie, Fürst", sagte sie, während sie ihre Handschuhe abstreifte.

Eines der adrett in Schwarz gekleideten Demel-Mäd-

130

chen erschien und fragte nach ihren Wünschen.

„Wollen unser Fruchteis versuchen? Oder vielleicht Tee oder Kaffee gefällig?"

Marie wählte das Eis. Während sie den zierlichen Silberlöffel zum Mund führte, spürte sie den brennenden dunklen Blick des Fürsten und schlug die Augen nieder.

„Jede Minute ist kostbar", begann er strafend. „Ich fürchtete schon, Sie kämen nicht."

„Ich hatte es doch versprochen", erwiderte sie und mußte lächeln.

„Aber Sie wissen nicht, was es für mich bedeutet! Vor allem heute! Wissen Sie, Gräfin Marie, daß dies unser letzter Tag ist? Ich habe heute morgen meine Abberufung bekommen. In drei Tagen reise ich nach Petersburg. Es bleiben mir nur noch achtundvierzig Stunden, in denen ich meine Wiener Angelegenheiten regeln kann. Und die wichtigste davon sind Sie. Wollen Sie meine Frau werden?"

Klirrend legte sie den Silberlöffel auf das Tablett. Die kühle Köstlichkeit auf ihrer Zunge wollte nicht mehr die Kehle hinab. Sie hatte mit dieser Frage gerechnet, doch nicht, daß sie schon heute erfolgen würde. Sie war sich nicht schlüssig, was sie antworten sollte.

„Nun?" preßte Woronzeff zwischen den Lippen hervor. „Sprechen Sie mein Urteil! An Ihnen liegt es jetzt, mich zum glücklichsten Menschen zu machen oder zu einem, für den das Leben keinen Sinn hat. Denn Sie wissen, wie sehr ich Sie liebe."

„Sie sprechen von Liebe, Fürst, doch wir kennen uns ja kaum. Wir haben uns nur wenige Male gesehen!"

„Doch diese wenigen Male genügen mir", versetzte er voll Leidenschaft.

Sie war völlig verwirrt. Sie wagte nicht, ihn offen anzu-

131

sehen.

Es war ihr klar, daß er es völlig ernst meinte, doch während sie seine Stimme hörte, sah sie gleichzeitig nicht ihn, sondern Sissy vor sich in ihren Gedanken. Was würde die Kaiserin sagen, wenn sie sie verlassen wollte? Die hatte ja nur so wenige Menschen, denen sie ihr volles Vertrauen schenkte! Mit einer Antwort, wie der Fürst sie jetzt forderte, konnte Marie nicht nur ihn, sondern auch die Kaiserin aufs tiefste verletzen. Und wie verletzbar Sissy war, wußte Marie von Festetics nur zu gut.

„Fürst, Sie überfallen mich mit Ihrem Antrag. So eine Sache läßt sich nicht so schnell entscheiden. Schließlich betrifft sie einen Bund fürs Leben. Haben Sie bedacht, wie Ihre Familie es aufnehmen würde, wenn Sie so tief unter Ihrem Stand heiraten? Und eine Ausländerin noch dazu, die nicht einmal Ihres Glaubens ist?"

„Aber Sie könnten doch konvertieren, Marie. Selbstverständlich sind wir alle orthodox, und wir würden auch orthodox getraut. Das ist doch kein großer Unterschied; wir sind Christen, und noch dazu recht religiös."

„Aber ich spreche kein Wort Russisch! Ich könnte mich nicht einmal mit meinen Schwiegereltern und Ihren Geschwistern unterhalten. Haben Sie überhaupt Geschwister? Sehen Sie, das weiß ich nicht einmal."

Er lächelte: „Ich habe zwei Brüder. Der eine ist Offizier, der andere Landwirt. Er und mein Vater führen die Güter. Ich selbst bin im diplomatischen Dienst, wie Sie wissen. Und was die Sprache betrifft, so habe ich Deutsch gelernt, und Sie können ebenso Russisch lernen. Im übrigen sprechen wir alle, wie auch Sie, Französisch."

Nun lachte Marie: „Das fände ich lustig, nach Rußland zu übersiedeln, um dort Französisch zu reden! Nein, Fürst, ich glaube, das wäre nicht das Richtige. Im übrigen bin ich kein sehr großes Sprachentalent."

Woronzeff spürte, wie sie ihm zu entgleiten drohte.

„Gut, ich verstehe", sagte er, „doch sagen Sie jetzt nicht nein. Ich will Sie auch nicht drängen. Es war ungeschickt von mir, doch Sie müssen verstehen, daß es mein sehnlichster Wunsch ist, Ihr Jawort zu erhalten."

„Das sagen Sie jetzt, Fürst. Doch in Petersburg, am Hof des Zaren, werden Sie so viele schöne Frauen treffen, daß Sie mich bald vergessen werden."

Heftig schüttelte er den Kopf.

„Niemals, Gräfin Marie! Und Sie müssen wissen, daß ich ein Mann bin, der meist erreicht, was er sich vornimmt. Aber ich kann verstehen, daß Sie sich nicht plötzlich entschließen können. Ich sage auch nicht, daß wir schon morgen heiraten sollen. Sie können in einem halben Jahr vielleicht nachkommen, wenn Sie sich entschließen. Doch lassen Sie mich nicht zu lange warten, Marie!"

Die junge Gräfin merkte nicht, wie der Tisch abgeräumt wurde. Sie saß tief in Gedanken versunken. Ihre Phantasie malte ihr ein Leben an der Seite dieses attraktiven jungen Mannes vor, ein Leben am Petersburger Hof, der durch seinen Glanz und seine Prachtentfaltung weithin berühmt war.

Dazu kam der sagenhafte Reichtum der Woronzeffs, während sie selbst einer nur mittelmäßig begüterten Familie entstammte. Auch hätte sie sich selbst belogen, wenn sie sich nicht eingestanden hätte, wie sehr ihr der junge Mann an ihrer Seite gefiel. Sein feuriges Slaventemperament war zwar ein wenig beängstigend, doch auch nicht absolut unangenehm. Jedenfalls würde ein Leben mit ihm gewiß nicht langweilig werden!

Es gab also keinen vernünftigen Grund gegen diese Heirat, außer dem einen und einzigen, der in ihrer Liebe und

Treue zur Kaiserin bestand. Noch hatte sie zu Sissy kein Wort über mögliche Absichten gesagt. Doch vermutlich ahnte die Kaiserin sehr wohl, was hinter den Bemühungen des Fürsten, ihre Hofdame zu treffen, stand. Doch Marie Festetics wurde von fast panischer Furcht befallen bei dem Gedanken, eine Aussprache mit Sissy herbeiführen zu müssen.

Ich glaube, ich würde kein einziges Wort hervorbringen, dachte sie und hatte schon beim bloßen Gedanken daran, ihr Auge in Auge gegenüberzustehen, das Gefühl, daß ihre Kehle zugeschnürt würde.

Der Fürst ahnte den Grund ihres Zögerns nicht, aber selbst wenn sie ihn ihm verraten hätte, würde er ihn kaum begriffen haben.

„Mein Zug geht am Donnerstag um zehn Uhr früh."

Er stellte diese Worte in den Raum, die viel mehr zum Ausdruck brachten, als sie zu beinhalten schienen. Er sprach leise und beschwörend. Doch mehr sagte er jetzt nicht.

Marie blickte auf ihre Armbanduhr.

„Werden Sie kommen?" fragte er.

„Wenn ich kann, werde ich am Bahnhof sein", antwortete sie, sich hastig erhebend. „Meine Zeit ist um, entschuldigen Sie, Fürst! Die Kaiserin erwartet mich."

„Sie haben achtundvierzig Stunden Zeit, sich Ihre Antwort zu überlegen", erklärte er eindringlich.

Sie nickte kaum und war im nächsten Augenblick zwischen den Tischen verschwunden.

Fürst Woronzeff setzte sich schwerfällig wieder hin und ließ sich ein Glas Portwein kommen. Er zündete sich eine Zigarette an und rauchte, in seine Gedanken versunken.

5. Ein gefährlicher Staatsbesuch

Es war ein regnerischer Aprilmorgen. Die Kälte des Monats März war noch spürbar. Der Fürst hatte seit seinem Rendezvous mit Gräfin Festetics nichts mehr von ihr gehört.

Er hatte in seinen Amtsräumen im dritten Wiener Gemeindebezirk seine Geschäfte bereits übergeben und dem Botschaftspersonal ade gesagt. Nun saß er in einer Droschke, die vollbepackt war mit seinen Koffern, so daß er selbst kaum mehr Platz darin fand, und warf einen letzten Blick zurück auf die Döblinger Villa, in der er sich für die Zeit seines Wiener Aufenthaltes eingemietet hatte.

Die Pferde zogen an, und das Gefährt fuhr durch die morgendlichen Wiener Straßen in Richtung Ostbahnhof.

Ob Marie, wie er hoffte, kommen würde, um ihn noch einmal zu sehen? Und würde er dann von ihr die ersehnte Antwort erhalten? Die Ungewißheit darüber erregte und bedrückte ihn zugleich. Sie erschwerte seinen Abschied von Wien, und obwohl es nun in seine Heimat ging, spürte er doch, daß ein Teil von ihm hier zurückbleiben würde. Sein Leben lang würde er sich an Wien erinnern und sich sicherlich auch manchmal zurücksehnen nach dieser Stadt, die ihm so vertraut geworden war.

Zur gleichen Stunde setzte sich die Leibgarde des Kaisers in Bewegung, um das Gefährt zu eskortieren, das ihn zum Südbahnhof bringen sollte. Beide Bahnhöfe waren nur wenige Minuten voneinander entfernt und am gleichen Platz gelegen. Sie waren nur durch eine Parkanlage getrennt, doch die Geleise, die in ihnen ihren Anfang nahmen und endeten, führten nach verschiedenen Richtungen.

Sissy hatte es sich nicht nehmen lassen, Franzl wenigstens bis zum Bahnhof zu begleiten. Dort stand schon eine unüberschaubare Menschenmenge, welche den Kaiser und die Kaiserin sehen wollte. Die Prinz-Eugen-Straße, entlang der prächtigen Anlage des Belvedere, war gesäumt von einem dichten Spalier, das den Kaiser bejubelte, der freundlich dankend in seiner Kutsche saß und die Grüße erwiderte. Wo der Hofwagen vorbeikam, zogen die Männer ihre Hüte, und die Frauen winkten und hoben manchmal auch ihre Kinder hoch, damit sie den Kaiser besser sehen konnten.

Dazu hatten sie freilich nur wenige Minuten Gelegenheit. Bald war sein Wagen vorbei, und dann kamen nur noch jene, die seine Begleitung beim Staatsbesuch mit zum Bahnhof brachten.

Sissy saß neben dem Kaiser. Sie war bleich und nervös. Immer wieder schaute sie ihren Franzl an, als fürchte sie, ihn zum letztenmal zu sehen.

„Mehr Haltung, Sissy", raunte er ihr mehrmals zu, „vergiß nicht, daß uns alle sehen. Und weine um Himmels willen nicht. Mir wäre es viel lieber gewesen, du wärst daheimgeblieben."

„Ich bin eine Frau wie alle anderen und nicht nur Kaiserin", preßte sie hervor.

„Du bist vor allem Kaiserin", versetzte er.

Sein Blick umfing sie voll Zärtlichkeit. Trotz seiner Mahnung an ihre Pflicht war auch er von Abschiedsschmerz erfüllt, wenngleich er auch nicht Sissys Befürchtungen hegt. Der Geheimdienst hatte ihn hinlänglich über die zu seiner Sicherheit getroffenen Maßnahmen informiert, und ebenso hatte es zahlreiche offizielle Kontakte über das Außenministerium und die italienische Botschaft gegeben.

136

„Ich werde nach Rom auch noch unsere dalmatinischen Provinzen besuchen", erklärte er. „Aber in vier Wochen bin ich wieder bei dir. Sieh inzwischen, was unser Rudi macht. Und hoffentlich kränkelt Marie-Valerie nicht wieder."

Sissy nickte wortlos. Sie spürte ein Würgen in ihrer Kehle. Inzwischen war man bereits vor dem Bahnhof angelangt, und laute Befehle ertönten, während die Garde präsentierte.

Fürst Woronzeffs Droschke war durch die sich stauende Menge aufgehalten worden.

„Da geht's nicht weiter, Herr, ich will's durch die Argentinierstraße versuchen", rief der Kutscher ihm zu. „Die Prinz-Eugen-Straße ist ganz verstopft, weil grad der Kaiser zum Südbahnhof fährt."

Natürlich wußte Woronzeff von der Abreise des Kaisers, doch er hatte nicht angenommen, daß sie für seine eigene Abfahrt zum Hindernis werden könne. Er zog seine Uhr und blickte besorgt auf das Zifferblatt.

„Beim Südbahnhof werden wir aber auch nicht durchkommen", rief er zweifelnd zurück.

„Dann muß ich umkehren, über den Rennweg, und dann rechts abbiegen. Das wird aber Zeit kosten."

„Lassen Sie die Pferde traben. In zwanzig Minuten muß ich in meinem Abteil sitzen."

Der Droschkenkutscher versprach sich ein gutes Trinkgeld und wendete das Gefährt.

In einem der Wagen des kaiserlichen Gefolges saßen Gräfin Festetics und Ida Ferenczy. Sie bildeten wie immer die Begleitung der Kaiserin. Die Gräfin war voll Unruhe Wie Fürst Woronzeff blickte auch sie nach ihrer Uhr. Doch sie hatte wenig Hoffnung, daß es ihr möglich sein werde, ihr Versprechen zu halten. Zwar waren die beiden

Bahnhöfe nur wenige Minuten voneinander entfernt, doch heute trennten sie Welten.

Die Manöver des Droschkenfahrers glückten. Doch dem Fürsten blieben nur noch wenige Minuten, um seinen Zug zu erreichen und sein Gepäck zu verstauen. Doch er hatte ein für ihn reserviertes Abteil.

Der Bahnhof war erfüllt von Rauch und lautem Lärm. Der Zug stand schon unter Dampf und war abfahrbereit.

Von fern her hörte man die Musik einer Militärkapelle. Drüben beim Südbahnhof wurde eben der Kaiser verabschiedet.

Woronzeff ließ das Fenster seines Abteils herab und beugte sich nach draußen. Marie war nirgendwo zu sehen.

Sie wird drüben sein, dachte er, und nicht fortkommen.

Er hatte ihr noch einen Brief geschrieben, in dem auch seine Heimatadresse stand. Für alle Fälle hatte sie damit die Möglichkeit, ihm wenigstens zu schreiben.

Die Gräfin schwankte, als sie ihren Wagen verließ, zwischen ihrer Pflicht, Sissy auf den Perron des Südbahnhofs zu folgen, und dem in ihr übermächtig werdenden Verlangen, ihr Versprechen zu halten und Fürst Woronzeff noch einmal zu sehen.

Dabei hatte sie ihren Entschluß bereits gefaßt. Sie würde seinen Antrag ablehnen und bei Sissy bleiben. So verlockend ihr auch schien, was Woronzeff ihr anbot, war doch ihr Wunsch, Sissy zu dienen und damit auch gleichzeitig die Interessen ihrer ungarischen Landsleute zu wahren, größer.

In Rußland hätte sie nichts für ihre ungarische Heimat tun können. Am Wiener Hof jedoch war dies anders. Da hatten ihre persönlichen Interessen hintan zu stehen!

Doch dieses eine und einzige Mal wollte sie noch ihrem Wunsch nachgeben und vom Fürsten Abschied nehmen.

138

Ida von Ferenczy war völlig überrascht und erstaunt, als Marie ihr zuflüsterte: „Entschuldige mich bitte, ich kann nicht anders. Es ist nur für wenige Minuten. Ich bin bald wieder da!"

Sie lief über den von der Garde freigehaltenen Platz und hatte Mühe, durch den Polizeikordon zu gelangen. Endlich glückte es ihr. Kostbare Minuten waren dabei vergangen. Doch nun mußte sie sich noch durch die widerspenstige Menge kämpfen, die ihr den Weg zum Ostbahnhof wie eine Mauer versperrte.

„Lassen Sie mich doch durch, ich bitte Sie", rief sie ein ums andere Mal und geriet in Panik, während sie an den unerbittlich vorrückenden Uhrzeiger dachte. Woronzeffs Zug mußte ja schon jeden Augenblick abfahren. Sie glaubte bereits, das Pfeifsignal zu hören.

Außer Atem und mit aufgelöstem Haar – ihr Hütchen hatte sie in der Menge verloren – erreichte sie endlich die Stufen zum Portal des Ostbahnhofs.

Noch immer stand Woronzeff an seinem Fenster. Es war ihm, als müßten alle seine Gedanken Marie herbeirufen.

Da hob der Stationsvorstand seinen Signalstab, setzte die Pfeife zu einem schillen Pfiff an, und unter mächtigem Pfauchen der Lokomotive setzte sich der Zug in Bewegung. Der Qualm des Dampfs aus dem Schornstein ballte sich unter der Decke der Bahnhofshalle zu dichten Wolken.

In diesem Augenblick erschien Marie. Sie sah noch, wie Woronzeff sich aus seinem Fenster beugte und ihr verzweifelt Zeichen machte. Hilflos hob sie den rechten Arm, um ihm noch einmal zuzuwinken.

Der Expreß rollte aus der Halle. Sie hatte kein Wort mehr mit Woronzeff sprechen können. Alles, was sie ihm hatte sagen wollen, blieb ungesagt.

Mit einer müden Bewegung wandte sie sich um und verließ den Bahnhof.

Sissy hatte unterdessen von Franz Joseph Abschied genommen. Sein Reiseadjutant, General von Beck, hatte Sissy noch einmal beruhigend zugelächelt. Dann fuhr auch der Hofzug ab, in Richtung Süden.

Die Gräfin saß schon, in Gedanken völlig abwesend, in der Kutsche, als Ida von Ferenczy wieder zustieg.

„Hat man mich sehr vermißt?" fragte sie mit einem verlorenen Lächeln.

„Ich glaube, es ist überhaupt nicht aufgefallen, daß Sie nicht mit dabei waren. Die Kaiserin hatte nur Augen und Ohren für ihren Mann. Doch was ist mit Ihnen, um Himmels willen? So kenne ich Sie ja gar nicht!" In der Tat war Ida von Ferenczy gewohnt, die Gräfin in einer optimistisch-lebenslustigen Verfassung zu sehen. Sie war entschieden die Humorvollere von ihnen beiden und gab oft Anlaß zu manch lustigem Zwischenspiel. Doch diesmal schien sie wie ausgewechselt.

„Es ist schon vorbei", wehrte Marie ab. „Es ist nichts, worüber man sich zu beunruhigen braucht."

Noch einmal dachte sie an Woronzeff, dessen Zug jetzt bereits durch die Wiener Vorstädte rollte, dann zwang sie sich in die Gegenwart zurück.

„Meinen Sie nicht auch, daß die Reise des Kaisers durch Dalmatien noch gefährlicher ist als sein Staatsbesuch in Italien?"

Diese Befürchtung schien inzwischen auch die Kaiserin zu hegen.

Gräfin Marie hatte an diesem Abend dienstfrei und ging ins Hofburgtheater, um sich abzulenken. Sissy war von innerer Unruhe erfüllt. Plötzlich hatte sie einen Einfall.

„Wo ist die Festetics?" fragte sie Ida. „Ich muß ihr unbedingt einen Brief diktieren."

„Ich werde sie holen, Majestät", versprach Ida und lief wenige Minuten später durch den Theatergang in das am Michaelerplatz befindliche, an die Hofburg angebaute Theater. Kurz hinter dem Radetzky-Appartement erreichte sie die in der Höhe des ersten Stockwerks gelegene Hofloge, in die man unmittelbar gelangen konnte. Außer Gräfin Festetics saß hier an diesem Abend niemand. Doch auch die Gräfin folgte dem Spiel nur mit halbem Interesse. Als hinter ihr die Logentür aufklappte, war sie fast erleichtert.

„Ihre Majestät verlangt nach Ihnen. Sie hat ein Diktat", meldete Ida.

„Ich komme", nickte die Gräfin, sich erhebend.

Wieder machte sich Ida Gedanken über sie. Die Festetics schien es zu erraten.

„Ich habe jemand einen Korb gegeben", erklärte sie, „und das ist mir nicht ganz leichtgefallen. Sagen Sie aber nichts davon Ihrer Majestät. Es soll unter uns bleiben."

Vor Überraschung blieb Ida stehen.

„Und wer ist der Unglückliche?" fragte sie voll Neugier.

„Ich habe ihn beim Hofball kennengelernt. Es ist Fürst Woronzeff. Er ist heute nach Petersburg abgereist."

„Und dem haben Sie einen Korb gegeben?! Ich weiß nicht, ob ich das auch fertiggebracht hätte", gestand Ida aufrichtig. „Man sagt, er habe zahllose Mädchenherzen auf dem Gewissen. Bei einem so gut aussehenden Mann ist das kein Wunder. Er war viel umschwärmt, wie ich weiß!"

„Ich kannte ihn nur kurze Zeit. O ja, es stimmt, daß er gut aussieht. Doch wenn Sie die Wahl hätten zwischen ihm und der Kaiserin sowie Ihrem Volk? Wie würden Sie sich dann entscheiden?"

Nun begriff Ida den Zwiespalt, in dem sich Marie die letzte Zeit befunden hatte.

„Aber dann haben Sie ja ein Opfer gebracht?" entfuhr es ihr.

Die Gräfin gab hierauf keine Antwort. Sie setzte sich eiligen Schritts nach den kaiserlichen Gemächern in Bewegung, und die Ferenczy folgte ihr, nun plötzlich von Bewunderung und Hochachtung erfüllt.

Sissy hatte die beiden Frauen schon ungeduldig in ihrem Arbeitszimmer erwartet.

„Schnell, schreiben Sie! Es ist an General von Beck. Ich habe ihm noch eine Mitteilung zu machen."

Die fremde Sorge teilte sich Marie mit. Sie nahm das Briefpapier mit dem Briefkopf der Kaiserin zur Hand, und eilig flog ihre Feder Zeile um Zeile dahin, während Sissy diktierte.

GENERAL, ICH BITTE SIE NOCHMALS, GANZ BESONDERS WÄHREND DER DIENSTFAHRT NACH DALMATIEN, ÜBER DEN KAISER ZU WACHEN. BEHALTEN SIE JEDEN SEINER SCHRITTE IM AUGE. WENN IHM ETWAS ZUSTOSSEN SOLLTE, WERDE ICH SIE PERSÖNLICH DAFÜR VERANTWORTLICH MACHEN.

Ida hatte wortlos dem Diktat zugehört. Die Gräfin blickte auf. Beide sahen, daß es Sissy mit dieser Drohung Ernst war.

Die Kaiserin unterschrieb, ohne noch etwas hinzuzufügen. Marie träufelte den roten Siegellack auf die Klappe des Briefumschlags und übernahm das Schreiben zur Be-

142

förderung. Sissy ließ einen tiefen Seufzer hören und griff sich müde an die Stirn.

„Wie werde ich diese vier Wochen bis zu seiner Rückkehr durchstehen?" fragte sie. „Ich werde am Ende meiner Nerven sein!"

„Majestät müssen versuchen, sich abzulenken. Das ist das beste Mittel", versicherte Marie.

Sie selbst würde es genauso machen. Sie hatte heute abend ja schon damit begonnen, wenn auch mit geringem Erfolg. Doch sie wußte, daß es zumindest in ihrem Fall nur eine Frage der Zeit sein würde. Sie hoffte zuversichtlich, daß es ihr gelingen würde, Fürst Woronzeff zu vergessen.

Sissy sah sie prüfend an.

„Sprechen Sie aus eigener Erfahrung?" lächelte sie mühsam.

„Vielleicht, Majestät."

Für einen kurzen Augenblick lang trafen sich ihre Blicke. Sie scheint mehr zu wissen, als ich dachte, sagte sich Marie errötend.

General von Beck erhielt den Brief der Kaiserin in Mailand. Er las ihn stirnrunzelnd und mit einigem Erstaunen.

Franz Joseph ertappte ihn dabei, wie er das Schreiben kopfschüttelnd in Händen hielt.

„Was ist das, was haben Sie da?" fragte er den General.

„Ein Brief von Ihrer Majestät", antwortete Beck und reichte ihn dem Kaiser.

Der las die wenigen Zeilen und blickte dann sein Gegenüber verstehend an. Beck sah, wie der Kaiser voll innerer Freude lächelte.

„Das dürfen Sie nicht tragisch nehmen", hörte er ihn sagen. „Die Sorge um mich hat ihr diesen Brief diktiert. Es ist schön für mich zu wissen, daß sie sich so um mich sorgt. Verstehen Sie, Beck — es ist ein Ausdruck ihrer Liebe."

„Zu Befehl, Majestät."

Der General wußte hierauf nichts Besseres zu erwidern. Das Schreiben der Kaiserin ärgerte ihn, Sissy hatte ihn damit ernstlich verstimmt.

Doch er war nicht der einzige, der mit scheelen Augen auf die Kaiserin sah. Es gab viele am Wiener Hof, die noch immer nach der Art der Kaiserinmutter Sophie dachten und an Sissy etwas auszusetzten hatten.

Er begriff die gute Laune des Kaisers nicht, mit der dieser von Mailand aus seine Weiterfahrt nach Rom antrat, wo ihn König Viktor Emanuel von Italien mit allem Zeremoniell erwartete.

6. Avolo

Während Franz Joseph in Rom und Dalmatien seiner Pflicht oblag, fand Sissy Zeit und Gelegenheit, sich in besonderem Maß um Marie-Valerie und auch wieder um den Kronprinzen zu kümmern. Von ihm hörte sie in der letzten Zeit nur Gutes. Er war zwar noch immer nicht mit Leib und Seele Soldat, wie es sein Vater gern gesehen hätte, dafür aber widmete er sich mit Eifer naturwissenschaftlichen Studien und fühlte sich besonders zur Vogelkunde hingezogen. Auch zeigte er wie Sissy große Reiselust, hatte aber auch von seinem Vater die Leidenschaft zur Jagd geerbt. Wenn es ans Jagen ging, dann war er selig. Er war bald als ausgezeichneter Schütze bekannt, dessen Treffsicherheit gerühmt wurde. Daneben schrieb er auch noch mit beachtlichem Talent, und es gab kritische Aufsätze, die er verfaßt hatte, die jedoch nicht unter seinem Namen erschienen.

Dieser Umstand hatte sich freilich schon herumgesprochen, und es hatte deswegen auch schon Zerwürfnisse zwischen ihm und seinem Vater gegeben.

„Kannst du nicht etwas anderes schreiben, wenn du schon schreiben mußt?" fragte ihn Sissy deshalb.

„Du schreibst doch auch, Mama", versetzte der Kronprinz.

„Ich schreibe bloß Gedichte", lächelte Sissy. „Und ich notiere sie auch bloß in mein Tagebuch oder kritzle sie auf die Seiten meines ungarischen Bauernkalenders, wenn ich gerade in Gödöllö bin."

„Aber deine Gedichte sind schön, Mama", meinte Rudolf bedauernd.

Sissy lachte kopfschüttelnd.

„Ich bin nicht die Königin von Rumänien, die unter dem Namen Carmen Sylva ihre Gedichte verlegen läßt."

„Ich finde, das ist schade", erklärte Rudolf überzeugt. „Im übrigen, wenn ich erst einmal so wie du große Reisen unternehmen kann, finde ich bestimmt interessante Themen. Ja, ich würd auch gerne über Reisen schreiben! Das muß sehr interessant sein."

„Mein Sohn als Reiseschriftsteller", lächelte Elisabeth.

„Warum nicht?" lachte auch Rudi. „Ich kann mir denken, daß das die Leute gerne lesen würden."

„Ich weiß nicht, was dein Vater dazu sagen würde", meinte Sissy freundlich. „Auf jeden Fall wäre es ihm aber lieber, wie du schreibst Sachen, die ihn und verschiedene andere Leute verärgern müssen."

Rudolf wurde plötzlich ernst.

„Wenn ich eines Tages regieren soll, muß ich doch über die Zustände in unserem Reich Bescheid wissen. Ich informiere mich also, Mama. Und ich muß feststellen, daß vieles nicht so ist, wie es sein sollte. Es steht nicht überall zum Besten. Darüber darf man nicht einfach hinwegsehen!

145

Man muß etwas dagegen unternehmen."

Sissy nickte. „Es ist schön, daß du dir darüber Gedanken machst. Aber du mußt auch vorsichtig sein. Du bist noch jung! Du mußt einsehen lernen, daß sich Reformen nicht von heute auf morgen durchführen lassen. Dein Vater hat auch lernen müssen, eine Politik der kleinen Schritte zu machen."

„Das dauert zu lange, Mama. Ich sehe es kommen, daß wir schwierigen Zeiten entgegengehen."

In Gedanken versunken, verließ Elisabeth ihren Sohn. In ihrem Inneren gab sie ihm recht, und sie fand es richtig, daß sich der künftige Kaiser um die Zukunft des Reiches sorgte.

An jenem Vormittag fand Marie von Festetics unter ihrer Post einen Brief aus Petersburg. Er kam von Fürst Woronzeff. Der Inhalt überraschte sie nicht. Der Fürst schrieb, daß er sich leidenschaftlich nach ihr sehne und jeden Tag aufs neue enttäuscht darüber sei, keinen Brief von ihr zu erhalten. Er bat sie, ihm doch endlich zu schreiben. Und natürlich fragte er an, ob sie sich seinen Antrag habe durch den Kopf gehen lassen und ob er hoffen dürfe.

Die Gräfin trug den Brief einige Tage unentschlossen mit sich herum, bevor sie ihn über die Flamme einer Kerze hielt und verbrannte. Der Brief, den sich Woronzeff so wünschte, kam nicht zustande.

Dafür kam Ida von Ferenczy eines Morgens mit der Zeitung in Sissys Sekretariat geflattert und rief: „Das wird Ihre Majestät freuen! Das wird sie bestimmt in eine bessere Laune versetzen. Lesen Sie doch nur, der Zirkus Renz kommt wieder nach Wien."

Zwar war Marie nicht gerade nach Zirkusvorstellungen zumute, doch sie fand, daß Ida unbedingt recht hatte. Zirkus, und vor allem die berühmten Pferde von Renz, das war etwas für Sissy. Und wahrscheinlich würde auch die kleine Marie-Valerie ihre helle Freude daran haben.

„Renz wird sicher für Ihre Majestät eine Sondervorstellung geben", meinte die Festetics. „Wir werden das in die Hand nehmen."

„Sie wollte nach Laxenburg", erinnerte sich Ida. „Doch wenn sie hört, daß Renz da ist, wird sie es wohl bleiben lassen!"

„Wir wollen ihr die Nachricht nicht länger vorenthalten", sagte die Gräfin und erhob sich von ihrem Schreibtisch.

Wenig später wußte Sissy von der Ankunft des Zirkus Renz. Ida von Ferenczy hatte völlig recht. Diese Nachricht elektrisierte sie förmlich. Sie freute sich besonders auf die Pferdedressuren, für die Renz berühmt war.

Aber auch ganz Wien war auf den Beinen, als der Riesenzirkus im Prater seine Zelte aufschlug. Die Zeitungen waren voll von den Berichten über die sensationellen Attraktionen, die Renz den Wienern bieten wollte, und man stand schon Schlange um die Karten, während noch die Zirkuswagen mit den Raubtieren und Artisten heranrollten.

Um das große Zirkuszelt bildete sich eine richtige kleine fahrende Stadt. Alt und jung freute sich auf den Zirkus. Besonders die Kinder waren begierig auf die Späße der Clowns, über die sie wieder einmal von Herzen lachen wollten. Andere wieder waren gespannt auf die Darbietungen der Seiltänzer und Trapezkünstler, die hoch unter dem Zeltdach ihr Leben riskierten.

Für die Pferde gab es ein eigenes Stallzelt, in dem diese wunderschönen Tiere untergebracht und gepflegt wurden. Schon am Tage seiner Ankunft erhielt Direktor Renz Nachricht von der Hofkanzlei. Er fand sich persönlich in

Schönbrunn ein und machte der Kaiserin seine Aufwartung. Selbstverständlich versprach er ihr eine Galavorstellung für sie und den Hofstaat, und diese Vorstellung ging auch unter allen Anzeichen eines gesellschaftlichen Ereignisses vor sich.

Wie zu erwarten, waren Sissy und Marie-Valerie bester Laune. Doch die Vorstellung schien kein Ende zu nehmen, denn immer, wenn die beiden begeistert applaudierten, glaubten die Artisten, daß sie nun ihre Nummer wiederholen müßten.

Endlich kam die Pause, und Sissy und Marie-Valerie waren nicht länger zu halten und ließen sich zu den Pferden führen.

Hier war die Kaiserin ganz in ihrem Element. Sachkundig beurteilte sie die Tiere und fand heraus, daß sie einen immensen Wert darstellten, der wahrscheinlich dem ihres eigenen Stalles in nichts nachstand.

„Majestät werden staunen, wenn ich Avolo in die Manege reite", erklärte Direktor Renz mit Stolz, indem er auf einen prächtigen Rappen wies. „Er ist mein bestes Pferd und auf Hohe Schule dressiert. Er würde der Spanischen Reitschule alle Ehre machen!"

Mit Kennermiene betrachtete Sissy den Rappen und tätschelte ihm das glänzende Fell. Avolo schnaubte freudig. Es war, als ob sie sofort Freundschaft schlössen.

„Nun, da bin ich aber gespannt! Zeig, was du kannst, Avolo!" meinte Sissy freundlich.

Avolo schnaubte, als ob er sie verstanden hätte, und er sein Bestes zu geben verspräche.

Bald darauf sah Sissy ihn in der Manege. Direktor Renz hatte nicht zuviel gesagt. Avolo überbot fast Sissys Erwartungen.

„Was für ein herrliches Pferd!" rief sie und klatschte be-

148

geistert Beifall.

Renz ritt stolz bis vor Sissys Loge und zog den Hut. Und Avolo ging dabei in die Knie. So entboten beide, Roß und Reiter, der Kaiserin ihre Reverenz, während das Publikum vor Begeisterung raste.

Als Sissy zu später Stunde nach Schönbrunn heimfuhr, war sie erfüllt von dem Erlebnis.

Marie-Valerie, obschon recht schläfrig, meinte: „Nicht wahr, dieses Pferd möchtest du haben, Mama?"

„Du hast es erraten", bestätigte Sissy. „Avolo wäre wirklich eine Zierde in meinem Stall. Es müßte herrlich sein, auf ihm zu reiten!"

„Papa würde Augen machen", meinte die Prinzessin schläfrig.

„Ja, das stimmt. Wenn wir ihn damit überraschen könnten!" dachte Sissy laut.

„Aber das Pferd wird sehr teuer sein!"

„Ganz bestimmt, mein Kind. Du hast ja gehört, was Herr Renz sagte. Avolo ist sein bestes Pferd. Und wenn wir es ihm abkaufen wollten, würde es vermutlich einen dementsprechenden Preis verlangen."

„Aber Papa ist ja Kaiser, er hat doch viel Geld", lachte Marie-Valerie optimistisch.

Auch Sissy lachte über diese altkluge Meinung ihrer Tochter und schüttelte heftig den Kopf.

„Da kennst du Papa aber schlecht. Papa ist ein sehr sparsamer Mann. Was er verdient, schenkt er zu einem großen Teil an Leute, die in Not geraten sind. Er hat nichts übrig für Luxus. Und wenn wir Avolo kaufen würden, dann würde er dies sicher als Luxux empfinden!"

„Und wenn du Herrn Renz recht schön darum bittest – glaubst du nicht, daß er dir dann das Pferd schenken würde?"

„Die Kaiserin von Österreich kann sich doch nicht von einem Zirkusdirektor ein Pferd schenken lassen", wunderte sich Sissy. „Auf was für Gedanken du nur kommen kannst, Marie-Valerie!"

Nun wußte die Prinzessin auch keinen Rat mehr. Sie ließ sich von ihren Kammerfrauen zu Bett bringen, schlief aber noch lange nicht ein. Sie zerbrach sich das Köpfchen, wie sie ihrer Mama helfen könne.

Tatsächlich wurde Sissy den Gedanken an Avolo nicht los. Der Rappe schaffte es, daß sie die Sorge um Franz Joseph weniger drückend empfand. Der Wunsch, das Pferd zu besitzen, beherrschte allmählich viele ihrer Gedanken. So kam es, daß sie schließlich Renz zu sich rufen ließ.

Der hörte sich mit unbewegter Miene Sissys Anliegen an. Es war ihm klar, daß er sich die Gunst der Kaiserin verscherzen würde, wenn er darauf bestand, das Pferd zu behalten. Doch Avolos Künste waren das Produkt langwieriger und geduldiger Dressurarbeit und der Hengst ein Rassepferd von seltener Güte.

Sissy bemerkte seine Verlegenheit.

„Wahrscheinlich kann ich ihn ohnedies nicht bezahlen", meinte sie pikiert.

„Er wäre in der Tat unbezahlbar", nickte Renz. „Doch wer vermag schon Eurer Majestät einen Wunsch abzuschlagen? – Doch Majestät wissen sehr genau, daß ein Pferd ohne seinen gewohnten Bereiter an Qualität verliert, ganz abgesehen davon, daß es in Avolos Fall eine schmerzliche Trennung bedeuten würde. Auch Pferde haben Gefühle, das wissen Majestät nur zu genau."

„Hat es mit diesem Bereiter denn eine besondere Bewandtnis?" fragte Sissy gespannt.

„Er war dabei, als Avolo zur Welt kam, er hat ihn großgezogen und zugeritten. Die Dressur ist nicht mein Ver-

dienst, sondern sein Werk. Wahrscheinlich würde er tod-
unglücklich – und das Pferd ebenso –, wenn sie sich trennen müßten."

Renz hoffte insgeheim, daß Sissy dies als ein ernsthaftes
Hindernis erkennen und davon Abstand nehmen würde,
Avolo kaufen zu wollen. Doch er hatte sich geirrt. Ihr
Wunsch war stärker als jedes Hemmnis.

„Er muß ein Mann von großen Fähigkeiten sein, und ich
könnte mir vorstellen, daß ich ihn als einen meiner Stallmeister engagiere", hörte Renz sie zu seiner Überraschung sagen.

Nun blieb ihm nur noch die letzte Möglichkeit, einen so
hohen Preis für Avolo zu fordern, daß die Kaiserin von ihrem Vorhaben doch noch Abstand nahm. Doch Sissy
wußte ein Pferd nur zu gut einzuschätzen, und bevor Renz
noch ein Wort sagen konnte, bot sie selbst einen noblen,
aber angemessenen Preis.

Wohl oder übel blieb Ernst Jakob Renz nichts übrig, als
in den Verkauf einzuwilligen. Seine Tochter Elise fiel darüber aus allen Wolken. War doch für gewöhnlich sie es,
die Abend für Abend in der Manege auf Avolo als Kunst-
reiterin brillierte, und sie würde nun Schwierigkeiten haben, ein anderes, ebenso gutes Pferd zu finden, das so ein-
fühlsam auf jeden Schenkeldruck seiner Reiterin reagierte.

„Hüttemann soll kommen", sagte Renz zu ihr. „Das ist
nämlich noch die zweite Überraschung bei diesem Gast-
spiel in Wien. Stell dir vor, Elise, die Kaiserin engagiert
ihn als Stallmeister. Er und Avolo brauchen sich nicht zu
trennen. Aber wir beide verlieren ihn und das Pferd!"

Während man im Zirkus Renz über den Verkauf von
Avolo eher mißgelaunt war, war Sissy selig. Sie ließ noch
am selben Nachmittag das Pferd abholen. Hüttemann

brachte es persönlich in die Hofstallungen, wo Avolo fortab sein Futter aus einer Krippe aus Mamor fressen durfte. Verwundert schaute der kluge Hengst sich um. Die Pferdehaltung hier war wirklich luxuriös, die Tiere konnten es nirgendwo besser haben.

Als Sissy erschien, um sich davon zu überzeugen, daß Avolo gut untergebracht war, erkannte er sie wieder und schnaubte freudig. Nun lernte sie auch den Bereiter Hüttemann kennen, einen schlanken, kleingewachsenen, beweglichen Sachsen, der von nun ab in ihren Diensten stand.

„Wir beiden werden uns schon einigen", versicherte sie. „Seien sie ohne Sorge, Herr Hüttemann! So gut wie Herr Renz zahle ich auch. Aber haben Sie vielleicht Frau und Kinder?"

Herr Hüttemann verneinte. Er war anhanglos, und seine neue Stellung war ihm zwar ungewohnt, erschien ihm aber jetzt schon höchst interessant.

„Wissen Sie, Herr Hüttemann, daß ich auf manchen Reisen meine Lieblingspferde mit mir nehme? Avolo gehört jetzt schon dazu. Sie werden also ein Stück Welt kennenlernen. Aber das sind Sie ja offenbar gewohnt. Sie waren ja auch mit Direktor Renz unterwegs."

Und nun konnte es Sissy nicht länger erwarten, bis sie selbst auf Avolo im Sattel saß. Doch es zeigte sich, daß sie manches von dem, was sie bei Renz gesehen hatte, als Reiterin nicht beherrschte. Avolo war kein Reitpferd, wie sie es gewohnt war. Er war ein Zirkustier. Und dieser Umstand war die Ursache, daß in Sissy ein neuer Ehrgeiz erwachte.

„Wie lange bleibt der Zirkus in Wien?" wollte sie von dem Bereiter wissen.

„Nun, einen Monat, schätze ich, Majestät", antwortete

152

Hüttemann. „Falls uns die Wiener so lange mögen. Es könnte aber auch sein, daß der Direktor noch ein oder zwei Wochen dazugibt, wenn der Ansturm größer sein sollte als erwartet!"

„Meinen Sie, daß Fräulein Renz bereit wäre, mir Unterricht im Zirkusreiten zu geben?"

Hüttemann blieb vor Staunen die Sprache weg.

„Majestät wollen doch nicht etwa auftreten?"

„Doch, das will ich! Wenn der Kaiser zurückkommt, möchte ich eine richtige Vorstellung geben, mit eurem ganzen Programm und mit mir selbst auf Avolo!"

Nun begriff Hüttemann, daß die Kaiserin für ihren heimkehrenden Gatten eine besondere Überraschung plante, und erklärte sich dazu bereit, Elise Renz für dieses Vorhaben zu gewinnen.

„Die Zeit ist aber sehr knapp, Majestät", wandte er ein.

Sissy meinte jedoch: „Ich bin fleißig und werde es schon schaffen! Und was die Hauptsache ist, Avolo ist mir zugetan."

Das war allerdings wichtig, wenn das Zusammenspiel zwischen Reiterin und Pferd harmonisch und reibungslos klappen sollte.

Auch Herr Hüttemann versprach, sein möglichstes zu tun, und als Marie-Valerie von dem Plan erfuhr, klatschte sie begeistert in die Hände.

„Mama, das wird fein! Papa wird Augen machen!"

Die Gräfin Festetics, die das zufällig hörte, war der gleichen Meinung. Doch fürchtete sie, daß der Hofstaat diese Vorstellung weit weniger beifällig aufnehmen würde, als es der Kaiserin recht sein konnte.

7. Der Zirkusstar

Die nächsten Tage waren von hektischen Vorarbeiten erfüllt. In der Reitschule der Hofstallungen wurde eine richtige Zirkusarena gebaut, in der Renz mit seinem Programm auftreten sollte. Der Direktor kam persönlich mit seiner Tochter Elise, um die nötigen Anweisungen zu geben, und meinte bei diese Gelegenheit, wie schön es doch wäre, in Wien ein festes Zirkusgebäude zu besitzen, in dem er und seine Truppe ständig spielen könnten.

Renz hatte schon ein Haus in Berlin und konnte eine Filiale in Wien gut gebrauchen. Die Kaiserin versprach, sich nach einem geeigneten Grundstück in Wien umzusehen.

Dafür nahm sich Elise Renz auch sogleich der Kaiserin tatkräftig an. Sissy war eine vorzügliche Reiterin. Das erkannte die Artistin schon nach einer Viertelstunde gemeinsamer Arbeit.

„Sie haben ausgesprochenes Talent, Majestät", versicherte sie. „Wären Sie nicht Kaiserin, Majestät, würde Sie mein Papa glatt engagieren."

Sissy lachte.

„Glauben Sie mir, Fräulein, der Betrieb am Kaiserhof gleicht manchmal auch einem Zirkus. Ich hoffe, Sie werden mir bis zur Rückkunft meines Mannes ein paar von Ihren Kunststücken beibringen."

In den nächsten Tagen gewannen Avolo und die Kaiserin zunehmend Kontakt. Bald kannte sie die Vorzüge und Schwächen dieses Pferdes fast so gut wie die ihrer übrigen. Marie-Valerie sah bei den Übungen häufig zu und klatschte, wenn Mama unter der Anleitung von Elise Renz ein Kunststück glückte, Beifall.

Am 15. Mai kehrte Franz Joseph wohlbehalten aus Italien und Dalmatien zurück und wurde bei seinem Einzug in die Hofburg begeistert von einer jubelnden Menge begrüßt.

Erst nachdem er sich mehrmals auf dem Balkon gezeigt hatte, fand er Zeit für Sissy.

„Das du nur wieder da bist, liebster Franzl!" rief sie erleichtert und schloß ihn in ihre Arme.

Ihr Verhältnis zueinander war zärtlich wie nie zuvor. Franz Joseph wußte, wie sehr Sissy um ihn gebangt hatte, und dankte es ihr. Doch nun kam der große Augenblick, an welchem sie ihn mit ihrer Vorstellung überraschen sollte.

„Franzl, was du jetzt erleben wirst, hast du dir gewiß von deiner Frau nicht träumen lassen", erklärte sie ihm.

„So", lachte er amüsiert, „und was mag das wohl sein?"

„Morgen nachmittag wirst du es erleben. Der ganze Hofstaat ist eingeladen. Alle werdet ihr morgen über mich staunen!"

Sie freute sich schon wie ein Kind und konnte es kaum mehr erwarten, den Kaiser mit ihren Reitkünsten auf Avolo zu überraschen. Am folgenden Nachmittag fand sich denn auch alles, was Rang und Namen hatte, in den Hofstallungen ein und füllte die Plätze rund um die Zirkusmanege. Direktor Renz war mit seinen besten Nummern erschienen, und Kaiser Franz Joseph war von dem Programm sichtlich angetan. Doch es sollte noch besser kommen. Als Renz seine berühmten Pferde ankündigte, trat nicht seine Tochter Elise auf, sondern die Kaiserin von Österreich. Stolz ritt sie auf ihrem neuen Rappen in die Manege, sie bot einen prächtigen Anblick, und ein Raunen ging durch die Menge.

Fast so gut wie Elise Renz ritt sie deren Dressurprogramm und bot anschließend auch noch glänzend die

Hohe Schule.

Doch sie war noch nicht zu Ende damit, als sie auch schon Beklemmung in sich aufsteigen fühlte.

Warum applaudiert denn niemand? Bin ich denn so schlecht im Sattel? dachte sie. Dabei war sie sich dessen sicher, gut geritten zu sein!

Doch niemand wagte es, die Hand zum Applaus zu rühren. Ängstlich warf sie einen Blick nach der kaiserlichen Loge und sah Franzl mit gefurchter Stirne sitzen. Eine lähmende Stille lag über dem weiten Rund, die seltsam zu den lauten Klängen der Zirkuskapelle kontrastierte.

Diese Überraschung hatte Franz Joseph tatsächlich nicht erwartet. Seine Frau, die Kaiserin, im Rahmen eines Zirkusprogramms! Es fehlte nur noch, daß sie damit in aller Öffentlichkeit im Prater aufgetreten wäre!

Gräfin Festetics und Ida von Ferenczy merkten mit Entsetzen, daß sich hier ein Unwetter zusammenbraute. Sie warfen einen hilfeflehenden Blick auf den Kaiser. Endlich begriff er und brach den Bann. Als seine Blicke wieder einmal die von Sissy trafen, lächelte er gezwungen und klatschte Beifall.

Und da dies der Kaiser tat, applaudierten nun auch die anderen. Sissy ließ Avolo, wie sie es gelernt hatte, vor der Loge den Kniefall tun und ritt dann aus der Manege.

Im Stall klopfte sie noch Avolo dankbar den Hals, doch dann brach sie plötzlich in Schluchzen aus. Was habe ich denn nun wieder verbrochen, fragte sich Sissy, ich habe ihm doch nur eine Freude bereiten wollen!

Die Höflinge verließen unter lebhaftem Disput die Veranstaltung. Alle waren sich darüber einig, daß hier etwas Unerhörtes passiert war. Sie waren Augenzeuge einer Darbietung gewesen, die niemals hätte geschehen dürfen! Die Kaiserin hatte sich nicht in solcher Art zu produzieren, nicht gemeinsam mit fahrendem Volk, das sich in der Öffentlichkeit von alters her keines guten Rufes erfreute!

Franz Joseph fand seine Sissy in ziemlich aufgelöster Verfassung. Er hatte ihr eine Standpauke halten wollen, doch als er sah, wie enttäuscht und zerknirscht sie war, ließ er es bei einem „das war aber nicht sehr klug von dir, Sissy!" bewenden.

„Ach, Franzl, ich wollte dir doch keine Schande machen!" schluchzte sie. „Hat denn niemand Augen für ein so schönes Pferd? Und kann denn niemand begreifen, was für ein herrliches Gefühl es ist, es zu reiten und mit ihm im Sattel so richtig eins zu sein? Woran denken bloß alle diese Leute? Sie haben nichts im Kopf als Hofklatsch, Intrigen und Aktenkram. Ich glaube, sie haben es verlernt, sich richtig zu freuen und wie normale Menschen zu sein!"

„Du tust ihnen unrecht, Sissy. Im übrigen sind sie gewohnt, ihre Monarchin auf dem Thron und nicht in einer Zirkusmanege zu finden."

„Was haben sie gegen den Zirkus? Diese Artisten sind sehr anständige Leute, die hart genug ihr Brot verdienen. Warum gibt denn niemand seine Vorurteile auf? Ich möchte wetten, von unseren Höflingen hat noch niemand einen Zirkuswagen von innen gesehen!"

„Da hast du recht, Sissy, und sie würden sicherlich auch die Nase rümpfen, wenn das jemand von ihnen verlangen würde. In einem Zirkuswagen haben sie auch nichts verloren. Und du auch nicht, wenn ich dir das in aller Freundschaft sagen darf."

Es war nicht zu leugnen, die von Sissy so liebevoll und sorgfältig vorbereitete Überraschung war ein Fiasko. Und es überschattete das Verhältnis zwischen den Gatten.

„So sehr habe ich mich auf unser Wiedersehen gefreut, und nun habe ich alles verdorben", klagte Sissy Ida Ferenczy. „Was soll ich bloß tun?"

Ida riet, ein wenig Zeit verstreichen zu lassen. Die Wellen würden sich schon wieder legen, meinte sie.

Sissy glaubte überall spöttische Blicke auf sich ruhen zu spüren, sie meinte zu bemerken, wie man hinter ihrem Rücken über sie tuschelte. Und Franzl hatte – ob es nun stimmen mochte oder nicht – für sie keine Zeit.

„Festetics, lassen Sie alles vorbereiten, ich gehe nach Laxenburg", erklärte sie schmollend. „Dort brauche ich wenigstens diese Gesichter nicht mehr um mich zu sehen, die mich spöttisch anstarren oder gar so tun, als ob sie mich fressen wollten."

„Aber das wagt doch niemand, Majestät", wandte die junge Gräfin ein.

„Wenn sie es könnten, würden sie es tun, dessen bin ich sicher."

Sissy ließ wieder einmal ihre Koffer packen. Sie übersiedelte mit Marie-Valerie und einem kleinen Kreis Vertrauter in das nahe bei Wien gelegene Sommerschloß, das einst ein Lieblingsaufenthalt von Maria Theresia gewesen war.

In dem wunderschönen weiten Park, der an das Schloßgelände grenzte und in dem es einen romantischen Teich, kleine Pavillons und eine künstliche Insel, auf der sich Kaiser Franz eine richtige Ritterburg hatte errichten lassen, gab, konnte sie in den nächsten Wochen spazierengehen und reiten und ihre angegriffenen Nerven wieder erholen. Wie zum Trotz ritt sie täglich auf Avolo und trainierte ihre Zirkuskunststücke. In ihrer Tochter fand sie wenigstens ein dankbares Publikum. Eines Tages kam ein Brief aus Possenhofen. Wieder einmal schrieb ihr die Mutter.

STELL DIR VOR, SISSY, DEIN JÜNGSTER BRUDER MAPPERL GEHT AUF FREIERSFÜSSEN! ER HAT SICH IN DEN KOPF GESETZT, DIE KOBURG-

PRINZESSIN AMALIE ZU HEIRATEN. MEINES ERACHTENS IST ER FÜR DEN EHESTAND NOCH ZU JUNG. DOCH ER LÄSST ES SICH NICHT AUS- REDEN. DABEI HAT ER NICHT MUMM GENUG, UM BEI DER ERWÄHLTEN SELBST DEN MUND AUFZUMACHEN. UND BEI DEN KOBURGS UM IHRE HAND ANZUHALTEN SCHON GAR NICHT. ES WIRD DIR ALSO NICHTS ANDERES ÜBRIG- BLEIBEN, LIEBE SISSY, ALS FÜR DEINEN BRU- DER DEN BRAUTWERBER ZU SPIELEN. BEI DIR IST DIE SACHE IN GUTEN HÄNDEN, FINDET AUCH MAPPERL.

Sissy war über diesen Brief nicht wenig erstaunt, aber er lenkte sie von ihrer Verärgerung ab, indem er sie vor eine neue Aufgabe stellte. Mapperl hatte gewiß recht, wenn er annahm, daß seine Sache bei ihr in guten Händen läge. Und es dauerte auch nicht lang, und die Prinzessin ließ ihm ihr Jawort bestellen.

Mapperl kam also unter die Haube. Auch Sissys Toch- ter Gisela war nun schon verheiratet, und zwar mit dem Prinzen Leopold von Bayern. Mit Marie-Valerie hatte es noch gute Weile, doch mit Rudolf mußte man sich nun ernsthaft Gedanken machen.

Wenn Franz Joseph diesbezüglich Pläne hegte, dann war es Zeit, mit ihm darüber zu reden.

Welche von den Prinzessinnen aus regierenden Häu- sern kam wohl in Frage...? Wer war würdig, Kaiserin von Österreich zu werden? Denn dies stand jener Frau eines Tages bevor, die Rudi vor den Traualtar führen würde.

Höchstwahrscheinlich machte man sich auch schon an manchen Höfen darüber Gedanken. Die Heirat des öster- reichischen Kronprinzen war vor allem auch ein Politi- kum. Sie schuf auf jeden Fall eine neue enge Verbindung

159

zu einem der regierenden Häuser und damit zu jenem Reich, das unter dessen Szepter stand. Österreich konnte seine Machtposition dadurch stärken oder auch eine Allianz eingehen, die das Kräftegleichgewicht Europas ins Wanken brachte. Internationale Spannungen konnten die Folge sein.

Rudis Heirat war also eine Angelegenheit, die sehr wohl bedacht sein wollte. Noch blieb ein wenig Zeit hierfür, doch nicht mehr lange. Er hatte die Schwelle vom Jünglingsalter zum erwachsenen Mann überschritten. Und der Fortbestand der Dynastie mußte durch einen neuen Thronerben gesichert werden.

Sissy kam dabei der Gedanke, daß sie dadurch bereits zur Großmutter würde. Dieser Gedanke hatte etwas Erschreckendes an sich. Ihr Spiegelbild zeigte ihr noch den Anblick einer jungen schönen Frau, doch sie wußte, daß die Jahre auch sie nicht schonten. Eines Tages würde sie alt sein wie Franz Josephs Mutter Sophie es gewesen war; sie würde all die Unbill fortgeschrittener Jahre ertragen müssen, und davor schauderte sie.

Doch das war nun einmal der Lauf der Natur, und niemand konnte dagegen etwas tun. Es war ein Gedanke, an den auch sie sich allmählich gewöhnen mußte. Sie war nicht mehr der junge Backfisch, der Teenager, in den sich Franzl damals in Ischl verliebt hatte. Seit damals, als das rosenbekränzte Hochzeitsschiff sie donauabwärts von Passau nach Wien trug, war schon viel Wasser durch diesen Strom ins Schwarze Meer geflossen.

Sissy wußte nicht, weshalb der Gedanke an Rudolfs unausweichlich bevorstehende Heirat sie immer trübe stimmte. Ob es der Gedanke an ihr eigenes Alter war oder die Furcht von Einsamkeit oder auch andere Gründe dafür vorlagen, vermochte sie nicht zu sagen.

160

Einsamkeit? Das war es wohl nicht. Sie und Rudi sahen einander ja nicht allzu selten, und sie war auch stets von einer solchen Menge von Leuten umgeben, daß von einer echten Einsamkeit keine Rede sein konnte.

Und dennoch kam sie sich allein und verlassen vor, wenn sie das Gefühl hatte, daß Franzl sie mied, wie eben jetzt. Sie fühlte sich nach dem Mißgeschick mit der Zirkusvorstellung zu Unrecht gekänkt und auch von jenem Menschen unverstanden, der ihr neben ihrer Tochter Marie-Valerie innerlich am nächsten stand.

Dabei bedachte sie nicht hinlänglich, daß sie in Ida von Ferenczy und Marie Festetics zwei Frauen in ihrer Nähe hatte, die ihr in echter Freundschaft und Bewunderung zugetan waren. Hier, in Laxenburg, suchte sie merkwürdigerweise Liebe und Verständnis bei einem Pferd. Bei jenem Avolo, der die unfreiwillige Ursache ihres Zerwürfnisses mit Franz Joseph geworden war. Doch eines Tages hielt sie es auch in Laxenburg nicht länger.

Wieder einmal begann Marie-Valerie zu kränkeln, und wieder riet Leibarzt Doktor Wiederhofer zu gesunder Seeluft. Auch Sissy selbst war gesundheitlich nicht voll auf der Höhe. Ihr inneres Gleichgewicht war gestört, und dies machte sich auch physisch bemerkbar.

Eines Tages teilte sie ihren Entschluß, nach Frankreich zu reisen, der Gräfin mit.

„Meine Wahl fiel auf Sassetôt", sagte sie zu ihr. „Das liegt günstig, ist kaum bekannt, und daher brauche ich keine Neugierigen zu fürchten. Angeblich gibt es dort auch ein Schloß, das man mieten kann. Also wäre auch für eine geeignete Unterkunft gesorgt."

„Frankreich, Majestät? Frankreich ist eine Republik, und die Bevölkerung ist gegen Monarchen und Adel voreingenommen. Wenn Majestät nach Sassetôt gehen, wird

161

das nicht weniger gefährlich als die Reise des Kaisers durch Dalmatien."

Sissy wischte den Einwurf mit einer Handbewegung weg.

„Da sehen Sie zu schwarz. Ich werde in Frankreich gar nicht auffallen. Wir werden nirgendwo hingehen und uns bloß erholen, meine Tochter und ich. Wenn das Schloß einen Park und darum eine Mauer hat, wird man gar nicht merken, daß ich dort bin. Was also hätten wir zu befürchten?"

„Die Anwesenheit von Majestät kann unmöglich geheim bleiben. Das ist ganz ausgeschlossen! Zumindest die Behörde wird davon informiert, und ganz sicher gibt es dann auch noch neugierige Journalisten, die es herausbekommen und darüber schreiben. Hat aber erst einmal die Presse Kenntnis davon, brauchen sich Majestät nicht länger zu verstecken, weil es dann ohnedies schon ganz Frankreich weiß."

Sissy sah ein, daß die junge Gräfin nicht unrecht hatte. Doch wieder einmal hatte sie sich etwas in den Kopf gesetzt.

„Es bleibt dabei, wir fahren nach Sassetôt", erklärte sie entschlossen und fügte hinzu, „es gilt nur noch, den Kaiser hiervon in Kenntnis zu setzen, und dann kann Herr Linger schon vorausfahren und alles in die Wege leiten."

Linger war Sissys Reisemarschall. Er führte auch die Reisekasse und betätigte sich als Quartiermeister. Seine Aufgabe würde es sein, nach Frankreich vorauszufahren, das in Aussicht genommene Schloß zu mieten sowie für die Unterbringung von Sissys Gefolge und der Pferde, die sie mitzunehmen gedachte, Sorge zu tragen. Bisher hatte er sich noch stets seiner Aufgabe gewachsen gezeigt, und Sissy zweifelte nicht daran, daß es ihm auch diesmal wie-

162

der gelingen würde.

„Haben Sie schon gehört, Ferenczy, diesmal geht es nach Frankreich!" berichtete die Gräfin. „Diesmal ist mir aber nicht wohl in meiner Haut. Die Kaiserin möchte nach Sassetôt, ans Meer. Dort könnte es unliebsame Zwischenfälle geben!"

Am Abend diese Tages saß Ida über den Atlas gebeugt und suchte den Ort, nach welchem sie nun mit der Kaiserin reisen sollte. Sie fand ihn. Sie legte den Finger auf den Punkt auf der Karte, und es war ihr dabei, als spüre sie einen leisen elektrischen Schlag. Ein kalter Schauer lief ihr über den Rücken. Sie schloß die Augen, hielt den Atem an und horchte in sich hinein. Doch alles blieb still, es kam keine Antwort.

Bedrückt erhob sie sich. Ida von Ferenczy hatte wieder einmal ein warnendes Gefühl. Die junge Gräfin konnte recht haben. Es lag etwas in der Luft, was mit der Reise nach Frankreich zusammenhing!

Aber Ida wußte nur zu gut, daß es keinen Sinn hatte, die Kaiserin zu warnen. Sie tat schließlich doch, was sie sich vorgenommen hatte. Also blieb nichts anderes übrig, als die Augen offenzuhalten!

8.   Ein böser Sturz

Franz Joseph war wie vor den Kopf geschlagen. Kühl eröffnete ihm Sissy, daß sie im nächsten Monat abzureisen gedächte und vorhabe, den nächsten Sommer ihrer sowie

Marie-Valeries Gesundheit wegen an der französischen Küste zu verbringen.

„Nach Frankreich, ausgerechnet nach Frankreich? Muß das sein? Dieses Sassetôt liegt in der Normandie, einem Landstrich, der von Fischern, Bauern und Dickköpfen aller Art bevölkert wird! Du hast mir damals, als ich nach Dalmatien mußte, mit deiner Sorge um mich zugesetzt. Nun aber nimmst du es freiwillig auf dich, in eine Gegend zu reisen und dort Monate zuzubringen, um die es nicht viel besser bestellt ist."

„Da ist doch ein großer Unterschied", behauptete Sissy. „Was die Fischer und Bauern angeht, so habe ich mich bisher mit solchen Leuten noch immer gut verstanden. Und die Menschen, die in der Normandie leben, sind von ganz anderer Art als die heißblütigen Italiener und Dalmatiner. Auch habe ich wirklich nicht vor, mich zu exponieren. Ich werde ganz zurückgezogen leben und nur hie und da einen kleinen Ausritt machen. Die Leute werden mich kaum zu Gesicht bekommen. Es ist also wirklich kein Grund zur Besorgnis vorhanden."

Der Kaiser äußerte sich jedoch ähnlich wie Gräfin Festetics.

„Ich möchte wetten, daß keine Woche vergehen wird, und es steht in der Zeitung. Dann hast du alle Republikaner und Anarchisten am Hals. Und in Sassetôt wird es keine Sicherheitsmaßnahmen geben, wie sie für meine Reise getroffen werden mußten. Du bist dort eine Privatperson, nichts sonst."

„Eben, Franzl! Ich komme als Privatperson. Dort bin ich ein Sommergast, nichts weiter. Sie werden mich schon in Ruhe lassen."

„Sissy, ich kann dort nicht viel für dich tun. Muß denn immer einer von uns dem anderen Sorge bereiten?"

Sorge und mitunter Weh, dachte Sissy.

„Es bleibt dabei, ich möchte nach Sassetôt."

Sie war nicht davon abzubringen. Linger wurde also nach Frankreich geschickt.

Das Schloß, von dem die Rede war, war ein ansehnlicher alter Bau, der ursprünglich einer Adelsfamilie gehört hatte, sich nun aber im Besitz eines Reeders befand. Er bewohnte es nur selten, weil es sich beruflich vorwiegend in Marseille aufhielt. Linger konnte also rasch handelseins werden und berichtete hierüber nach Wien. Die erste Maßnahme war also getroffen.

Außer Avolo und drei anderen Pferden gedachte Sissy auch noch ihre Hunde Shadow und Mohamed mit auf die Reise zu nehmen. Dann natürlich auch noch Marie-Valerie und den Leibarzt Doktor Wiederhofer und selbstverständlich auch Gräfin Festetics und Ida Ferenczy. Dazu kamen noch Frau Feifal, die Kammerzofen, der Koch und sein Personal, Herr Hüttemann und ein Stallknecht sowie ihr Hofsekretär und Reisemarschall Karl Linger.

Der Hofzug war voll besetzt, als er Wien verließ, um die Kaiserin nach Frankreich zu bringen.

„Sie ist schon wieder unterwegs", sagten sich die Wiener. „Wo fährt sie denn diesmal hin? – Wir haben keine Kaiserin, sondern eine Reiserin!"

Das Wort von der „Reiserin" wurde zum geflügelten Ausspruch. Man rätselte über die möglichen Ursachen, und aus Schönbrunn und der Hofburg drangen mancherlei Gerüchte in die Öffentlichkeit, die, mochten sie nun stimmen oder nicht, dem allgemeinen Tratsch neue Nahrung gaben.

Sissy wußte hiervon nichts. Doch dem Kaiser wurde täglich hierüber berichtet, und auch dem Kronprinzen kam vieles davon zu Ohren.

„Meine Mutter ist eine gescheite Frau, aber untätig",
sagte er zu einem Journalisten, mit dem er sich angefreun-
det hatte und der ihn ständig über vieles informierte, was
man ihm sonst vorenthalten hätte. „Meiner Mutter fehlt
ein richtiger Beruf, der sie ausfüllt. Die Aufgabe, die ihr
als Kaiserin gestellt ist, ist nichts für sie. Sie ist im Grunde
einfach und herzensgut. Niemand am Hofe versteht sie."

Und doch hielten viele Leute, die Sissy kannten, sie für
gar nicht einfach, sondern vielmehr für sehr kompliziert,
und in gewisser Weise war sie dies auch.

Das Schloß von Sassetôt fand sie nicht sehr anheimelnd.
Hingegen gefiel ihr auf den ersten Blick der große Park mit
seinen alten Bäumen und blühenden Hortensien.

Der Park war von einer hohen Mauer umgeben, so daß
Sissy tatsächlich in den ersten Tagen glaubte, vermeiden
zu können, mit der Öffentlichkeit in Berührung zu kommen. Aber der Strand war nicht sehr nahe, man hatte eine
Strecke dorthin zu reiten und blickte dann von einer Fel-
senklippe hinab auf das brausende Meer.

Zwischen Fels und Flut erstreckte sich ein schmaler
Streifen von Sand und verwittertem Gestein, der noch
dazu bei Flut unter Wasser lag. Benutzte man ihn bei
Ebbe, so fanden sich dort allerlei Meerestiere, die das
Wasser zurückgelassen hatte, wie Krabben und Muscheln
und stachelige Seesterne, in denen Marie-Valerie Spiel-
zeug erblickte. Wenn sie sie fand, trug sie sie bis vor zu den
Wellen und tat sie in die Flut, auch wenn sie schon nicht
mehr lebten. Auf diese Weise wollte sie sich als Retterin
betätigen.

Sissys Besuche am Ufer blieben nicht unbemerkt. Auch
hatte sie sich, um der aufkommenden Langeweile Herr zu
werden, aus England einen Reitlehrer kommen lassen,
der mit ihr und den Pferden trainieren sollte.

166

Ida hatte eines Tages einen günstigeren Platz zum Baden entdeckt, und Sissy ließ sich dort eine Badekabine aufstellen. Die Kabine durfte aber von der aufsteigenden Flut nicht erreichbar sein. Um von neugierigen Blicken nicht beobachtet werden zu können, ließ Sissy eine Segelplane spannen, die sie vor unberufenen Augen schützte, wenn sie mit Marie-Valerie ins Wasser ging.

Diese seltsamen Vorrichtungen erregten die Neugier der Bewohner der Umgebung, die dergleichen nicht gewohnt waren. Die seltsame Ausländerin machte von sich reden, und als ihr eines Tages ein Pferd durchging und sie Mister Allen, der Reitlehrer, aus einem bebauten Acker holen mußte, erschien der Bauer, dem der Acker gehörte, und ließ eine wütende Schimpfkanonade auf Sissy los.

„Geben Sie dem Mann Geld, damit er Ruhe gibt", verlangte sie. „Wir haben ihm ein paar von seinen kostbaren Rüben zertreten. Was macht er bloß deswegen für Aufsehen!"

Der Bauer nahm zwar das Geld, hörte jedoch mit dem Schimpfen nicht auf, und als er seine Francs im Wirtshaus in Alkohol umsetzte, wurde aus einer Mücke ein Elefant. Als die Dämmerung an jenem Abend über Sassetôt hereinbrach, hörte man vor dem Schloß erregte Stimmen. Eine Anzahl von Dorfbewohnern hatte sich zusammengerottet, ballte die Fäuste und rief Verwünschungen.

Sissy stand am Fenster und wußte sich keinen Rat.

„Was habe ich bloß getan? Ich kenne diese Leute nicht! Was bringt sie so gegen mich auf?"

„Majestät, wir alle haben gewarnt", rief Marie Festetics besorgt. „Wir baten Sie, nicht nach Frankreich zu gehen. Diese Menschen hier sind gefährlich."

„Es muß sich um ein Mißverständnis handeln. Am liebsten würde ich mit den Leuten reden."

Sie traf Anstalten, das Haus zu verlassen und sich der wütenden Menge zu stellen. Entsetzt hielten Ida Ferenczy und Marie Festetics sie davon ab.

„Um Himmels willen, Majestät! Was haben Sie vor! Gehen Sie nicht hinaus, bleiben Sie hier!"

„Da, sehen Sie, man wirft bereits mit Steinen!"

Klirrend zerbarst eine der Scheiben, und Ida riß Sissy von dem Fenster, an dem sie gestanden hatte, zurück. Scherben bedeckten den Teppich. Die Kaiserin erbleichte.

Nun erschien draußen der Schloßverwalter und rief mit lauten Dialektworten die Ortsbewohner zur Vernunft. Sein entschiedenes Auftreten verfehlte nicht seine Wirkung, zumal nun auch noch Herr Hüttemann mit den Hunden erschien.

Unter drohendem Murren verliefen sich schließlich die Leute, und Hüttemann und der Verwalter kehrten brummig ins Schloß zurück.

„Diesmal ist es noch gutgegangen", bemerkte Ida, erleichtert von dem Fenster zurücktretend, durch das sie die Vorgänge vor dem Schloß beobachtet hatte. „Doch wer weiß, was hier noch alles passiert! Wollen Majestät nicht überlegen, wieder abzureisen? Vielleicht nach England hinüber, wo wir ganz sicher willkommen und ungefährdet wären?"

Sissy gab hierauf keine Antwort. Die Dinge schienen doch schlimmer zu liegen, als sie angenommen hatte.

Zu ihrer Verwunderung fand sie die Gräfin am Schreibtisch, und ein Verdacht wurde in ihr wach.

„An wen schreiben Sie? Berichten Sie vielleicht nach Wien über das Vorgefallene, Festetics?"

Marie lächelte. Sie reichte wortlos der Kaiserin einen der Briefbögen.

168

Sissy las und stutzte.

„Das ist ja – ein Testament!" rief sie.

„Für alle Fälle", meinte die Festetics. Sie versuchte ein mattes Lächeln.

Sissy sah sie voll an.

„Es wird Sie vielleicht interessieren zu hören, daß ich gleichfalls ein Testament verfaßt habe – noch vor meiner Abreise, in Wien!"

„Majestät haben ein Testament gemacht? Sie haben es mir nicht diktiert."

„Nein", sagte Sissy einfach. „Im übrigen tat ich es auch für alle Fälle."

Es wurde ein schwüler August. Die Hitze war drük-kend, und nur das Baden im Meer brachte ein wenig Erfrischung. Eines Tages brachte Linger der Kaiserin ein Lokalblatt, in welchem die Vorfälle von neulich groß aufgebauscht dargestellt wurden. Der Redakteur, der den Artikel verfaßt hatte, wußte auch, wer die Fremde war.

„Nun ist es mit unserem Inkognito vorbei, Ferenczy", bedauerte Sissy, indem sie auch Ida den Artikel lesen ließ.

Der Bericht des Blättchens hatte ganz unterschiedliche Wirkungen. Es regnete plötzlich Einladungen von den benachbarten Schlössern, aber auch ein Flut von Schmäh- und Bettelbriefen kam ins Haus, und der „L'Universe" brachte einen polemischen Artikel, der die Angelegenheit quasi zu einer Staatsaffäre stempelte. Er schrieb, die österreichische Kaiserin sei zwar Gast in Frankreich, setze sich jedoch über alle Verordnungen und Gesetze hinweg. Beim Reiten jage sie ihr Pferd über bebaute Felder und zerstöre mutwillig kostbares Erntegut. Man müsse es doch endlich einmal den hohen Herrschaften zeigen, daß sie in einer Republik bloß die gleichen Rechte hätte wie alle anderen Bürger!

169

Den gleichen Artikel bekam auch Kaiser Franz Joseph wenige Tage später in Wien zu Gesicht, und er schrieb sofort an Sissy und bat sie, sich vorsichtiger zu verhalten oder, noch besser, zurückzukehren.

Sissy hingegen nahm einige Einladungen zu Gastgebern von altem Adel an, badete weiter im Meer und ritt mit Mister Allen aus, wenngleich sie den Park des Schlosses jetzt nicht mehr verließ.

Allen war ein vorzüglicher Reiter. Sie kannte ihn schon von England her, und es machte ihr großen Spaß, mit ihm im Sattel dahinzufliegen.

Und eines Tages passierte das Unglück.

Allen hatte sich etwas Neues einfallen und im Schloßpark mehrere Hindernisse aufbauen lassen, die es zu überspringen galt. Eines Tages scheute ihr Pferd an einer Hürde, die es sonst anstandslos nahm, und warf sie so kräftig ab, daß die Sattelgabel, an der sie sich festklammerte, brach. Sich aufbäumend galoppierte das Pferd in wilder Flucht davon, während Sissy stürzte und ohne Lebenszeichen liegenblieb.

Zu Tode erschrocken sprang Allen von seinem Pferd und bemühte sich um sie.

Sie regte sich nicht, sie war tief bewußtlos. Der verzweifelte Allen brachte die besinnungslose Kaiserin sofort ins Schloß, wo er den Leibarzt alarmierte.

Als Sissy wieder zu sich kam, wußte sie gar nicht, was geschehen war.

„Wo bin ich?" fragte sie. „Was ist mit mir passiert?"

Sie sah Ida und Marie sowie Doktor Wiederhofer über sich gebeugt und hörte, wie Marie-Valerie in der Nähe weinte.

„Majestät sind vom Pferd gestürzt", berichtete der Leibarzt. „Es ist nichts gebrochen, soweit ich feststellen

170

kann. Doch ich befürchte eine kleine Gehirnerschütterung."

Sissy mußte sofort ins Bett. Sie kämpfte mit Übelkeit und Erbrechen. Sie hatte noch einmal Glück gehabt, aber es hätte auch schlimmer ausgehen können.

Und in diesem traurigen Zustand befiel sie wieder die Sehnsucht nach Franzl, der ihr hätte Schutz und Hilfe sein können. Sie diktierte der Gräfin einen Brief nach Wien, in dem sie von ihrem Mißgeschick berichtete.

Franz Joseph erhielt nicht nur diesen Brief, sondern auch einen Bericht Doktor Wiederhofers. Darin hieß es, die Kaiserin habe tatsächlich bei ihrem Sturz eine Gehirnerschütterung davongetragen.

Sofort telegraphierte Franz Joseph nach Sassetôt. Er war bereit, in Wien alles stehen- und liegenzulassen, um seine Sissy persönlich heimzubringen.

Doch er hatte dabei die Rechnung ohne seine Politiker gemacht. Ungarn sowie Österreicher legten sich sofort quer und hielten ihm die möglichen politischen Konsequenzen vor. Man stand nicht gut mit Frankreich, und das Ansehen der Monarchie würde darunter leiden.

So mußte denn der Kaiser wohl oder übel darauf verzichten. Doch er schrieb umgehend an Sissy.

MEIN ENGEL! ICH LASSE DICH NICHT LÄNGER DORT. ICH BITTE DICH, UNVERZÜGLICH HEIMZUKOMMEN. ODER WILLST DU DAS SCHICKSAL UNNÖTIG PROVOZIEREN? BEDENKE DOCH, WAS AUS MIR WERDEN WÜRDE, WENN DIR ETWAS ZUSTÖSST!

Als Sissy diesen Brief empfing, war sie schon wieder in besserer Verfassung. Jede Zeile erfüllte sie mit Freude. Franzl liebte sie also noch, das Mißgeschick mit dem Zirkusauftritt war vergessen. Er würde sie wieder in seine

Arme schließen, und alles würde sein wie zuvor!

Mister Allen wurde wieder nach England geschickt, und Herr Linger bereitete alles zur Rückreise vor.

Ida und Marie atmeten erleichtert auf, als ihnen Sissy den Entschluß zur Heimreise bekanntgab.

„Das ist vernünftig und recht, Majestät. Wie wird es den Kaiser freuen!" meinte Ida von Ferenczy. „Ich habe, was unseren Aufenthalt hier betrifft, von Anfang an kein gutes Gefühl gehabt. Ich wußte, irgend etwas würde passieren. Gottlob ist es aber gut ausgegangen."

„Ja, ich habe allen Grund zur Dankbarkeit", gestand sich Sissy ein.

Mit Marie-Valeries Gesundheit war es wieder aufwärtsgegangen, bei Sissy machten sich zwar die Nachwirkungen des Sturzes noch bemerkbar, doch hielt sie es nun in Sassetôt nicht länger.

Die Nachricht vom Unfall der Kaiserin ging durch die Presse und wurde auch in Possenhofen und München gelesen. Sissys Eltern machten sich ernstliche Sorgen. Sie fragten bei der österreichischen Botschaft an, wo sie aber eine beruhigende Auskunft erhielten.

Sissy befand sich zu diesem Zeitpunkt bereits unterwegs nach Wien.

König Ludwig von Bayern las die Nachricht von Sissys Unfall in seinem Schloß Hohenschwangau und schloß sich daraufhin ein. Er lief aufgeregt durch seine Zimmer, ergriff dann Feder und Papier und schrieb an Kronprinz Rudolf nach Wien:

NIE IM LEBEN WÜRDE ICH ES VERSCHMERZEN KÖNNEN, WENN IHR EIN UNGLÜCK WIEDERFÜHRE! DU GLÜCKLICHER, DEM ES VERGÖNNT IST, BEI DER ANGEBETETEN KAISERIN ZU WEILEN, LEGE MICH IHR ZU FÜSSEN!

172

Die Tage von Sassetôt waren vorüber. Man schrieb schon September, als Sissy wieder in Wien eintraf, wo Franzl sie wortlos in seine Arme schloß und küßte.

9. Ein Jahr ging dahin

Der 19. November vereinte auch heuer wieder die kaiserliche Familie zum Fest von Sissys Namenstag. Diesmal hatte sie sich etwas Besonderes ausgedacht. Sie veranstaltete einen kleinen Hausball für ihre geliebte Marie-Valerie.

Es kam selten vor, daß sie alle so unbeschwert und fröhlich beisammen waren wie an diesem Nachmittag. Der Kaiser hatte sich freigenommen, der Kronprinz war da, selbst Gisela war nach Wien gekommen.

Marie-Valerie glaubte fast, es sei ihr persönlicher Festtag und nicht der von Mama. Denn alles drehte sich nur um sie, sie war heute der Mittelpunkt.

Da wurden Gesellschaftsspiele gespielt, da tollte und lief man durch die Zimmerfluchten und spielte Versteck. Heiteres Gelächter erfüllte die Räume von Schloß Schönbrunn, und die Lakaien, die Törtchen, Fruchteis, Schokolade, süßen Likör für die Damen und köstlich duftende Hausbäckerei aus der Schloßküche auftrugen, wurden nicht müde, sich über das ausgelassene Treiben, das gegen jedes Zeremoniell verstieß, zu wundern.

Am lustigsten gebärdeten sich die Eltern, Franz Joseph und Sissy. Die arme Gräfin Festetics hatte freilich nichts zu lachen, denn immer wieder mußte sie Blindekuh spielen.

Wenn ihr je einmal wieder der Gedanke an den in der

Ferne weilenden Fürsten Woronzeff gekommen war, heute vergaß sie ihn völlig. Denn selbst von Ida Ferenczy mußte sie sich allerlei Neckereien gefallen lassen, sehr zum Vergnügen von Marie-Valerie, die es köstlich fand.

Allen erwarteten Schwierigkeiten zum Trotz schien dieses Jahr 1875, das nun schon zur Neige ging, gut abgelaufen zu sein.

„Und zu Weihnachten sind wir alle wieder in Gödöllö", freute sich Sissy.

„Au fein, Mama!" rief Marie-Valerie und klatschte vergnügt in die Hände. „In Gödöllö ist es immer so schön romantisch!"

Franz Joseph hegte den Wunsch, endlich wieder ein paar Tage auszuspannen, und in Gödöllö würde ihm dies möglich sein. Auch er sehnte also diese Tage herbei. Der Kronprinz hingegen fieberte schon darauf, in Ungarn auf die Jagd zu gehen, und gedachte, zu diesem Zweck in Gödöllö sein Hauptquartier aufzuschlagen. Von dort aus konnte er ausgiebig Streifzüge unternehmen, um Jagdabenteuer zu erleben, die er so schätzte.

An diesem schönen Nachmittag schien wirklich kein Wölkchen den Himmel zu trüben.

Sissy traf mit dem Kind und ihrer Begleitung schon zwei Wochen vor Weihnachten in Gödöllö ein.

Es war der dritte Adventsonntag. Mutter und Kind besuchten die Messe, und auf dem Rückweg von der Schloßkapelle fragte Marie-Valerie plötzlich: „Mama, du hast doch einmal gesagt, du hättest das Christkind gespürt. Nicht gesehen, aber gespürt sagtest du! Glaubst du, daß ich es heuer vielleicht erleben könnte? Ich möchte auch gerne wissen, wie das ist."

Sissy lächelte innig.

„Mein liebes Kind, das läßt sich nicht erzwingen. Wenn

Gott will, wird es dir zuteil. Vielleicht ist es sogar schon passiert, und du hast es gar nicht bemerkt."

„Wie kannst du das nur glauben, Mama! Ich sollte es nicht bemerkt haben? Das ist ja unmöglich!"

„Ich glaube, daß du dich damit irrst. Vielen Menschen begegnet das Christkind, und nicht nur zur Weihnachtszeit. Aber die wenigsten wissen und merken es."

Marie-Valerie blickte ihre Mutter aus großen Augen fragend an.

„Weißt du, Mama, was ich mir schon öfter gedacht habe? Daß es das Christkind gar nicht gibt!"

Heftig schüttelte Sissy den Kopf.

„So was darfst du gar nicht denken. Es gibt das Christkind, wenn du daran glaubst."

„Und wenn ich nun nicht daran glaube?"

„Dann gibt es das Christkind doch. Aber du wärest sehr arm, Marie-Valerie."

Die Kleine schwieg nachdenklich.

Die Vorbereitungen für das Weihnachtsfest begannen mit Hochdruck. Ida von Ferenczy und die Gräfin hatten alle Hände voll zu tun. Das ganze Schloß, das viele Monate des Jahres hindurch in einer Art Dornröschenschlaf dahingedämmert hatte, mußte auf Hochglanz gebracht und die Zimmer für die Gäste, die man erwartete, bereitgemacht werden.

Eines Tages bemerkte Ida zur Gräfin: „Ist Ihnen nichts an Shadow aufgefallen?"

„Ich habe nichts bemerkt. Was ist mit ihm?"

„Die Küchenmagd sagt, daß er nichts frißt. Er scheint krank zu sein. Ich werde es Ihrer Majestät melden, man wird den Tierarzt rufen müssen."

Sissy war ganz erschrocken, als ihr mitgeteilt wurde, daß ihr Lieblingshund ernsthaft erkrankt sei. Shadow fieberte.

Die Mittel, die ihm der Tierarzt gab, brachten keine Heilung. Shadow war ja auch nicht mehr der Jüngste.

Drei Tage vor Weihnachten fand ihn Marie-Valerie reglos am Kamin hingestreckt.

Erschrocken lief sie zu Sissy. Sie war ganz bleich.

„Was ist geschehen, Kind?" fragte Sissy erschrocken.

Das Mädchen brach in Tränen aus: „Shadow ist tot!" rief die Prinzessin.

Sofort nahm Sissy ihre Tochter bei der Hand und eilte mit ihr in den Raum, wo Marie-Valerie den Hund gefunden hatte.

Mit einem Blick stellte Sissy fest, daß Shadow tatsächlich nicht mehr lebte.

Trauer um den Freund und Gefährten vieler Jahre, der er ihr gewesen war, ergriff sie.

„Er ist von uns gegangen", sagte sie leise, „und wird in den Hundehimmel kommen."

Sissy befahl, im Park ein Grab auszuheben, und am Nachmittag setzte sich eine kleine Trauerprozession in Bewegung, um Shadow zu beerdigen.

Kalter, schneeiger Wind fegte über das Land. Die Äste der Bäume bogen sich unter der weißen Last. Die Kaiserin, ihre Tochter, die Gräfin, Marie Festetics und einige Bedienstete folgten dem Knecht, der den in eine große Kiste gebetteten Körper des Hundes trug.

Es war nicht leicht gewesen, in dem hartgefrorenen Boden ein Grab für Shadow auszuschaufeln.

Stumm umstanden es Sissy und ihre Begleiter, während Shadow in die Tiefe gesenkt wurde, und Tränen liefen Marie-Valerie übers Gesicht, als sie das Erdreich, das die Knechte in das Grab schaufelten, auf die Kiste prasseln hörte.

Das Weihnachtsfest schien durch Shadows Tod über-

176

schattet zu sein.

Doch der Kronprinz, der wenige Stunden später – die Nacht brach schon über Gödöllö herein – eintraf, sorgte wieder für eine heitere Stimmung. Er wollte sich vor Lachen ausschütten, als er von dem Hundebegräbnis hörte, und schleppte vergnügt eine Menge festlich verpackter Pakete aus seinem Schlitten, die er durch die Diener in sein Zimmer bringen ließ.

Händereibend verhieß er allen, die es hören wollten, daß sie über seine Geschenke überrascht sein würden. Als dann auch noch am Weihnachtsabend der Kaiser eintraf, war die Festesfreude vollkommen.

Sissy hatte eine große Tanne in der Halle aufstellen lassen und nicht, wie gewohnt, im Salon.

„Das ist ja eine Neuerung, Mama", meinte Rudi. „Was hast du vor?"

„Warte bis nachmittag, dann sollst du es erleben", versprach Sissy.

Die Tanne wurde festlich geschmückt und mit vielen Lichtern besteckt. Sie bot einen prächtigen Anblick.

Rudi, der es schon nicht mehr erwarten konnte, wollte schon seine Pakete unter der Tanne aufbauen, als die Knechte einen langen rustikalen Tisch in die Halle schleppten und Sissy begann, ihn mit Hilfe von zwei Mägden eigenhändig mit weißem Leinen zu decken, mit Tannenreisig zu schmücken und darauf viele Schüsseln mit Äpfeln, Nüssen, allerlei duftendem Backwerk und anderen Leckerbissen zu stellen.

„So haben wir es in Possenhofen immer gehalten", erklärte sie ihrer Familie. „Und jetzt kommen auch noch die Geschenke."

„Das ist für uns?" staunte Rudi kopfschüttelnd.

„Nein, mein Sohn. Dies ist für die Armen aus der Umgebung. Ich habe sie für heute nachmittag alle zu uns ins Schloß laden lassen. Auch sie sollen ihre Weihnachten haben!"

Die Dämmerung war schon hereingebrochen, als es im Schloßhof lebendig wurde. Da kamen sie alles die Sissy zu diesem Weihnachtsfest eingeladen hatte. Die hohe Tanne erleuchtete kerzenschimmernd die Halle, die sich nun mit neugierigen, festlich gestimmten, glücklich lachenden Menschen füllte.

An diesem Abend drückte Sissy freiwillig viele Hände. Die Männer, die in ihren dicken zottigen Mänteln gekommen waren und mit schweren Bauernstiefeln, an denen der Schnee noch klebte, in die Halle traten, rissen ihre Mützen ehrfürchtig vom Kopf, während die Frauen knicksten und sich die Kinder unter frohem Lachen um die Tanne und ihre Geschenke scharten.

Als diese große Bescherung, die fast Stunden dauerte, vorüber war, folgte dann noch das familiäre Fest im Salon.

Hier wurde nun Rudi endlich seine originellen Geschenke los, die die von ihm Bedachten herzlich lachen machten. Auch im Salon schimmerte ein Christbaum. Und Sissy war glücklich mit ihren Lieben vereint.

Vom Ort her läuteten die Glocken zur Christmette. Eine kalte, sternklare Winternacht stand über Gödöllö.

Man trank und schmauste, und jeder freute sich.

„Zwischen Weihnachten und Neujahr, da seid ihr mich los!" rief Rudi angeregt. „Da gehe ich nämlich mit ein paar Freunden zur Jagd."

„Aber zu Silvester bist du doch wieder bei uns?" fragte der Kaiser.

„Selbstverständlich, Papa. Ich werde doch nicht versäumen, mit euch anzustoßen!"

Wer weiß, was dieses neue Jahr bringen wird, dachte

178

Ida von Ferenczy.

Und die Gräfin Festetics war in Gedanken weit fort, in Petersburg. Dann aber fiel ihr plötzlich ein, daß sie, falls sie tatsächlich den Fürsten geheiratet hätte, das Weihnachtsfest erst am 6. Jänner begehen würde, weil dies in den orthodoxen Ländern so Brauch war. Und sie schüttelte insgeheim den Kopf.

„Ein frohes Fest also!" prostete der Kaiser ihnen allen zu und führte sein Glas zum Munde.

Es wurde diesmal später als sonst, bis man zur Ruhe ging. Sissy schaute noch einmal bei Marie-Valerie herein, die schon in ihrem Bett lag, aber ihre Augen noch offenhielt.

„Gute Nacht, mein Kind", wünschte die Mutter.

„Es war wunderschön, Mama", sagte Marie-Valerie sinnend. „Aber weißt du, was das allerschönste war? Es war, wie wir alle die armen Kinder beschenkten."

Da drückte ihr Sissy einen zärtlichen Kuß auf die Stirn.

„Siehst du, und genau da hast du das Christkind gespürt!"

Sie sahen einander an und schwiegen. Plötzlich umschlang Marie-Valerie den Hals ihrer Mutter.

„Ich hab' dich so lieb, Mama", flüsterte sie.

„Jetzt ist das Christkind wieder bei uns", hauchte Sissy und küßte innig ihr Kind.

Auf Zehenspitzen verließ sie das Schlafgemach.

Draußen vor den Fenstern hatte sich der Himmel überzogen, und nun fiel dichter Schnee.

Sissy stand am Fenster und schaute hinaus in die weihevolle Nacht. Sie war glücklich. Dieser Tag hatte ihr schöne Stunden beschert.

Dankbarkeit erfüllte ihr Herz.

Was auch immer geschehen mag, dachte sie, meinem

Franzl werde ich treu und meinen Kindern eine gute Mutter sein! Und ich will auch für unser Volk tun, was ich kann.

Der Kaiser schlief ruhig und traumlos in dieser Nacht. Nur der Kronprinz, der ein wenig zuviel getrunken hatte, wälzte sich unruhig auf seinem Lager und dachte an die bevorstehenden Jagden, die er unternehmen wollte.

Seine Jagdgefährten trafen der Reihe nach am Christtag ein. Es war eine fröhliche, lärmende Gesellschaft junger adeliger Männer. Sie unterbrachen die stille Idylle von Gödöllö. Der Kronprinz hatte sich einen Jagdschlitten bauen lassen, von dem aus er mit einem Schnellfeuergewehr auf seine Beute zielen konnte. Er versprach sich auch diesmal wieder eine ausgiebige Strecke. Auch seine Kameraden rechneten schon im voraus mit einem erfolgreichen Halali. Noch zur Nachtzeit des Stephanitages brach die ganze Gesellschaft von Gödöllö auf, und das Geläute der Schlittenschellen war noch eine ganze Weile zu hören, bis es allmählich in der Ferne erstarb.

Nun kehrte in das Schloß wieder Ruhe ein, und die besinnliche, erholsame Zeit nahm ihren Fortgang. Auch die Kaiserin ließ einen Schlitten anspannen und fuhr mit Mann und Tochter über das Land. Sie hatten die wärmenden Decken hochgezogen, und der kalte Hauch stand den Pferden in dichten Wolken vor den Nüstern, während sie hell wiehernd dahintrabten. Der hartgefrorene Schnee knirschte unter den Kufen. Das Land ringsum lag in silberner Helle um sie her ausgebreitet.

„Wie schön es hier doch ist", sagte Sissy bewundernd.

„Ganz anders als in der Stadt, Mama", meinte Marie Valerie.

„Da hast du recht", lachte Franz Joseph. „Wir sind hier ja auch auf dem Land, obwohl Budapest nicht weit von uns liegt. Hier ist schon eine ganz andere Welt. Eine Welt, wie Mama sie gern hat!"

Ein wenig durchfroren, aber hungrig und bester Laune kehrten sie von ihrem Ausflug heim. Nun wurden auch schon die Vorbereitungen für den Silvesterabend getroffen. Gräfin Festetics und Ida von Ferenczy hatten schon aus Wien Blei mitgebracht, das man zur mitternächtlichen Stunde gießen wollte.

Pünktlich zu Silvester war auch Rudi wieder da und brachte eine solche Menge von geschossenem Wild nach Hause, daß das ganze Schloß davon unbesorgt einen Monat hätte leben können.

„Treibst du es nicht ein wenig zu arg?" fragte Sissy. „Du und deine Freunde, ihr habt ja in unserem Wildbestand eine richtige Verheerung angerichtet!"

„Papa ist auch ein großer Jäger vor dem Herrn", versetzte der Kronprinz.

Er war stolz auf seinen Jagderfolg und wurde regelmäßig von einer Art Jagdrausch gepackt, von dem er sich nicht befreien konnte und wollte. Sissy wußte dies, und es erfüllte sie mit Besorgnis.

Doch jetzt wollte sie nicht darüber nachdenken. Es war ja Silvester!

Wieder fand man sich im Salon zusammen, und man stieß auf das neue Jahr an, als die Uhr auf dem Schloßturm Mitternacht schlug.

„Prosit Neujahr!" rief Sissy fröhlich.

Dritter Teil

1. Hohe Politik

Das in Gödöllö unter frohem Gläserklingen willkommen geheißene Jahr 1876 sollte, wie Ida von Ferenczy ge-
ahnt hatte, nicht so leicht werden und große Veränderungen mit sich bringen.

Sissy stand nun im neununddreißigsten Lebensjahr,
doch niemand sah es ihr an. Sie hielt sich immer noch ger-
tenschlank, und wenn sie zu Pferd saß, jagte sie dahin, daß
ihr kaum ein Reiter folgen konnte.

In England, wohin sie in diesem Frühjahr wieder fuhr,
teils, um Königin Victoria zu besuchen, vor allem aber,
um ihren geliebten Fuchsjagden zu frönen, wurde sie in
überschwenglichen Gedichten als Göttin Diana und Königin der Jagd gefeiert. Nach Wien zurückgekehrt, erwartete sie eine Fülle von repräsentativen Pflichten.

Sie mußte sich bei den obligaten Bällen zeigen, an
Wohltätigkeitsveranstaltungen teilnehmen, Spendenak-
tionen für Bedürftige organisieren, Abordnungen von
Frauen aus den Kronländern empfangen, und am Fronleichnamstag ging sie Seite an Seite mit Franzl, Marie-Valerie in der Mitte, beim Stadtumgang von St. Stephan mit.
Auch der Kronprinz war mit dabei und zeigte sich den
Tausenden Wienern, welche den Graben säumten, als ein
stattlicher, junger Mann, dem man wohl zutrauen konnte,
daß er einst, wenn die Reihe an ihn kam, die Zügel des
Reiches in festen Händen zu halten imstande wäre.

Doch der Kaiser selbst war noch in den besten Jahren,
ein Mann voll Tatkraft, Energie und geradem Sinn. Auch
wenn hie und da am politischen Horizont düstere Wolken
aufzogen, so spürten die Österreicher doch, daß sie sich
auf ihn verlassen konnten. Die Kaiserin entzückte durch

ihre Anmut und ihren damenhaften Reiz. Jeder konnte sie so sehen, der an diesem Fronleichnamstag im dichten Spalier der Menge stand.

Wie ermüdend diese lange Prozession an einem heißen Frühsommertag für Sissy war, ahnte niemand. Doch auch ihre übrigen Aufgaben – ihr Tageskalender war prall gefüllt – nahmen sie her.

Zu allem Überfluß war nun auch noch der Besuch des griechischen Königspaares zu erwarten, und bei solchen Anlässen war es üblich, daß der Wiener Hof seine ganze Pracht entfaltete.

Für die Wiener war ein solcher Anlaß natürlich ein großes Ereignis, bei dem die Neugierde voll auf die Rechnung kam.

Schon Wochen vorher berichteten die Zeitungen über den bevorstehenden Besuch, sie brachten Bilder der erwarteten Gäste und versäumten auch nicht, die politische Bedeutung eines solchen Monarchentreffens ins rechte Licht zu rücken. Da kam es denn auch stets zum Abschluß von Verträgen, zu Gesprächen über die internationale Lage, zur Klärung von Streitfragen und zur Intensivierung der gegenseitigen Beziehung zwischen Staaten, die ihre gemeinsamen Interessen fördern wollten.

Die schaulustigen Wiener interessierte freilich weniger, was die gleichfalls in Wien eintreffenden Minister und hohen Beamten in oft ermüdenden Gesprächen untereinander auszuhandeln pflegten. Ihnen ging es vor allem um das Bestaunen fremder gekrönter Häupter und ihres prunkvollen Gefolges, so wie es sich ihnen bei Fahrten in offenem Wagen bot.

Der festliche Abschluß solcher Königstreffen fand meist in der Großen Galerie von Schönbrunn statt. Das ganze Schloß war festlich geschmückt, ein Galadiner versammelte Hunderte Gäste, Reden wurden gehalten und Trinksprüche ausgebracht. So eine Festivität nahm regelmäßig viele Stunden in Anspruch, sie war durch das Protokoll in ihrem Ablauf genau festgelegt, und es durfte dabei keine Pannen geben.

Die ganze Zeit über war Sissy in ihre prunkvollen Toiletten gezwängt, die manchmal so eng waren, daß sie kaum atmen konnte. In den von Menschen erfüllten Sälen brachte ihr oft nur der Fächer ein wenig Linderung. Die Hitze war drückend, und zahllose Geräusche, oft auch Musik, brandeten an ihr Ohr.

Doch sie durfte keine Ermüdung zeigen. Schön zu sein und zu lächeln war an solchen Tagen ihre oberste Pflicht.

Ging dann endlich der Tag zur Neige, dann fühlte sie sich am Ende ihrer Kraft.

Während sich ihre Kammerfrauen um sie kümmerten, fand sie langsam wieder zu sich selbst. Ihr Kopf schmerzte, sie fühlte sich wie gerädert und hatte nur noch das Bedürfnis nach Schlaf.

Besorgt suchte Franzl sie noch auf, bevor sie zu Bett ging.

„Wie geht es dir, Liebes?"

„Du siehst es ja, Franzl. Ich kann nicht verstehen, wie uns andere Leute um solche Festivitäten beneiden können. Wenn sie nur wüßten, wie das ist! Heute würde ich mit jeder Bauersfrau tauschen. Doch es geht nicht, denn ich bin ja die Kaiserin."

„Nun, es ist ja schon überstanden. Der König und die Königin reisen morgen schon ab. Es gibt nur noch den obligaten ‚großen Bahnhof', dann ist auch das vorbei, und wir haben es wieder einmal geschafft. Zu regieren ist nicht ganz einfach, es will nicht nur gelernt sein, es kostet auch Nerven und Kraft. Du bist ja ganz blaß, mein Engel! Leg dich zu Bett und versuche zu schlafen."

„Ich fühle mich wie gerädert, Franzl. Wahrscheinlich werde ich gar nicht imstande sein, ein Auge zuzutun. Ich möchte wieder fort von Wien, weg von all dem Trubel!"

„Du willst dich drücken und mich wieder allein lassen?" scherzte Franz Joseph gutmütig. „Diesmal geht es aber nicht, mein Engel."

„Du erschreckst mich! Was ist denn nun wieder los?" fragte Sissy aufschauend.

„Es hat sich noch jemand zu Besuch angesagt", verriet er, wobei ein merkwürdiges Lächeln seine Lippen umspielte.

„Nanu", staunte Sissy, und während ihre Neugier erwachte, betrachtete sie ihren Gatten mit prüfendem Blick. „Du kommst mir listig vor! Was ist das für ein merkwürdiges Lächeln? Du scheinst etwas im Schilde zu führen. Spanne mich nicht auf die Folter, verrate es mir!"

Sie richtete sich auf, und der Kaiser zog sich lachend einen Stuhl an ihre Seite und ließ sich nieder. Indem er die Knie übereinanderschlug, zündete er sich genüßlich eine Zigarre an und sog behaglich den Rauch ein, um sich zu entspannen.

„Du bist grausam, Franzl. Du läßt mich zappeln. Nun rede doch schon, du schrecklicher Mann!" forderte Sissy blitzenden Auges.

Ihre Müdigkeit schien wie weggeblasen, sie war jetzt wieder hellwach. Mit diesem Besuch, den ihr der Gatte auf so geheimnisvolle Weise ankündigte, schien es eine besondere Bewandtnis zu haben.

Franzl nebelte sich ein. Aus den sich bläulich kräuselnden Tabakwolken heraus hörte Sissy plötzlich seine Stimme.

„Marie-Henriette kommt."

Sissy horchte auf.

„Die belgische Königin? Und der König kommt nicht? Das finde ich merkwürdig. Das wird doch kein Staatsempfang, oder?"

„König Leopold bleibt in Schloß Laeken. Er kann Brüssel nicht verlassen. Und du hast recht, Sissy, es ist ein halb privater Besuch."

„Nun werde ich den Grund ja wohl bald erfahren", seufzte Sissy geduldig.

„Es geht um Rudi", meinte Franz Joseph, indem er wieder dichte Wolken Zigarrenrauchs von sich blies, so daß Sissy ärgerlich zu husten begann.

Der Kaiser dämpfte seine Zigarre sofort ab.

„Graf Latour, sein Erzieher, war schon lange der Meinung, daß Heiratspläne zu sondieren seien. In Frage käme möglicherweise die spanische Infantin oder eine der sächsischen Prinzessinnen. Aber auch König Leopold von Belgien hat Töchter."

„Rudi hat noch Zeit", meinte Sissy bedenklich.

„Gewiß, und er soll unter den verschiedenen Möglichkeiten seine eigene, freie Wahl treffen. Die Initiative in dieser Angelegenheit geht übrigens von Laeken aus. Marie-Henriette will sich bloß allgemein informieren. Ich nehme an, sie wird dich einladen, bei einer deiner nächsten Reisen in Brüssel vorbeizuschauen und die Prinzessinnen kennenzulernen."

„Das brächte eine verwandtschaftliche Verbindung auch mit dem englischen Königshof", fiel Sissy ein.

„Ganz recht, so ist es. Die Queen ist eine Tante der Prinzessinnen."

„Und wie sehen die Mädchen aus? Sind sie hübsch? Das dürfte Rudi doch wohl auch interessieren!"

„Nun, sie sind jung und, wie man mir sagt, nicht übel.

189

Du wirst sie ja kennenlernen. Marie-Henriette gehört übrigens zu unserer engeren Verwandtschaft. Sie ist Prinzessin von Österreich und Ungarn."

Man kann sich denken, daß Sissy auf diesen Besuch nun einigermaßen neugierig war.

Doch das Ereignis wurde überschattet durch den zwischen Serbien und der Türkei ausgebrochenen Krieg, was heftige diplomatische Aktivitäten zur Folge hatte. Auch in Bulgarien wurde die Lage kritisch. Der Kaiser kam tagelang kaum aus der Reichskanzlei, und als endlich Königin Henriette in Wien eintraf, war es Sissy, die sich hauptsächlich um sie kümmern mußte. Dennoch fanden die beiden Frauen in Gesprächen rasch zueinander. Merkwürdigerweise waren es Avolo und seine Kunst, die sie zusammenbrachten. Und außerdem sprach Königin Marie-Henriette ebenso wie Sissy perfekt Ungarisch.

Die belgische Königin bekam den Kronprinzen nur flüchtig zu Gesicht. Sissy wußte nicht, ob Rudolf ahnte, aus welchem Grund Marie-Henriette nach Wien gekommen war. Doch die kurze Begegnung mit Rudi schien ihr zu genügen, sie gewann einen recht günstigen Eindruck von ihm.

Wie Franz Joseph vorhergesagt hatte, kam es zu einer Einladung nach Schloß Laeken, und Sissy sagte zu. Wenn sie wieder einmal zur Jagd nach England reisen würde, konnte sie es einrichten, zu einem zwanglosen Besuch in der belgischen Hauptstadt vorbeizukommen, um die Prinzessinnen kennenzulernen. Fiel auch diese Begegnung zur Zufriedenheit aus, würde man Rudi Gelegenheit geben, zu einem entsprechenden offiziellen Anlaß am belgischen Königshof zu erscheinen und bei dieser Gelegenheit auf Brautschau zu gehen.

Vollkommen zufrieden reiste Marie-Henriette von

190

Wien wieder ab und nahm die Hoffnung mit sich, Sissy bei sich daheim bald wiederzusehen.

Die schwierige Lage auf dem Balkan ließ jedoch wenig Raum für private Angelegenheiten. Der Krieg sowie die einem Pulverfaß gleichende Situation in Bulgarien, wo mittlerweile ein blutiger Aufstand ausgebrochen war, zwang zu einem Treffen Franz Josephs mit Zar Alexander. Die Russen sahen ihrerseits ihre Balkanpolitik durch die Maßnahmen des ungarischen Ministerpräsidenten Graf Andrassy in Frage gestellt. Der Zar wollte eine Aussprache mit dem Kaiser, um eine Änderung dieser Politik zu erreichen. Der Friede zwischen Rußland und Österreich schien gefährdet. Franz Joseph verbrachte Tage voller Sorge und reiste schließlich nach Reichstadt ab, wo die Zusammenkunft mit dem Zaren stattfinden sollte.

Noch kurz vor seiner Abreise kam es zu einer erregten Meinungsverschiedenheit zwischen Sissy und ihm.

Ihre Sympathien für Ungarn, die durch Gräfin Festetics lebhaft unterstützt wurden, ließen sie für Andrassys Politik Partei ergreifen.

„Es liegt doch nur in unserem Interesse, wenn er dafür sorgt, daß Rußland auf dem Balkan nicht übermächtig wird. Kannst du nicht verstehen, daß sich die Ungarn bedroht fühlen?"

„Aber auch der Zar fühlt sich bedroht, und zwar durch den Einfluß Österreichs!"

„Der Zar hat gar keinen Grund, sich Sorgen zu machen. Niemand will etwas von ihm. Er selbst betreibt eine aggressive Vormachtspolitik, und Andrassy will dem eine Ende setzen."

„Ein Krieg mit Rußland wäre das letzte, was wir brauchen könnten! Ich will mich mit dem Zaren in Frieden einigen. Es muß möglich sein, eine Übereinkunft in der Frage der wirtschaftlichen und militärischen Interessen zu finden, die beide Seiten zufriedenstellt."

„Und das willst du in Reichstadt erreichen? Ich fürchte, daß man dir dann in Ungarn Nachgiebigkeit vorwerfen wird."

„Ich werde nicht mehr nachgeben, als auch der Zar Zugeständnisse machen muß. Ich möchte meinen Völkern kein Kriegs- sondern ein Friedenskaiser sein."

Franz Joseph gab ihr deutlich zu verstehen, daß er von einer Einmischung ihrerseits nichts hielt. Verstimmt zog sich Sissy zurück. Sie nahm sich fest vor, von nun ab politische Gespräche mit ihrem Mann zu unterlassen.

Aber es kränkte sie, daß er nicht auf sie hören und die Lasten seines schweren Amtes nicht mit ihr teilen wollte. Sie hatte sich bei ihrer Heirat ihre Aufgaben als Kaiserin anders vorgestellt. Als Königin von Ungarn, die sei auch war, fühlte sie sich verpflichtet, für diese Nation zu sprechen. Daß man ihr die Möglichkeit hierzu in Abrede stellte, kränkte und enttäuschte sie.

Auch Gräfin Festetics, mit der sie darüber sprach, war schwer enttäuscht. Beide Frauen erkannten nicht, daß Kaiser Franz Joseph gezwungen war, die Gesamtinteressen der Monarchie über die einzelnen eines Teilgebietes derselben zu stellen.

Nur begleitet von Marie-Valerie, fuhr Sissy nach Possenhofen, um sich bei ihren Eltern von den Strapazen der letzten Wochen und dem Ärger über das Verhalten ihres Gatten zu erholen.

„Papa, Mama!" rief sie ihren Eltern entgegen, die sie schon vor dem Schloß empfingen.

Marie-Valerie schlang herzlich ihre Arme um den starken Nacken ihres Großvaters, der sie mit einem lauten Schmatz willkommen hieß.

„Na, da bist du ja, Spatz!" lachte Herzog Max schallend und wirbelte seine Enkelin im Kreis.

„Daß du nur wieder da bist", rief auch Ludovica und umarmte Sissy ein ums andere Mal. „Hier ist es einsam geworden! Viel zu einsam für uns alte Leute. Unsere Kinder haben in alle Winde geheiratet, und keines denkt mehr an uns!"

„Aber Mama, wie kannst du so etwas nur sagen! Du weißt sehr gut, wie oft ich an euch denke. Auch Franzl tut das. Ja, wir sind in Gedanken oft bei euch! Und von Marie-Valerie darfst du erst gar nicht reden. Du siehst ja selbst, wie froh sie ist, nun wieder hier zu sein."

„Aber ihr bleibt ja immer nur so kurze Zeit. Du bist wie ein Zugvogel, Sissy, der immer weiterfliegt. Wenn du doch nur einmal für eine längere Weile hierbleiben und all deinen Kram vergessen wolltest, der dich in Wien so ärgert!"

„Nun wollen wir aber hier heraußen nicht Wurzeln schlagen, sondern ins Haus gehen", drängte Herzog Max. „Ihr werdet sicher Hunger haben."

„O ja, das stimmt", lachte Sissy.

„Na also. Dir zu Ehren gibt es sogar dein Leibgericht."

„Knödel, Kraut und Geselchtes", verhieß die Herzogin.

Sie war selbst eine leidenschaftliche Köchin, die sich die Zubereitung mancher Gerichte von keiner Angestellten nehmen ließ. Auch diesmal hatte sie wieder mit viel Liebe gekocht, und der Küchendunst, der verheißungsvoll aus dem Küchengewölbe drang, war dem Herzog, ihrem Gatten, schon vielversprechend in die Nase gestiegen.

Der Herzog und die Herzogin hielten an ihrer ländlichen Lebensweise fest, an jener naturverbundenen Art, in der Sissy aufgewachsen war und die einen so starken Kontrast zu ihrer Daseinsform in der Hofburg bildete. Wien und Possenhofen, das waren zwei Welten für sich, und nach so vielen Jahren noch sehnte sie sich oft hierher zurück.

Wohlgefällig betrachteten Herzog Max und Herzogin Ludovica ihre schöne und stolze Tochter, und nur ihr Enkelkind schien ihnen immer noch ein wenig schmal und blaß.

„Dich werden wir auch noch herausfüttern", versprach der Herzog und versetzte seiner Enkelin eine wohlwollend-väterlichen Klaps. Marie-Valerie quietschte lachend.

Bald saßen sie um den rustikalen Tisch in der Eßstube vereint und langten tüchtig zu.

Sissy genoß jeden Bissen, der so anders schmeckte als die faden französischen Speisen, die ihr die Hofküche in Wien servieren ließ. Der Kaiser wußte sehr wohl, wenn er nichts anderes mehr als seinen Tafelspitz mit grünen Erbsen verzehren wollte.

„Endlich wieder einmal was richtig Kerniges, nicht wahr?" schmunzelte der Herzog verständnisvoll, während er mit zufriedenem Behagen zusah, wie Sissy sich's schmecken ließ. Und als Marie-Valerie sich schon den Magen hielt, ermunterte er sie. „Du wirst doch nicht schon satt sein? Iß doch noch! Einen Bissen für Mama, einen für die Oma und einen für mich!"

„Morgen unternehmen wir eine Kahnfahrt auf dem See", versprach Sissy ihrer Tochter.

„Das wird fein, Mam", rief Marie-Valerie begeistert.

„Aber meine Pferde werden mir fehlen", meinte Sissy nachdenklich.

„Du könntest dir ja deinen Zirkusrappen nachkommen lassen", schlug Ludovica vor.

„Vielleicht tue ich das auch", meinte Sissy. „Man könnte ja hinter dem Haus einen kleinen Parcours anlegen."

Der Herzog schüttelte unwillig den Kopf.

„Das muß ja nicht sein, Sissy. Eine Zeitlang kannst du es auch ohne deine Rösser aushalten. Abgesehen davon haben wir ja selbst Pferde im Haus. Du kannst also reiten, wenn du es unbedingt nicht lassen kannst."

„Es wird auch langsam Zeit, die Kleine in einen Sattel zu setzten", überlegte Sissy.

„Da hast du recht, sie ist alt genug dazu, um ordentlich reiten zu lernen. Jetzt hättest du die beste Gelegenheit, es ihr beizubringen", bemerkte Herzog Max.

„Aber sei nur ja recht vorsichtig mit dem Kind", verlangte Ludovica.

„Aber selbstverständlich, Mam. Das brauchst du mir doch erst gar nicht zu sagen!"

Sissy schüttelte den Kopf. Selbstverständlich würde sie jede Vorsicht walten lassen. Doch die Idee war gut, den Aufenthalt in Possenhofen für Marie-Valerie zu nutzen.

„Wir fangen gleich morgen an. Nicht wahr mein Liebes?"

Marie-Valerie nickte. Sie war ein wenig blaß geworden. Obwohl sie ihre Mutter recht gerne zu Pferd sah und auch ihr Vater, der Kaiser, ein schneidiger Reiter war, hatte sie selbst doch noch ein wenig Furcht vor diesen großen, hochbeinigen Tieren.

„Du wirst schon sehen, es wird dir Spaß machen! Ich glaube, es gibt überhaupt niemand auf der Welt, der sich in einem Pferdesattel nicht wohl fühlt", lachte Herzog Max, als er die Beklemmung seiner Enkelin bemerkte.

Das mochte zwar übertrieben sein, doch es verfehlte nicht seine Wirkung. Marie-Valerie lächelte zustimmend.

„Fangen wir morgen an, Mama. Vor oder nach der Kahnfahrt?"

„Davor, gleich nach dem Frühstück", meinte Sissy. „Und jetzt gehen wir einmal in den Stall und schauen, was für ein schönes Pferd der Opa für dich hat."

Das taten sie denn auch. Im Stall von Herzog Max stand eine lammfromme braune Stute, die sicherlich so gutmütig war, daß Max ihr seine Enkelin unbesorgt anvertrauen konnte.

„Die nehmt ihr. Die wirft das Kind gewiß nicht ab", erklärte der Herzog und tätschelte dem Tier den breiten Rücken. „Und sie geht so sanft, daß man es gar nicht spürt. Gerade richtig für Marie-Valerie! Das wäre doch gelacht, daß sie als einzige in der ganzen Familie nicht ordentlich reiten könnte!"

Marie-Valerie streichelte das Pferd, das sich ihr freundlich schnaubend zuwandt. Sissy hatte ein großes Stück Brot mitgebracht und drückte es ihrer Tochter in die Hand.

„Da, gib es ihr und laß es sie fressen", forderte sie das Mädel auf. „Sie wird dich dann von Anfang an mögen! Und habt ihr euch erst aneinander gewöhnt, ist alles andere ein Kinderspiel."

Marie-Valerie fütterte das Pferd. Es war ihr aber nicht ganz wohl zumute, während sie an ihre morgige erste Reitlektion dachte.

2. Die Roseninsel

Marie-Valeries Besorgnisse waren unbegründet. Melia – so hieß die Stute – war wirklich ein liebes Tier und ließ mit sich geschehen, was die kleine Reiterin nur immer wollte. Unter Sissys erfahrener Anleitung machte ihre

196

Tochter rasch Fortschritte und verlor jede Scheu.

„Na also, da sieht man's ja!" rief ihr Großvater stolz. „Sie hat richtiges Reiterblut wie unsere ganze Familie!"

Auch Sissy freute sich schon darauf, eines Tages mit Marie-Valerie um die Wette reiten zu können. Als die schöne Zeit von Possenhofen zu Ende ging, war es schon beinahe soweit.

Doch auch der See bot seine Reize. Aus der angekündigten Bootsfahrt wurden deren mehrere. Wie von selbst passierte es eines Tages, daß Sissy so weit hinausruderte, daß eine flache kleine Insel sichtbar wurde, die nicht sofort zu erkennen war, weil sie nur wenig aus dem Wasser ragte.

„Mama, schau doch nur! Eine Insel! Dort rudern wir hin!" rief Marie-Valerie entzückt.

„Dort gibt es sicher nichts zu entdecken", meinte Sissy. „Ganz bestimmt würdest du enttäuscht sein."

„Aber vielleicht liegt dort ein Schatz vergraben, oder es hausen gar böse Räuber auf der Insel!"

Sissy lachte: „Wenn das der Fall wäre, so wäre es erst recht ein Grund, dort nicht hinzurudern", erklärte sie, wurde aber dann doch auch von ihrer alten Abenteuerlust erfaßt, die sie sich noch aus den Tagen ihrer Kindheit bewahrt hatte.

Sie legte sich in die Riemen und ruderte auf die Insel zu während Marie-Valerie das Steuer hielt.

Sie waren beide mutterseelenallein, sie hatten niemand zu diesem Ausflug mitgenommen. Als der Kiel des Bootes das Ufer berührte, sah Sissy, daß das kleine Eiland über und über mit Rosen bewachsen war, die einen betäubenden Duft verbreiteten.

In der Mitte der Insel erhob sich, von einer wildwuchernden Rosenhecke überwachsen, ein kleiner tempelartiger Bau von eigenartigen Formen. Die ganze Insel sah irgendwie unwirklich aus. Sie wirkte wie eine Szenerie aus einem Feenmärchen.

Sissy sprang aus dem Boot und zog es an Land. Doch als sie sich umwandte und das Bild des Eilands in sich aufnahm, zögerte ihr Fuß.

„Nein, so was!" rief sie betroffen.

„Was hast du, Mutti? Oh, hier ist es aber schön! Weshalb bist du denn so erschrocken?"

Marie-Valerie verstand das Verhalten ihrer Mutter nicht. Doch diese hatte erkannt, wo sie an Land gegangen waren, und hätte sich am liebsten sofort wieder in das Boot gesetzt, um eiligst von hier fortzurudern.

Sie befanden sich auf der sagenhaften Roseninsel, die König Ludwig von Bayern für sich geschaffen hatte. Die Insel schien menschenleer und von niemand bewohnt. Doch Sissy fürchtete, daß der König hier irgendwelche Fallen hatte aufstellen lassen, um das Eiland vor dem Betreten durch unbefugte Personen zu schützen. Und es konnte sich dabei durchaus um Fallen handeln, die von lebensbedrohender Wirkung waren.

„Mama, sieh doch! Was ist das für ein seltsames Haus?" rief Marie-Valerie, auf das Tempelchen deutend.

„Dort gehen wir nicht hin, mein Kind. Überhaupt ist es besser, wenn wir jetzt gleich wieder weiterrudern. Die Insel gehört uns nicht. Wir haben hier nichts zu suchen, der Besitzer könnte böse sein, wenn wir eindringen."

„Diese vielen schönen Rosen! Und sie riechen so wunderbar! O, Mama, laß uns hierbleiben. Hier ist es so schön!"

Auch Sissy bewunderte insgeheim das stille Erholungsplätzchen, das sich der Bayernkönig hier geschaffen hatte, um Ruhe und Einsamkeit zu genießen, wenn ihm danach zumute war. Augenblicklich war er offenbar nicht hier.

Sissy glaubte ihn in München vermuten zu dürfen. Es hatte den Anschein, als würde sie nichts daran hindern, das kleine Inselchen zu inspizieren und auch den kunstvollen Tempel näher in Augenschein zu nehmen. Und doch wagte sie sich nicht weiter.

Nicht so Marie-Valerie. Ehe Sissy ihre Tochter daran hindern konnte, war sie schon zwischen den blühenden Rosenstöcken verschwunden, und sie wandte sich auch nicht um, als ihre Mutter erschrocken nach ihr rief.

„Halt! Marie-Valerie, wo willst du hin? Komm sofort zurück!"

Das Mädchen hörte nicht. Es hatte schon den halben Weg zum Tempel zurückgelegt, als furchterregendes Knurren und Bellen hörbar wurden.

Voll Entsetzen erkannte Sissy drei riesige, gefährlich aussehende Bluthunde, die aus dem Gemäuer des Tempels hervorsprangen.

Auch das Mädchen sah sie jetzt. Wie erstarrt blieb es stehen.

Die Hunde jedoch rannten kläffend auf Marie-Valerie zu, und Sissy glaubte schon, sie auf ihr Kind stürzen zu sehen. Sie wußte, daß diese gefährlichen Tiere Marie-Valerie glatt zerreißen würden, wenn es niemand gab, der ihnen Einhalt gebot.

„Komm zurück! Schnell, lauf!" schrie sie, doch immer noch rührte sich ihre Tochter nicht.

Anscheinend war sie so erschrocken, daß ihre Glieder versagten. Mit jeder Sekunde kamen die Hunde näher. Da fing auch Sissy zu laufen an, um sich zwischen sie und ihr Kind zu werfen. Fast ohne es zu wissen, umklammerte sie eines der Ruder, mit dem sie Marie-Valerie verteidigen wollte.

Doch in diesem Augenblick ertönte vom Tempel her ein

199

schneidender Pfiff. Ein Mann stand plötzlich vor dem umrankten Gemäuer und hob beschwörend seine Arme. Als wären sie von ihm hypnotisiert, erstarrten die Hunde in ihrem Lauf, wandten sich dann um und krochen winselnd auf den Fremden zu.

Der Mann trug das Gewand eines Inders. Ein schimmerndweißer Turban, der von einer Pfauenfeder geschmückt war, saß auf seinem Haupt. Sein kostbares Gewand und seine weiten Pluderhosen, die er über den Schnabelschuhen trug, wirkten fremdartig und exotisch. Wieder glaubte sich Marie-Valerie in ein Märchen versetzt und sich einem mächtigen Zauberer gegenüber zu befinden.

Doch Sissy hatte ihn sofort erkannt.

„Ludwig!" rief sie aus. „Ich bin es, Sissy! Und dies ist meine Tochter Marie-Valerie."

Die Hunde waren verschwunden. Sissy ließ das Ruder fallen, ging zu ihrem Kind und legte ihm wie zur Bestätigung schützend die Hände auf die Schulter. So hinter Marie-Valerie stehenbleibend, erwartete sie den nun langsam näher kommenden König.

„Ich habe dich erwartet", hörte sie ihn zu ihrer Überraschung sagen. „Allerdings rechnete ich nicht mit einem zweiten Gast. Doch es freut mich, nun auch deine jüngste Tochter kennenzulernen."

Indem er seine Arme über der Brust kreuzte, verneigte er sich dabei nach der Art höflicher Brahmanen.

Allmählich wich von Marie-Valerie der Bann, der sie gefangenhielt. Nun wunderte sie sich über die Gespräche der beiden Erwachsenen.

„Wer ist das, Mama?" fragte sie, indem sie Ludwig einen scheuen Blick zuwarf.

„Dein Großcousin", antwortete Sissy einfach

200

„So ist es", sprach Ludwig pathetisch und machte eine einladende Bewegung zu seinem Tempel.

„Er heißt Ludwig und ist der König dieses Landes. Ich habe dir ja schon öfter von ihm erzählt", fügte Sissy, sich zu ihrer Tochter wendend, hinzu.

Ludwig ging inzwischen bereits voran. Seine Füße glitten fast unhörbar über steinerne Fliesen, als er im Tempel verschwand.

Zu ihrem Erstaunen merkte Sissy, daß sie sich in den Ausmaßen des so winzig scheinenden Gebäudes geirrt hatte. Was oberirdisch sichtbar war, war nur ein kleines Treppenhaus, von dem aus es in Windungen steil in die Tiefe ging.

Man gelangte in eine mächtige, von Fackellicht zuckend erleuchtete Halle, deren Wände mit kostbaren Teppichen und orientalischen Waffen geschmückt waren. Teppiche und Diwanpolster bedeckten auch den Boden und besonders eine thronartig eingerichtete Ecke, bei deren Anblick man sich in das Reich Harun al Raschids versetzt glaubte.

Ein Springbrunnen versprühte parfümiertes Wasser, das einen betäubenden Duft verbreitete. In vergoldeten Käfigen kreischten Papageien. Vor irgendwoher ertönten die Klänge unsichtbarer Saiteninstrumente. Sie begleiteten eine monotone Flötenmelodie.

„Tausendundeine Nacht erwarten dich, schönste Kaiserin", deklamierte Ludwig, als stünde er auf einer Bühne. Er setzte sich gravitätisch, wies auf die Polster zu seinen beiden Seiten und lud auch Sissy und ihre Tochter ein, sich niederzulassen. Dann klatschte er laut in die Hände, worauf ein putziger kleiner Negerknabe erschien, der gleichfalls in Pluderhosen steckte und einen mächtigen Turban trug, der viel zu groß für seinen kleinen, runden Schädel war. Er trug auf einem Tablett heißen, dampfenden Kaffee herbei. Ein zweiter kleiner Mohr folgte mit einer Schüssel köstlichen Backwerks, so daß Marie-Valerie entzückt in ihre Hände klatschte und erklärte, hier wolle sie bleiben.

Sie nahm es hin als einen tollen Spaß, und vielleicht mochte auch König Ludwig es so empfinden. Doch Sissy erschien diese neuerliche skurrile Laune als höchst sonderbar und bedenklich. Immer mehr fragte sie sich, ob ihr Cousin denn auch wirklich klaren Sinnes sei. Und obwohl kein sichtbarer Anlaß zur Besorgnis bestand, war ihr unheimlich zumute.

Aber sie wollte sich nichts anmerken lassen, um ihr Kind nicht zu beunruhigen. So tranken sie denn alle drei scheinbar friedlich und sorglos ihren Kaffee und aßen türkischen Honigkuchen. Sissy mußte zugeben, daß er vortrefflich schmeckte.

Ludwig lächelte, so wie jemand, dem eine Überraschung gut gelungen ist.

„Ich habe dich doch schon öfter eingeladen, mich auf meiner Roseninsel zu besuchen. Aber du hast ja immer abgelehnt. Nun bist du doch noch gekommen, und zwar ganz von selbst. Und wenn mich nicht alles täuscht, gefällt es dir hier."

„Du hast recht, es ist schön und außerordentlich. Doch es hat sicher eine Menge Geld gekostet."

„Geld – was ist Geld? Das einzige, was zählt, ist, daß man damit Träume verwirklichen kann", sagte der König nachdenklich.

„Meine Eltern werden in Sorge sein", meinte Sissy. „Sie werden sich fragen, weshalb wir solange fortbleiben."

„Du willst doch nicht schon wieder aufbrechen, schöne, unstete Kaiserin?"

Ludwig wurde schon wieder pathetisch. Und bestärkte

Sissy damit in dem Wunsch, seine Zauberinsel so schnell als möglich zu verlassen.

Doch Ludwig hielt sie nicht zurück. So unwirklich, wie sie vor ihnen auftauchte, verschwanden die Insel und ihr Beherrscher wieder in der Ferne des Sees, während sie wieder dem heimatlichen Ufer zuhielten.

Marie-Valerie aber schwärmte noch lange von ihrem Großcousin und dem märchenhaften Erlebnis, das er ihr bereitet hatte.

Sissy aber ruderte nicht wieder auf den See hinaus. Sie sah König Ludwig bei diesem Aufenthalt in Possenhofen auch nicht wieder.

Dafür ritt sie mit Marie-Valerie an der Seite durch die Umgebung des Schlosses, kehrte auch manchmal bei Bauern ein und verbrachte so ihre Ferientage.

Unterdessen fand in Reichstadt die Besprechung zwischen Franz Joseph und dem Zaren statt, die tatsächlich eine Entschärfung der Lage zur Folge hatte. Die Kriegsgefahr schien gebannt, das blutige Ringen blieb auf den Balkan beschränkt, und es war vorherzusehen, daß der Krieg bald ein Ende nehmen würde.

Franz Joseph und Sissy wechselten Briefe, die sie gegenseitig darüber informierten, wie es ihnen erging. Der Kaiser war glücklich, zu hören, daß Mutter und Kind bei guter Gesundheit wären.

Bald ging es in Possenhofen wieder ans Abschiednehmen.

„Unsere Kleine muß wieder heim nach Wien, es nützt alles nichts, die Ferien sind zu Ende. Marie-Valerie muß nun wieder fleißig üben und lernen. Ihre Lehrer und Erzieher warten schon."

Als Sissy dies sagte, zog das Mädchen die Stirne kraus. Davon hörte sie nicht gerne reden. Viel lieber wäre sie bei den Großeltern in Possenhofen geblieben, und gar zu gerne hätte sie auch noch einmal ihren Großcousin auf seiner Zauberinsel besucht.

Auch Herzog Max und seiner Ludovica fiel der Abschied von Tochter und Enkelkind schwer.

„Weißt du auch, daß deine Eltern in zwei Jahren die goldene Hochzeit feiern werden?" sagte Max bedächtig.

„Ja, die Zeit vergeht schnell, Sissy", nickte Ludovica. „Solange man jung ist, geht es ja noch. Da gibt es sogar Tage, an denen man glaubt, die Uhren wollten gar nicht weiter und die Zeit stünde still. Doch kommt man erst einmal in die Jahre, dann verfliegen die Tage, und plötzlich ist es soweit, daß man die goldene Hochzeit feiern kann!"

Sie lächelte wehmütig.

Sissy umarmte ihre Eltern.

„Aber ihr habt ja noch so viele schöne Jahre vor euch", rief sie dabei.

„Ich kann nur hoffen, alle meine Kinder und Enkel bei der Feier bei uns zu sehen", meinte Max brummig.

„Sicher werden alle kommen", versicherte Sissy eifrig. „Was mich betrifft, so seid dessen sicher!"

Es folgte noch ein letzter gemütlicher Abend, der aber schon von der Wehmut des nahen Abschieds getrübt war.

Sissy hatte ein Telegramm aufgegeben; der Hofzug stand nun in München bereit, um sie und ihre Tochter nach Wien zu bringen.

Bald rollte der Zug aus der Isarstadt.

„Das waren schöne Tage, nicht wahr, Mama?" meinte die Erzherzogin, aus dem Fenster blickend.

„Ja, du hast recht, Marie-Valerie. es war schön bei den Großeltern. Und wir werden auch wiederkommen und nicht erst zu ihrer goldenen Hochzeit. Aber ganz besonders fein ist, daß du nun reiten kannst. Das mußt du auch in Wien und Laxenburg fleißig üben."

„Dann brauche ich aber auch ein Pferd, Mama", meinte das Mädchen ernsthaft.

Sissy tat, als überlege sie. Plötzlich lachte sie auf.

„Nun, was hieltest du davon, wenn Papa und Mama dir zu deinem Geburtstag eines schenken würden?"

Ein frohes Lachen breitete sich über ihr Gesicht.

Marie-Valerie fiel ihrer Mutter um den Hals.

„Oh, das würde ich auch sehr lieb haben", versicherte sie dankbar.

Monoton rollten die Räder des Hofzuges über die Schienen dahin und brachten sie mit jeder Minute dem Ziel näher.

3.   Die Esel von Athen

In Wien hatten sich unterdessen am Hofe einige Veränderungen vollzogen. Graf Grünne war nun nicht mehr Adjutant des Kaisers; an seine Stelle war Prinz Thurn und Taxis getreten. Auch eine von Sissys Hofdamen mußte ihren Dienst quittieren, und die Kaiserin hatte nun die Wahl, wen sie an Stelle „der Schaffgotsch" in ihrer engeren Umgebung zu haben wünschte.

Diese Wahl fiel einigermaßen überraschend aus. Bei einer der Hofgesellschaften war ihr eine liebe alte Dame aufgefallen, die Landgräfin von Fürstenberg. Therese von Fürstenberg hatte zum ständigen Kreis um ihre Schwiegermutter, Erzherzogin Sophie, gehört. Sissy mußte sehr damit rechnen, daß die Landgräfin gegen sie voreingenommen war. Zudem war die Gräfin schwerhörig; manchmal mußte sie ihr Hörrohr zu Hilfe nehmen, um verstehen zu können, was man ihr sagte. Infolge ihres vorgerückten Alters war sie auch nicht mehr sehr unternehmend und beweglich. Sissys Hofdamen hingegen mußten damit rechnen, auf Reisen und zu sportiven Veranstaltungen mitgenommen zu werden – und von Sport hielt die alte Landgräfin nun einmal rein gar nichts.

Tatsächlich fiel Therese von Fürstenberg denn auch aus allen Wolken, als ihr eröffnet wurde, daß die Kaiserin sie in ihrem Hofstaat zu haben wünschte. Dieser Wunsch war zugleich auch ein Befehl, und eine so hohe Auszeichnung noch dazu, daß sie gar nicht wußte, wie sie sich dazu stellen sollte. Nur eines, nämlich nein sagen, durfte sie nicht.

Trotz ihres vorgerückten Alters klopfte der Landgräfin das Herz wie einer jungen Schülerin, die zu einer Prüfung antreten muß, als sie zur Kaiserin vorgelassen wurde und sich mit einem tiefen Hofknicks für die ihr zuteilgewordene Ehre bedanken und zugleich nach ihrem Dienstantritt erkundigen wollte.

Doch Sissy wartete gar nicht ab, bis die alte Dame der Etikette gemäß vor ihr die Knie beugte, sondern verhinderte dies, indem sie sie gleich in die Arme nahm und wieder emporhob.

„Wir knien nur vor unserem Herrgott, nicht wahr?" wehrte sie freundlich die Ehrenbezeugung ab. „Willkommen, Landgräfin, ich freue mich, Sie bei mir zu sehen, und ich hoffe, die Freude ist auch auf Ihrer Seite."

„Majestät, ich –"

„Schon gut, Landgräfin, wir werden uns schon vertragen. Das Leben mit mir ist halt ein bisserl anders, als Sie es bei meiner Schwiegermama gewohnt waren, aber wir haben auch andere Zeiten. Gewiß werden Sie sich über manches wundern; ich weiß, meine Art ist vielen nicht genehm."

„Majestät", wagte die alte Landgräfin einen Einwand, doch Sissy schnitt ihn lächelnd mit einer Handbewegung ab.

„Nein, sagen Sie jetzt nichts, Landgräfin, ich weiß es besser. Und wissen Sie, ich bitte Sie von allem Anfang an um Offenheit. Ich hasse nichts so sehr wie Kriechertum und Lüge. Seien wir also stets aufrichtig zueinander, nicht wahr?"

Therese von Fürstenberg wußte nicht, was sie hierauf sagen sollte. Es stimmte, die Mutter des Kaisers hatte eine andere Art von Regiment geführt. Nicht nur das Sein, auch der Schein galten ihr viel. Hier, in den Räumen der „Jungen", wie sie Sissy insgeheim nannte, wehte ein ganz anderer Wind, und der schmeckte vielen Leuten wenig.

Ihr Antrittsbesuch war denn auch bereits beendet, und sie ließ sich von Gräfin Festetics in ihre Obliegenheiten einweisen. Sissy sah von Anfang an eine Art mütterlicher Freundin in ihr, die sie allerdings erst für sich gewinnen mußte. Die Landgräfin steckte noch voller Vorurteile, und möglicherweise war sie auch schon zu alt, um sich mit manchen Neuerungen abzufinden. Tatsächlich war sie schokkiert, als sie die Turngeräte erblickte, die sich Sissy in ihrem Schlafzimmer hatte aufstellen lassen. In die Füllungen einer Zwischentür fand sie sogar Haken eingeschraubt, an welchen die Kaiserin Seile und Ringe befestigen konnte, um Klimmzüge daran zu machen. Die Landgräfin hatte nie im Leben geturnt und fand das „shocking".

Auch fiel sie aus allen Wolken, als sie vernahm, daß es demnächst nach Griechenland gehen sollte. Das Königspaar hatte bei seinem Besuch in Wien die Schönheiten der Inselwelt in der Ägäis so lebhaft geschildert, daß Sissy darauf Lust bekam. Eine diesbezügliche Nachricht an den österreichischen Gesandten in Athen, Baron von Eisenstein, war schon unterwegs.

„Und dorthin soll ich mit?!" fragte die Landgräfin ganz entsetzt. „Und dabei womöglich noch zur See fahren?! Und dies auf meine alten Tage! Ihre Majestät scheint mich noch für eine Firmling zu halten. Ich jedoch füchte, ich werde das gar nicht überstehen!"

Ida von Ferenczy, an die diese jammervolle Klage gerichtet war, lachte herzlich.

„Nun sehen Sie doch, Landgräfin, bei Ihrem blühenden Aussehen ist ein solcher Irrtum wohl möglich! Im Ernst, Ihre Majestät wird Sie nicht zu sehr strapazieren. Es ist doch schön, wenn man sich noch ein Stück von der Welt ansehen kann. Wie heißt es doch im Lied? ‚Wem Gott will rechte Gunst erweisen, den schickt er in die weite Welt'."

Die Landgräfin machte ein saures Gesicht.

„Ich preise Seine Wunder auch so; ich kann das genausogut daheim in meinen eigenen vier Wänden. Eine Frau hat für ihren Mann dazusein, sie gehört ins Heim, hat die Dienstboten zu beaufsichtigen und dafür zu sorgen, daß alles seinen Gang läuft. Wissen Sie überhaupt, daß das Beispiel unserer Kaiserin Schule zu machen droht? Schon wird da und dort aufgemuckt. Die Frauen fordern Rechte! Da steht doch die Welt nicht mehr lang!"

Therese von Fürstenberg schlug vor Empörung die Hände zusammen. Zwar hatten die Wiener Frauen schon im Revolutionsjahr 1848, als Erzherzogin Sophie ihren jungen Sohn Franz Joseph auf den Thron brachte, gezeigt, daß sie durchaus ihren Mann stehen konnten, doch jedermann hielt das damals für eine durch die außerordentlichen Ereignisse bedingte Zeiterscheinung. Tatsächlich hatte sich hernach lange nichts mehr in der Art gerührt. Doch die Göttin Technik, die seit der Wiener Weltausstellung so sehr verehrt wurde, daß man sie sogar figural versinnbildlichte, hatte die Industrialisierung im Gefolge, welche das soziale Gefüge in der ganzen Monarchie zu verändern begann.

Die Landflucht setzte ein. Zahllose junge Leute aus kinderreichen Familien, die auf den elterlichen Bauernhöfen „überzählig" waren, begannen ihr Glück in den Städten zu suchen. Ein immer größer werdender Teil der weiblichen Bevölkerung suchte Verdienst in den immer noch wie Pilze aus dem Boden schießenden Fabriken. Sie begannen sich allmählich gegen die dort herrschenden Arbeitsbedingungen zu wehren; doch auch die behüteten Töchter des vornehmen Adels und des gehobenen Bürgertums witterten Morgenluft. Sie bevölkerten die Eislauf- und Tennisplätze und unternahmen Radpartien in ganzen Gruppen, ohne dabei nach ihren Gouvernanten zu fragen. Im Prater fegten sie auf ihren Pferden über die Reitwege dahin, und voll Schaudern las die Landgräfin einen Zeitungsbericht eines Wiener Journalisten, der sogar schon eine Fechtschule für Damen entdeckt hatte!

„Was die Kaiserin kann, das können wir auch", war in diesen Kreisen einer aufmüpfigen weiblichen Jugend der gehobenen Stände ein geflügeltes Wort. Und das wußte Sissy.

Die Reise nach Griechenland, an welcher die Landgräfin wohl oder übel teilnehmen mußte, kam gerade noch in den letzten Augusttagen zustande. Der Kalender in Sissys Kajüte zeigte den 9. September an, als die „Miramar" in Piräus einlief.

Baron von Eisenstein war auch nicht gerade der Jüngste. Er stand schon viele Jahre im diplomatischen Dienst und hatte davon auch eine erkleckliche Zeit in Athen zugebracht. Er kannte die Stadt und ihre antiken Sehenswürdigkeiten sozusagen wie seine Hosentasche.

Pedantisch geschniegelt und herausgeputzt, erwartete er mit seinem Ersten Gesandtschaftssekretär die Ankunft der Jacht an der Mole. Als sich die Anker in den Hafengrund senkten und das Fallreep herabgelassen war, riß er auch sogleich seinen Zylinderhut vom Kopf, nahm dem Sekretär den gewaltigen Blumenstrauß aus der Hand, mit dem er seine Kaiserin begrüßen wollte, und marschierte schnurstracks auf die alte Landgräfin zu, der er ihn mit einer „alleruntertänigsten" Verbeugung überreichte.

„Majestät, ich bin entzückt, Sie willkommen zu heißen", schmetterte er hingerissen, während die Landgräfin total perplex ihr Hörrohr hervorholte, es an die rechte Ohrmuschel preßte und ein verwundertes „Wie, bitte?" hören ließ.

Sissy lachte herzlich über den Irrtum des guten Herrn von Eisenstein, der aus allen Wolken fiel und tausend Entschuldigungen stammelte, nachdem ihn Gräfin Marie und Ida von Ferenczy über sein Mißgeschick aufgeklärt hatten.

„Peinlich, peinlich", murmelte er zu seinem Sekretär. „Weshalb konnten Sie mich nicht auch rechtzeitig aufmerksam machen?!"

Er warf dem völlig Schuldlosen einen vernichtenden Blick zu und komplimentierte die Damen zu den bereits wartenden Gespannen.

Auf der Akropolis kannte er sich entschieden besser aus. Und im übrigen erfreute er sich einer von Minute zu Minute steigenden Beliebtheit bei Frau von Fürstenberg, die sich geschmeichelt fühlte, weil er sie für die Kaiserin gehalten hatte.

„Er ist ein Mann von Welt, das sieht man auf den ersten Blick, unser braver Herr Gesandter", lobte sie huldvoll lächelnd. „Und vor allem ein Kavalier der guten alten Schule!"

„Gnädigste übertreiben; Gnädigste sehen micht total entzückt!" flötete Herr von Eisenstein und fuhr seinen Sekretär grimmig an: „Warum haben Sie nicht längst veranlaßt, daß die Frau Landgräfin Blumen aufs Zimmer bekommt? Immer muß ich mich selbst um alles kümmern!"

„Stets bin ich an allem schuld", klagte der Unglückliche und ging, um den Auftrag auszuführen.

„Herr Gesandter, Sie verwöhnen mich!" kokettierte die Landgräfin.

„Oh", meinte der alte Herr von Eisenstein unternehmungslustig, „ich zolle nur meinen Tribut der Schönheit!"

Unterdessen durchstreifte Sissy mit Ida und Marie die Sehenswürdigkeiten in der prachtvollen Umgebung Athens und stattete natürlich auch einen Pflichtbesuch im Königsschloß ab. Sie waren oft viele Stunden unterwegs, und Sissy wurde nicht müde, alte Tempelruinen, antike Friedhöfe, das Amphitheater und Ausgrabungsstätten, an den Archäologen an der Arbeit waren, zu besichtigen.

Die Landgräfin, die sich an den meisten Ausflügen nicht beteiligte, sondern dafür Sorge trug, daß es der Kaiserin und ihrer Begleitung an nichts fehlte, wenn sie ermüdet wieder heimkamen, nahm den reichlich schwitzenden Herrn von Eisenstein, der es sich niemals nehmen ließ, persönlich den Cicerone zu spielen, bei einer solchen Gelegenheit beiseite.

„Meinen Sie nicht auch, daß es Ihrer Majestät zu viel wird? Sie ist zwar außerordentlich gut zu Fuß, und Sie lassen sie auch überallhin, wo es geht, mit der Kutsche fahren; doch die Gräfin Festetics klagt bereits über wunde Füße, und Frau von Ferenczy machte eben auch einen recht strapazierten Eindruck."

„Ihre Majestät läßt es sich nicht nehmen, höchstselbst über Stock und Stein zu klettern", wischte sich Herr von

Eisenstein den Schweiß von der Stirn. „Ich gebe zu, es ist manchmal höchst anstrengend."

„Können Sie denn keine Pferde beschaffen?" schlug die Landgräfin vor.

Augenblicklich läutete der Herr Gesandte nach seinem Sekretär.

„Ein Pferd, ein Pferd! Ein Königreich für eins, zwei, drei Pferde! Drei müssen es sein, verstehen Sie, denn Ihre Majestät kann unmöglich mit ihren beiden Hofdamen auf einem Pferd sitzen."

„Sehr wohl, Herr Baron". versprach der Gesandtschaftssekretär. „Ich werde es augenblicklich veranlassen."

„Das hätten Sie längst tun sollen, Sie Unglücksmensch! Muß ich denn tatsächlich stets alles selbst machen?!"

„Seien Sie nicht zu hart mit ihm, er ist ja noch so jung und gewiß erst seit kurzem im diplomatischen Dienst", besänftigte die Landgräfin den Gesandten.

„Gnädigste, ich muß hart durchgreifen, sonst wird aus diesem Tölpel nichts", versicherte jedoch der Baron und zwirbelte streng seinen Schnurrbart.

Eine Stunde später wurde ihm gemeldet, es stünden die verlangten Reittiere im Hof der Botschaft. Augenblicklich eilten Herr von Eisenstein und die Landgräfin nach unten, um sich persönlich von der Güte der beschafften Pferde zu überzeugen.

Angewurzelt blieben sie stehen, als sie die Tiere sahen, die sie mit einem langgezogenen „Iaaaa!" begrüßten.

„Dieser Mensch bringt mich noch ins Grab!" stöhnte der Gesandte. „Das sind ja keine Pferde, sondern Esel!"

„Was haben Sie denn da angebracht? Ich habe Pferde verlangt, verstehen Sie, P f e r d e!" donnerte der Gesandte den armen Gesandtschaftssekretär an. „Aber ich hätte es ja ahnen sollen! Gleich und gleich gesellt sich gern!"

„Das ist aber stark, Exzellenz!" verteidigte sich der Beleidigte. „Es waren nirgendwo Pferde aufzutreiben. Und da dachte ich mir – – –"

Herr von Eisenstein, der seiner dienstbeflissenen Bemühungen um Ihre Majestät halber schon stark mit einem Orden gerechnet hatte, sah bereits alle seine Felle davonschwimmen.

„Ich fürchte, ich muß meinen Dienst quittieren", rang er die Hände. „Esel für Ihre Majestät! Sie Esel!!"

In der Tat waren diese braven Grautiere in den Straßen von Athen als unermüdliche Lastträger im Dienste der ärmeren Bevölkerungsschichten unterwegs. Als Reittiere benutzten sie fast nur die Bauern auf dem Lande. Seiner Meinung nach hatte sich der ungeschickte Gesandtschaftssekretär einen Affront geleistet, der katastrophale Folgen haben mußte.

„Los, schaffen Sie mir das Viehzeug augenblicklich fort, bevor ich noch explodiere", drängte Herr von Eisenstein.

Der Gesandtschaftssekretär schaute fragend auf die Landgräfin, die nur ratlos die Schultern zuckte. Da er sah, daß von dort keine Hilfe zu erwarten war, ergriff er einen der Esel beim Zügel, um ihn fortzuführen. Doch dem Grautier gefiel es gerade recht gut an dem schattigen Plätzchen, an dem es stand.

„Er will nicht", bekam deshalb Herr Eisenstein zu hören.

„Was sagen Sie da?!"

„Er will nicht! Probieren Sie es doch selbst, Herr Baron!"

Eisenstein streckte alle zehn Finger abwehrend von sich: „Fällt mir nicht ein! So einem Satansbraten komme ich nicht zu nahe! Das sage ich Ihnen: Wenn Sie in fünf Mi-

nuten nicht samt diesen Eseln verschwunden sind, dann
– – –"

Der Gesandtschaftssekretär erfuhr nie, was dann wohl
Fürchterliches geschehen würde, denn in diesem Augenblick kam Sissy mit ihren beiden vertrauten Damen und
klatschte entzückt in die Hände.

„Nein, so etwas! Auf einem richtigen Esel zu reiten,
habe ich mir schon immer gewünscht! Gott, sind die lieb! –
Liebster Baron, Sie sind eine Perle!"

Herr von Eisenstein traute seinen Ohren nicht. Er griff
sich an den Kragen, schluckte und grinste dann: „Man tut,
was man kann, Majestät. Stets zu Diensten!"

Frau von Fürstenberg sagte gar nichts mehr. Der Baron
aber zischte seinem Botschaftssekretär vielsagend zu:

„Los, verschwinden Sie schon!"

Eingedenk der vorangegangenen Weisungen griff der
total Verwirrte nach den Zügeln der Esel, um sie nun doch
noch fortzuführen.

„Nicht die Esel! S i e sollen verschwinden", stöhnte der
geplagte Baron und hätte sich gewiß die Haare gerauft,
wenn er noch welche besessen hätte.

Viele Athener aber hätten sich gewiß sehr gewundert,
wenn sie gewußt hätten, daß eine der drei eselreitenden
Damen, die sie in den folgenden Tagen häufig sehen konnten, eine richtige Kaiserin war.

4. Auf hoher See

Korfu... Nichts, was Sissy bisher gesehen und erlebt
hatte, machte so tiefen Eindruck auf sie. Sie war schon einmal hier gewesen und hatte sich auf das Wiedersehen mit

214

dieser Trauminsel gefreut. Doch nun überwältigte sie aufs neue der unbeschreiblich schöne Anblick des blühenden Eilands mit seiner üppigen Vegetation und dem tiefblau schimmernden, sanft wogenden Meer.

„Dies hier hat der liebe Herrgott in seiner allerbesten Laune geschaffen", sagte sie andächtig zu Ida von Ferenczy. „Hier möchte ich bleiben und fern von der Welt meine Tage verbringen und allen Zwang, alle Niedrigkeit und Dummheit vergessen, allen Neid und die Mißgunst, die mich anderswo umlauern. Ach, müßte das herrlich sein, Ferenczy!"

„Ja, das wäre gewiß schön, Majestät; doch es geht ja leider nicht, wir müssen wieder von hier fort!"

„Müssen wir wirklich?"

Ida nickte ernst. „Es hat keinen Sinn, sich in Träume zu verlieren, Majestät."

Gar zu gerne hätte Sissy jetzt Marie-Valerie bei sich gehabt, um sie all die Schönheit ringsum auch erleben zu lassen. Sissy trank ihn förmlich in sich hinein, den balsamischen Duft unzähliger Blüten, mit denen Korfu förmlich übersät war. An den Klippen rauschte die ewige Brandung, und in einer Bucht schaukelte die kaiserliche Jacht „Miramar".

Die Sonne war im Sinken, als Sissy ganz allein hoch oben auf einem Wiesenhang saß. Auf ihren Wunsch hin hatte man sie allein gelassen.

Der glutrote Sonnenball versank eben hinter dem Horizont, als tauche er ein in die schillernde Flut. Sissy schloß die Augen, als wolle sie dieses Bild für immer in ihrem Gedächtnis behalten.

Als sie sie wieder öffnete, entnahm sie ihrem Handtäschchen einen Bleistift und ein Blatt Papier. Sie sann vor sich hin, und dann füllte sich das Blatt mit ihren Zeilen:

Oh, hätt' ich soviel Lieder
Als Wellen du, mein Meer!
Ich schriebe sie dir nieder
Und brächte sie dir her.
Mein ganzes Fühlen, Denken,
Ja, all mein irdnes Sein,
Ich wollt's in dich versenken...
Du mein kristall'ner Schrein,
Du meiner Augen Weide,
Du meines Hierseins Glück,
Früh meine erste Freude
Und nachts mein letzter Blick.

Ja, sie liebte das Meer über alles. Am liebsten hätte sie die ganze göttliche Natur umarmen mögen, in der sich ihr der Schöpfer offenbarte.

Sie griff nach einem kleinen Käfer, der zutraulich über ihren Rocksaum krabbelte, und streichelte seine zarten Flügel, während sie ihn dicht vor ihre Augen hielt.

„Du mein lieber kleiner Bruder", flüsterte sie, „wie würden mich die anderen auslachen, wenn sie mich dich so nennen hören würden... Und doch hat uns der gleiche Vater erschaffen, dich und mich, und all die Schönheit ringsum, die so viele gar nicht richtig sehen können..."

Sie setzte den Käfer sanft auf den Boden, erhob sich und ließ sich den Seewind kühlend durch ihr Haar streichen, das sie, es öffnend, von seinen Nadeln befreite.

„Sie nennen mich ‚Kaiserin'", fuhr sie sinnend fort, „und ‚Majestät'. Und sie machen aus mir ein Schaustück, eine Puppe, die sie behängen und vor der sie sich verneigen, wie sie es einst mit den Götzen taten. Aber spüren sie denn nicht, daß in mir auch ein Herz schlägt, daß ich ganz einfach nur ein Mensch sein will, wie sie? Nein, das wollen sie nicht begreifen. Und nicht erkennen wollen sie, daß wir alle eins sind, nicht nur wir Menschen, sondern jedes Tier, jeder Baum..."

Als wolle sie die ganze Schöpfung umarmen, breitete sie in schwesterlicherLiebe ihr Arme aus.

Doch die Sonne versank vollends im Meer, und Sissy wußte sich unverstanden.

Vielleicht eines Tages, wenn ich längst nicht mehr bin dachte sie, wird die Menschheit anderen Sinnes werden. Vielleicht werden sie mich dann auch begreifen, mich, die ich so vielen ein Rätsel war... Nicht einmal mein Franzl, der mich so liebt und den ich wiederliebe, kann mich so richtig begreifen...

Unten, bei der Jacht, machte man sich unterdessen Sorgen um sie, und Ida von Ferenczy brach auf, um nach Sissy zu suchen. Sie traf sie bereits auf halbem Wege, im Abstieg begriffen.

„Da bin ich schon", sagte Sissy beruhigend.

Sie sprach sonst kein Wort, und Ida von Ferenczy drängte nicht weiter in sie. Sissy schien ihr verschlossen, doch innerlich aufgewühlt. Ida respektierte ihr neuerliches Verlangen nach Einsamkeit, mit dem sich Sissy in ihre Kabine zurückzog.

Es war ihr letzter Abend auf der Insel gewesen. Mit der aufsteigenden Mondscheibe, die in zauberischer Schönheit mit ihrem Silberlicht das Meer übergoß, kam die Flut, und Kapitän Herwig ließ die Anker lichten.

Sissy stand ans Bullauge gepreßt; Tränen des Abschiedswehs standen in ihren Augen. Es war ihr, als ließe sie ein Stück ihrer Seele auf Korfu zurück. Und sie fragte sich: Muß es denn wirklich ein Abschied sein? Können Träume nicht auch wahr werden?

Ich werde wiederkommen, versprach sie sich, eines Tages komme ich hierher zurück – vielleicht sogar wirklich für immer!

In ihr formte sich unklar der Gedanke an ein Haus auf Korfu, das sie besitzen würde und in dem sie vielleicht einmal die Tage ihres Alters beschließen könnte.

Korfu verschwand in der Nacht. Die Maschinen stampften, die Jacht machte gute Fahrt. Du schönes Korfu, dachte Sissy, fürs erste bist du jedenfalls Vergangenheit...

Kapitän Herwig war ein erfahrener Seebär; zum Unterschied von Sissy, welche jetzt sogar wieder auf Deck erschien und den herrlichen Mondschein noch eine Weile genießen wollte, fand er das Wetter eher verdächtig. Er wußte, wie sehr so ein klarer Himmel im Mittelmeer trügen konnte, hatte er doch die feinen Schleierwölkchen entdeckt, die rings um den Mond aufzogen.

Erst noch vereinzelt, dann immer häufiger und dichter werdend, begannen sie allmählich das Gestirn zu umfloren, und als jetzt auch noch ein feuchtkühler Nachtwind aufkam, suchte Sissy doch lieber wieder ihre Kajüte auf, um sich bald darauf schlafen zu legen.

Dem Kapitän gefiel das Wetter immer weniger. Zwar hatten er und die „Miramar" – mit höchst erlauchten Passagieren an Bord – schon so manches Unwetter überstanden, doch es war immer ein Risiko dabei, und diesmal war dann auch noch die alte Dame, die er noch nicht kannte, bei Sissys Reisegesellschaft!

„Wie konnte sie bloß auf den Einfall kommen und die Landgräfin mit auf die Reise nehmen", knurrte er bedenklich vor sich hin. „Die fällt doch gewiß beim ersten Windstoß in Ohnmacht! Am Ende trifft sie bei hohem Seegang gar noch der Schlag! Die alte Frau kann einem ja direkt leid tun!"

218

Und tatsächlich pfiff auch bald darauf ein verdächtiger Wind um die Kommandobrücke. Der Bug der „Miramar" mußte immer höhere Wellen durchschneiden. Das Schiff begann auf und nieder zu schaukeln, und die Reisegesellschaft, die schon von Träumen umfangen war, erwachte unsanft in den Betten.

„So eine Menge Frauenzimmer an Bord und dazu der Sturm... Denn es kommt einer, und was für einer", knurrte Herwig ärgerlich. „Verwünscht, daß es auch ausgerechnet auf dieser Reise passieren muß. Um die Kaiserin ist mir nicht bange, die ist so seefest wie ich und jeder meiner Männer. Die hat sogar, wenn's darauf ankommt, den Teufel im Leib... Die nimmt's mit jedem Wetter auf, aber die anderen! Und vor allem die Landgräfin... Wenn das nur gutgeht!"

In den Kabinen wurden besorgte Stimmen laut. Ein Steward klopfte überall an und meldete, daß sich die Jacht in einer Schlechtwetterzone befände, aber man unbesorgt sein könne; der Kapitän empfahl, in den Betten zu bleiben, die Decken über die Ohren zu ziehen, vorsichtshalber aber die Schwimmwesten bereitzuhalten.

„Wie?! Die Schwimmwesten? Ich kann ja gar nicht schwimmen! Sinken wir denn bereits?!" rief die Landgräfin Fürstenberg, ihre Kajütentüre aufreißend, entsetzt.

„Keine Spur, Frau Gräfin. Es ist nur eine Vorsichtsmaßnahme! Gehen Sie wieder zu Bett, es passiert schon nichts!"

Aber die Landgräfin war nicht zu beruhigen. Dabei hatte sie keine Ahnung, daß dies erst der Anfang war. Sie hatte noch nie einen richtigen Sturm auf hoher See erlebt.

Sissy richtete sich in ihrem Kajütenbett auf. Nebenan hörte sie die erregten Stimmen von Gräfin Festetics und Ida von Ferenczy. Sie versuchten die arme Landgräfin zu beruhigen.

„Mir wird schlecht", hörten sie die Landgräfin stöhnen. „Dieses Schaukeln! Mir dreht sich der Magen um!"

„Nehmen Sie ein paar von diesen Magentropfen, das hilft auch mir immer", riet Ida von Ferenczy. „Und haben Sie bloß keine Angst, die Jacht ist sehr seefest. Wir haben schon mehr als ein Wetter auf ihr erlebt!"

„Daß mir so etwas noch passieren muß… Bis jetzt war ja diese Reise sehr interessant und schön, doch ein Sturm auf dem Meer ist nichts für mich; schließlich bin ich kein junges Mädchen mehr, nicht wahr, meine Damen?"

„Uns geht es auch nicht viel besser", tröstete Marie Festetics. „Doch Ihre Majestät liebt nun einmal das Meer. Sie ist auf Salzwasser wie auf ihre Pferde versessen."

„Da steht mir ja noch Schönes bevor", jammerte die Landgräfin. „Oh, wie das schaukelt! Das ganze Schiff dreht sich um und um – ich glaube, ich falle in Ohnmacht! Schnell, das Riechfläschchen!"

Die arme alte Dame tat Sissy jetzt leid. Sie schalt sich, rücksichtslos gewesen zu sein, als sie sie auf die Reise mitnahm. Sie hätte es wissen müssen, daß mit Schlechtwetter zu rechnen war und die Landgräfin dies nicht vertragen würde.

Sie erhob sich, warf einen Schlafrock über und ging nach nebenan.

„Was ist mit ihr?" fragte sie besorgt.

Die Landgräfin war schon wieder zu sich gekommen, doch sie bot einen bejammernswerten Anblick.

„Majestät, gehen wir nicht bald wieder an Land?" lallte sie. „Ich brauche festen Boden unter den Füßen!"

„Leider können Sie jetzt nicht aussteigen", scherzte Sissy. „Aber auch der ärgste Sturm geht vorbei. Im übrigen ist so ein Wetter auf See wunderschön!"

„Ich kann darauf verzichten, Majestät", versicherte die Fürstenberg. „Ein warmes Zimmer in meinem Haus in Wien ist mir lieber!"

Draußen fegte unterdessen der Sturm schwere Brecher über das Deck.

Vom Mond war nicht mehr die Spur zu erblicken; der Himmel war kohlschwarz geworden, und das Meer bot mit seinen wild heranstürmenden Wogen einen furchterregenden Anblick.

Die Jacht tanzte auf und nieder. Kaum hatte sie einen Wogenberg erklommen, so sauste sie auch schon, übersprüht und überflutet, in das nächste tiefe Tal hinab, so daß die Frauen in ihren Kajüten schon glaubten, das Ende sei gekommen.

Kapitän Herwig hielt die Jacht gegen den Sturm. Ein seitlicher Brecher hätte die „Miramar" womöglich kentern lassen.

Man verstand sein Wort kaum, so heulte der Sturm auf der Brücke. Die auf Deck arbeitenden Matrosen waren triefnaß; jede Hantierung war jetzt mit Lebensgefahr verbunden, und um ein Haar wurde auch wirklich ein Mann über Bord gespült.

Die Frauen taten in dieser Nacht kein Auge zu. Die Landgräfin lag seekrank in ihrem Bett, und Doktor Wiederhofer mußte sie verarzten. Frau Feifal war speiübel, aber auch Ida und Marie waren nicht besser dran.

Doch der Höhepunkt des Sturms war noch nicht erreicht; jetzt zuckten auch noch Blitze vom tobenden Firmament in die Wasserhölle nieder, und dröhnender Donner erschütterte das schwer kämpfende Schiff.

Auch Sissy mußte sich eingestehen, ein solches Unwetter noch nicht erlebt zu haben. Doch sie fürchtete sich nicht. Sie wäre am liebsten hinauf an Deck gegangen, doch ihr war klar, daß sie dort die Maßnahmen des Kapitäns nur behindert hätte; abgesehen davon war es stockfinstere Nacht.

Vor den Bullaugen in ihrer Kajüte war nur sekundenlang das Tosen der Elemente zu erkennen, wenn der Blitz die Nacht erhellte. Dann sah es freilich grauenhaft aus. Gespannt blickte Sissy auf das Naturschauspiel, das sich ihren Augen bot, bis ein Wellenbrecher das Glas überspülte und alles vor ihrem Blick verschwamm.

Lange nach Mitternacht erst flaute das Unwetter ab. Stöhnend wälzten sich die Passagiere der Jacht in ihren Lagerstätten, und das Meer ging immer noch hoch, und das schmucke, tapfere Schiff schwankte auf und nieder, als die Schiffsglocke zum Frühstück in die Messe rief.

Niemand erschien. Die Landgräfin schwor, daß sie nun mindestens einen Monat lang keinen Bissen mehr zu sich nehmen könne. Frau Feifal wurde leichenblaß, wenn sie ans Essen dachte, und auch Marie Festetics ließ höflich danken. Nur Ida von Ferenczy ließ sich etwas russischen Tee in ihre Kajüte bringen.

Die einzige, die frohgemut an der Tafel saß, war Sissy. Sie lachte den Kapitän freundlich an, als dieser, übernächtig und durchnäßt, wie er war, nachsehen kam.

„Brav, mein lieber Herwig", lobte sie ihn. „Die Meerleichen liegen alle in den Betten; daß ich eine Ausnahme bin, wissen Sie ja."

„Alle Achtung, Majestät", bekannte der Kapitän bewundernd. „Majestät sind seefest wie ein alter Matrose!"

Erschrocken fuhr er sich an den Mund. Hätte er das besser nicht sagen sollen?! Sissy lachte aber bloß.

„Das will ich meinen. Warum die bloß alle seekrank werden? Mir macht so ein Wetter Spaß! Keiner hat Sinn für die Natur, das mag es wohl sein. Was meinen Sie, Kapi-

222

tän?"

„Nun, Majestät mögen recht haben; doch für meinen Teil ist mir auch eine glatte See lieber", bekannte Herwig grinsend.

„Aber es ist ja wieder einmal gutgegangen!"

„Majestät haben eine Schutzengel. Es hätte auch schiefgehen können! Einen meiner Leute hätte es beinahe erwischt."

„Zeigen Sie mir den Mann, wenn ich auf Deck gehe. Ich will ihn entschädigen."

„Das müssen Majestät nicht. Der Mann tat nur seine Pflicht. Er hat ein Berufsrisiko wie wir alle. Ein Seemann muß mit allem rechnen."

Hatte nicht Franzl in bezug auf sich und sie etwas Ähnliches gesagt...?

„Trotzdem", beharrte Sissy auf ihrem Entschluß. „Er soll nicht vergebens Todesangst ausgestanden haben."

Sissys Gefolge erholte sich nur allmählich. Die Gräfin Fürstenberg war sogar noch schwach auf ihren alten Beinen, als die Jacht am dreizehnten September in dem kleinen Privathafen von Schloß Miramar bei Triest vor Anker ging.

Hier hatte einst ihr Schwager Maximilian residiert, bevor er zu seinem so unglücklich verlaufenden mexikanischen Abenteuer nach Übersee aufgebrochen war. Vieles erinnerte in diesem Schloß noch an ihn und an Sissys Schwägerin, Kaiserin Charlotte, die nun in einem belgischen Schloß, von Wahnsinn umnachtet, dahindämmerte.

Wenn Sissy auf die Gartenterrasse des Schlosses trat, wandte sie ihre Blicke zurück in jene Richtung, in welcher sie die Insel Korfu vermutete. Es war, als hätte sie in ihrem Reisegepäck eine unstillbare Sehnsucht nach der schönen Insel mit heimgenommen.

Der vage Einfall, den sie auf der Jacht gehabt hatte, in jener Nacht, in welcher sie von Korfu aufbrachen, hatte inzwischen festere Gestalt angenommen. Die Grundstückspreise auf Korfu konnten nicht allzu hoch sein. Wie wäre es, wenn sie sich tatsächlich dort ein kleines Schlößchen, vielleicht sogar bloß eine Villa errichten ließe?

Ihre Phantasie spiegelte ihr bereits Bilder vor, wie es aussehen könnte. Natürlich müßte es in seiner Architektur eine Huldigung an die Antike werden. Ja, die Antike müßte das Vorbild für dieses Bauwerk sein!

Sie berauschte sich förmlich bei diesem Gedanken. Was würde aber Franzl sagen, wenn sie ihm mit einem solchen Anliegen kam? Denn so ein Bau mußte schließlich finanziert werden!

„Achilleon", träumte sie vor sich hin. „Ja, so soll es heißen! Dem unsterblichen Achill will ich es widmen und all den Helden, Göttern und Halbgöttern des Altertums... Mit ihren Geistern will ich leben auf Korfu!"

Doch Gödöllö lag näher, nahm man es nun im geographischen Sinn oder auch anders. Und nach Gödöllö sollte es nun wieder gehen. War ihr Gödöllö nicht Zuhause genug?

Eigentlich bin ich ja in Schönbrunn zu Hause, dachte sie. Oder in der Wiener Hofburg. Als Ehefrau habe ich zu sein, wo mein Gatte ist...

„Armer Franzl", seufzte Sissy.

5. Rose von Baierland

In Triest wartete schon der Sonderzug, der die Kaiserin und ihre Suite unmittelbar nach Budapest bringen sollte,

224

von wo sie dann ihre Weiterfahrt nach Gödöllö antreten konnte.

Die Landgräfin Fürstenberg erholte sich allmählich von den Strapazen der Seereise. Ida und Marie, die nun wirklich zu Sissys vertrauten Freundinnen geworden waren, zeigten sich guter Dinge. Und die Kaiserin freute sich ganz besonders auf das Zusammentreffen mit ihrem Bruder, Herzog Ludwig in Bayern, der einst zum Entsetzen der ganzen Verwandtschaft die Schauspielerin Henriette Mendel geheiratet hatte.

Ludwig wollte nach Gödöllö kommen und Henriette mitbringen. Sissy kannte sie kaum, doch das kurze Zusammentreffen, das sie in München mit ihr gehabt hatte, und der Eindruck, den sie von ihr als Schauspielerin bei einem Theaterbesuch gewann, waren so günstig, daß sie sich auch freute, ihr wiederzubegegnen und sie bei dieser Gelegenheit näher kennenzulernen – schließlich war sie ja nun ihre Schwägerin.

Unterwegs nach Budapest erreichte den Zug eine Depesche.

EINTREFFE WOCHENENDE IN GÖDÖLLÖ –
ICH KÜSSE DICH, MEIN ENGEL!
FRANZ JOSEPH

Sissy jubelte auf. Auch Franzl würde also kommen! Nun waren sie wieder lange Zeit getrennt gewesen, und Sissy sehnte sich schon wieder nach ihm. Sie depeschierte nach Wien, ob er nicht Marie-Valerie nach Gödöllö mitbringen könne, denn auch ihre Tochter wollte sie dort wieder bei sich haben.

Mit freudiger Erwartung sah sie dem „Familientreffen", wie sie es scherzhaft nannte, entgegen. Und dann sollte es ja auch zum Jagen gehen. Franz Joseph war ein leidenschaftlicher, passionierter Jäger.

Auch der Kaiser war von der Vorfreude des Wiedersehens erfüllt.

„Wir fahren zu Mama", eröffnete er Marie-Valerie. „In Gödöllö treffen wir mit ihr zusammen! Ich habe schon befohlen, daß alles für unsere Abreise fertiggemacht wird. Vergiß nicht, einpacken zu lassen, was du gerne mithaben möchtest – deine Bücher, dein Malzeug, deine Noten, damit du auch in Gödöllö Klavier spielen kannst."

„Aber meine Lehrer lassen wir doch in Wien, nicht wahr, Papa?" Franz Joseph lachte.

„Eigentlich sollten wir den Unterricht in Gödöllö fortsetzen, denkst du nicht? Aber wenn du selbst fleißig lernst, wird es sich schon machen lassen. Vergiß nicht, daß du die Prüfungen für deine Zeugnisse ablegen mußt wie jede andere Schülerin! Gerade von einer jungen Erzherzogin darf man erwarten, daß sie was Ordentliches gelernt hat."

„Ich weiß, Papa", nickte Marie-Valerie ernst, „und Mama sagt, ich werde ganz bestimmt auch heuer wieder ein gutes Zeugnis haben. Das verspreche ich!"

„Na, dann wollen wir deine Herren und Damen Professoren in Wien lassen. Denen wird es auch nichts schaden, wenn ihr euch voneinander ein bißchen erholt."

„Fein, Papa!"

Sie umarmte ihn, und Franz Joseph kehrte schmunzelnd in sein Arbeitszimmer zurück, wo schon die Minister zum Vortrag bereitstanden, um ihn über die laufenden Ereignisse zu informieren. Ein sogenannter „Kronrat" sollte im Konferenzzimmer stattfinden.

Des Balkankrieges wegen und hinsichtlich der mit dem Zaren in Reichstadt getroffenen Abmachungen galt es, Entscheidungen zu treffen. Auch hatten die Parlamente in Budapest, Wien und Prag Gesetze verabschiedet, die erst noch der Zustimmung des Kaisers bedurften. Es war seine

Aufgabe, zu verhindern, daß politische Parteien durch Mehrheitsbeschlüsse andere Gruppen in Nachteile brachten; daher hatte er in so einem Fall sein Veto einzulegen, worauf Kompromisse auszuhandeln waren, die alle einigermaßen zufriedenstellen konnten.

Nun war man also wieder im schören, gemütlichen Gödöllö! Sissys Bruder war bereits eingetroffen, und er hatte auch, wie besprochen, seine Frau Henriette und Marie, die Tochter, mitgebracht. Henriette war reifer, aber zugleich auch noch schöner geworden. Sie war von absolut damenhaftem Wesen, doch zugleich von gewinnender Herzlichkeit.

„Herzlich willkommen, Henriette", begrüßte Sissy sie ganz ohne Umschweife. „Was für ein Glück für Ludwig, daß er dich gefunden und du ihn auch geheiratet hast! Eine andere hätte den Hallodri längst sitzengelassen!"

Alle lachten herzlich über diesen Willkommgruß fern von jedem Zeremoniell, und dann wurde auch Marie herbeigeholt, die eben im Park spazierenging und von der Ankunft ihrer Tante Sissy überrascht wurde.

Die Heirat zwischen Herzog Ludwig in Bayern und der Schauspielerin Henriette Mendel, die sich höchstwahrscheinlich zu einer bedeutenden Bühnenkünstlerin entwickelt hätte, galt als „nicht standesgemäß". Eine solche Ehe bezeichnete man als „morganatisch". Und als „morganatische Tochter" galt daher auch Marie. Doch hatte der Münchner Hof den Unterschied ein wenig zu verkleinern gesucht, indem er Henriette Mendel den Rang einer „Baronin von Wallersee" verlieh. Marie konnte nicht den Rang ihres Vaters erben und ebensowenig auf die damit verbundenen Rechte Anspruch erheben. Doch war sie immerhin die Baronesse, eine „Freiin von Wallersee", wenig genug allerdings für eine – wenn auch „morganatische" –

Nichte der Kaiserin von Österreich.

Doch Sissy störte das herzlich wenig. Marie war achtzehn Jahre alt, genauso alt wie der Kronprinz. Und sie war ausgesprochen hübsch. Ihr wurde ein genauso herzlicher Empfang zuteil wie ihrer Mutter. Sissy umarmte sie und ließ es erst gar nicht zu einem Hofknicks kommen.

„Ich bin deine Tante", erklärte sie rundherum, „und wenn dich irgendwas zwackt oder drückt, kannst du immer zu mir kommen".

Maries Eltern waren zwar von vornherein davon überzeugt gewesen, daß Sissy ihrem Kind nicht mit der von der übrigen Verwandtschaft gezeigten Reserve begegnen würde; doch sie zeigten sich dennoch erleichtert über diese Haltung. Kein Zweifel, Marie gefiel Sissy, und sie suchte das Vertrauen und die Zuneigung des Mädchens zu gewinnen.

Nun trafen sie zu den bevorstehenden Jagden der Reihe nach ein: Sissys Vorreiter aus England, der berühmte „Bay" Middleton (er hatte einst ein Rennpferd namens Bay beim Rennen um den Großen Preis von England zum Sieg geführt, und daher war ihm dessen Name als Spitzname geblieben), auch der Kronprinz traf ein und als letzter auch noch der Kaiser.

Freiin Marie war vom ersten Augenblick an von dem hübschen, jungen Kronprinzen recht angetan, und man sah die beiden jungen Leute, die gleichaltrig und deren Interessen ähnliche waren, häufiger beisammen, als beiden Elternteilen recht sein konnte. Aus diesen beiden durfte einfach kein Paar werden; sowohl für Rudi als auch für Marie gab es von seiten der Eltern auch schon andere, „passende" Pläne.

Deswegen waren die Eltern Maries ja eigentlich hierher gekommen. Ein österreichischer Adeliger, Graf Larisch,

228

hatte auf die hübsche Marie sein Auge geworfen, und Maries Eltern holten sich hier in Gödöllö zu der geplanten Heirat die Zustimmung ihrer kaiserlichen Verwandten. Diese hatten natürlich nichts einzuwenden; im Gegenteil, Sissy versprach sogar, für Maries Aussteuer sorgen zu wollen. Da konnte man schon annehmen, daß die junge Freiin „standesgemäß" ausstaffiert in ihre Ehe treten würde.

Doch die in diesen Tagen zwischen Rudolf und Marie geschlossene Freundschaft sollte dennoch über viele Jahre halten. Ja, sie sollte sogar schicksalhaft werden.

Die Gräfin Festetics hatte sich einen sehr hohen Grad von Menschenkenntnis angeeignet und schrieb über ihre Begegnung mit der Freiin in ihr Tagebuch: „Sie ist sehr hübsch, und ich möchte sie gernhaben. Aber da ist etwas, was mich hält. Ich will ihr nicht unrecht tun, aber ich habe das Gefühl, als sei sie nicht aufrichtig. Als hätte sie ‚schauspielerisches Talent'."

Und genauso empfand auch Ida von Ferenczy, die sich eines unangenehmen Gefühls in Gegenwart des jungen Mädchens nicht erwehren konnte, das aber die Kaiserin offenbar nicht empfand.

Wenn sie tatsächlich schauspielerische Begabung ahnte, dann war diese möglicherweise von ihrer Mutter ererbt. Doch im Kreis ihrer Verwandten konnte es sich nur um eine Art von Verstellung handeln. Möglicherweise war sie um das Wohlwollen ihrer Tante und ihres Onkels bemüht, ohne aufrichtige Sympathie zu empfinden. Vielleicht auch war ihr der Kronprinz zu sympathisch, was sie nicht zeigen durfte, und es lag ihr gar nichts an der Heirat mit Graf Larisch, um dessentwillen man ja hierhergekommen war.

Was immer es auch sein mochte – bei der Gräfin und Ida erweckte sie Mißtrauen. Von ihrer Warte aus gesehen sahen sich die beiden Frauen darin Jahre später auch bestätigt, wenngleich die tragischen Ereignisse jener Zeit vom Standpunkt der späteren Gräfin Larisch in bezug auf deren Handeln gänzlich anders beurteilt wurden.

Als Franz Joseph eintraf, brachte er nicht nur Marie-Valerie mit, sondern auch noch ein Geschenk des Khediven, das der bei seinem inzwischen erfolgten Besuch in Wien für die Kaiserin – der nicht zu begegnen er aufs Lebhafteste bedauert hatte – zurückließ. Dieses Geschenk lief auf zwei Beinen, war höchst lebendig und außerdem auch noch kohlrabenschwarz. Es hörte auf den Namen Rustimo und war ein kleiner Negerbub aus dem Sudan – ein Sklave! Doch es gab ja keine Sklaven in Österreich.

Marie-Valerie hatte den kleinen Negerjungen längst in ihr Herz geschlossen und als Spielgefährten akzeptiert. Und der Kaiser meinte, der Bub sei so anstellig und intelligent, daß man ihn etwas Vernünftiges lernen lassen solle. damit er später imstande sei, sich sein Brot zu verdienen.

Aber dazu war Rustimo vorerst noch zu klein; er war erst fünf Jahre alt. Immerhin konnte er nächstes Jahr schon zur Volksschule. Er sollte einmal ein freier Österreicher werden, auch wenn er von schwarzer Hautfarbe war.

„Auch ein Neger ist ein Mensch wie du und ich, Marie-Valerie. Du darfst ihn nicht herablassend behandeln. Dafür, daß er schwarz ist, kann er ja nichts, ebensowenig wie es ganz falsch wäre, uns etwas darauf einzubilden, daß wir als Weiße zur Welt kamen. Das geschieht nicht nach unserem, sondern nach Gottes Willen, nicht wahr?“

Sissy hielt es für angezeigt, ihrer Tochter diese Belehrung mit auf den Lebensweg zu geben. In den folgenden Tagen verlor denn auch der kleine Rustimo seine Scheu; er merkte bald, hier war er gut aufgehoben.

Die Jagdhörner ertönten, „Bay“ Middleton führte an. Sissy war wie stets dem „Pilot“ knapp auf den Fersen. Das

Wild floh, durch die wilde Jägerschar aufgeschreckt; die Hundemeute kläffte. In ihren bunten Jagdkostümen, auf den kostbaren, gepflegten Pferden sitzend, boten die Reiter einen prächtigen Anblick.

Der Fuchs, um den es ging, war von ihr freilich weit weniger angetan. Er verschwand in seinem Bau, den die Meute nun mit lautem Bellen umstand, und war nicht dazu zu bewegen, wieder hervorzukommen.

Als die Dachshunde versuchten, in den Bau einzudringen, wehrte er sich verbissen gegen die unwillkommenen Besucher, die ihm ans Leben wollten. Schließlich nahm er dennoch durch einen der vielen Ausgänge des Fuchsbaues Reißaus; dann aber hatte er auch schon wieder die Jäger als Verfolger, die nicht rasteten, bis der Fuchs gestellt und erbeutet war.

Abgehetzt, aber froh, kam Sissy von der Jagd nach Hause. Anderen Tages sollte es eine richtige Treibjagd auf Niederwild geben, in einem anderen Teil des Reviers, wo das Wild noch nicht so beunruhigt war.

Bei dieser Treibjagd erwiesen sich der Kaiser und sein Sohn als Meisterschützen. Sissy nahm nicht daran teil. Ihr lag mehr am sportlichen Reiten als am Erlegen von Wild. Sogar der Fuchs tat ihr leid, wie sie sich eingestehen mußte.

Es war viele Monate später, als man – bei einer festlichen Tafel unter freiem Himmel am Tegernsee – auf die Jagden von Gödöllö zu sprechen kam.

Viel hatte sich inzwischen ereignet. Der Krieg auf dem Balkan war zu Ende gegangen. Zwar hatte der Zar gesiegt, doch den europäischen Mächten lag wenig an einer Vergrößerung der Macht des ohnehin schon riesigen russischen Reiches. So kam es zu einer Konferenz in Berlin, bei der Andrassy für Österreich-Ungarn das Mandat über

Bosnien und die Herzegowina erwirkte, die nun künftig unter der Verwaltung des Doppeladlers stehen sollten.

Der Zar sah sich dadurch um die Früchte seines Sieges gebracht, und außerdem stand zu erwarten, daß die in diesen Gebieten wohnenden Völkerschaften sich gegen die Besetzung zur Wehr setzen würden.

Tatsächlich ging es nicht ohne Blutvergießen ab. Doch der ungarische Ministerpräsident Andrassy erblickte im Gewinn dieser Gebiete eine „Mehrung des Reiches", und da Franz Joseph nach Solferino Gebiete abtreten mußte, die den Österreichern liebgeworden waren, sahen viele nun in Bosnien und der Herzegowina eine Art Ersatz.

Am 9. September 1878 feierten die Eltern Sissys in Tegernsee ihre goldene Hochzeit. Sie wurde zu einem großen, volkstümlichen Fest auch für die ortsansässige Bevölkerung. Als die beiden „altgedienten Eheleute", wie sich Herzog Max schmunzelnd ausdrückte, vor dem Altar ihr Jawort wiederholten, hatten manche Leute Tränen in den Augen.

Bei der Tafel meinte Herzog Max, nun müsse er sich wohl auch einmal in dem gerühmten Gödöllö blicken lassen. er hoffe nur, daß es bei den dortigen Jagden nicht so blutig zugehen würde „wie auf dem Balkan".

„Denkt ihr denn, daß es dort gar so schlimm ist?" fragte Sissy, die sich das nicht recht vorstellen konnte.

„Nach allem, was man so hört, ist es kein reiner Spaziergang", brummte Max. „Und abgesehen davon hat sich dein Franzl den Zaren nun zum erklärten Feind gemacht. Ich weiß schon, daß nicht er daran schuld ist, daß es so kam, sondern Andrassy."

„Andrassy hat es doch nur gutgemeint, Papa!"

„Ich weiß, du kannst die Ungarn gut leiden und verteidigst ihn deshalb. Aber eines Tages wirst du noch an meine

Worte denken, Sissy. Und vergiß nicht: was immer auch geschieht – der Kaiser trägt die Verantwortung!"

Es waren prophetische Worte. Damals, unter dem blauen Himmel von Tegernsee, war Herzog Max, der sich so wenig um Politik kümmerte, derjenige, der in die Zukunft sah – und sie schaute aus seiner Sicht ziemlich düster aus.

Das Schicksal sollte Sissy jedoch davor bewahren, das Völkerringen des Ersten Weltkrieges, das in jenen Tagen seine Wurzel fand, erleben zu müssen; doch Franz Joseph, ihrem Gatten, war es beschieden, diesen unmenschlichen Krieg gegen seinen Willen zu erklären.

Beunruhigt kehrte Sissy nach Wien zurück; von dort fuhr sie weiter nach Budapest, wo sie wie stets vom ungarischen Volk mit zahllosen Sympathiebeweisen empfangen wurde.

Sie nahm Quartier in der Burg. Ihrer harrte keine leichte Aufgabe. Man hatte ihr berichtet, daß die Lazarette voll belegt seien mit Verwundeten und noch immer neue Transporte ankämen.

Angesichts dieser beklemmenden Situation empfand sie Heimweh nach ihren Eltern und dem lieben alten „Possi", wie sie Schloß Possenhofen immer zu bezeichnen pflegte, wo sie die Tage ihrer Kindheit und frühen Jugend verlebt hatte.

> Lebet wohl, ihr stillen Räume,
> Lebe wohl, du altes Schloß,
> Und ihr ersten Liebesträume,
> Ruht so sanft im Seenschoß.

Das hatte sie einst geschrieben, als sie Possenhofen verlassen mußte, um an Franzls Seite ein Leben als Kaiserin zu beginnen. Doch damals hatte Sissy auch gedichtet:

> Rose von Baierland,

Just im Erblühen,
Sollst nun am Donaustrand
Duften und glühen.
Rose von Baierland,
Trau dem Gerücht:
Bessere Gärtnerhand
Findest du nicht!

Sie gab sich einen Ruck und ermunterte sich. Ja, sie hatte zu Franzl Zutrauen gehabt. Er war der „Gärtner", dem sich die „Rose von Baierland" anvertraut hatte. Nun, Kaiserin zu sein, war kein Honiglecken, wie so viele Leute meinten, die es nicht besser wußten. Doch Franzl ging ihr mit gutem Beispiel voran. Nun mußte sie eben wieder einmal den Dingen ins Auge schauen.

„Majestät, diesen armen Menschen, die ihre Gesundheit fürs Vaterland geopfert haben, wird es ein Trost und eine Erleichterung sein, wenn Sie zu ihnen kommen..."

Dies hatte Andrassy sie wissen lassen. Und vor dieser ihr gestellten Aufgabe wollte sie sich nicht drücken – ganz und gar nicht!

Die nun folgenden Tage in Budapest waren schwer für Sissy. Als sie das Leid der Verwundeten sah, von denen manche Arme oder Beine verloren hatten, wollte es ihr das Herz abdrücken. Sie fuhr von Spital zu Spital, blieb an den Betten sitzen, redete mit den Männern, sprach ihnen Mut und Trost zu und versprach, wo es Härtefälle gab, auch Hilfe.

Sie schien unermüdlich in ihrem Bestreben, zu trösten und zu helfen.

Und wenn die Budapester den Wagen der Kaiserin wieder einmal an einem Lazarett vorfahren sahen und Zeugen wurden, welche Mengen an Geschenken dann auch gleich mitgeschleppt wurden, dann bildeten sich ganze

Menschenansammlungen. Die Männer zogen tief ihre Hüte, die Frauen winkten ihr zu, und ein vielstimmiges „Eljen – es lebe unsere Königin!" begleitete die schlanke Frauengestalt, die, der Huldigungen nicht achtend, schnell die Treppen zum Spitalsportal emporeilte.

6.   Eine Braut für Rudi

„Wer ist denn das nun wieder? Oh, der schwarze Affe, dieses kleine Scheusal!"

Rustimo flteschte die Zähne und streckte die Zunge heraus. Die alte Landgräfin, die ihn nicht ausstehen konnte, gab ihm einen Klaps mit dem Fächer, worauf Rustimo lachend davonlief.

„So eine Frechheit!" Die Fürstenberg stemmte die Hände in die Hüften. „Mir auch noch die Zunge zu zeigen! Aber das sage ich Ihrer Majestät!"

„Die Kaiserin läßt auf den Mohren nichts kommen; da würde ich lieber kein Wort verlieren", riet die Festetics, und zornig rauschte die Landgräfin davon.

Tatsächlich hatte Sissy jetzt andere Sorgen, als sich um den Zank zwischen Rustimo und der Landgräfin, die sich beide nicht ausstehen konnten, zu kümmern. Ihr Sohn, Rudolf, wurde für großjährig erklärt. Er bekam nun seinen eigenen Hofstaat und war der Obhut seiner Erzieher entlassen. Nun konnte er völlig tun und lassen, was ihm beliebte, und Sissy hatte deswegen zu Franzl schon ihre Besorgnis geäußert.

„Meinst du nicht, daß er sich gehenlassen wird?" fragte sie ihn. „Er wird über die Stränge schlagen!"

„Nun ja, am Anfang vielleicht", meinte Franz Joseph.

„Da will er wohl seine Freiheit genießen. Aber das wird sich geben, und wenn er erst einmal verheiratet ist…"

Auch Rudolfs Erzieher hatten diesbezüglich einige Bedenken, und einer von ihnen, der Freiherr von Walterskirchen, sprach sie ganz offen aus, indem er ihn ermahnte: „Kaiserliche Hoheit haben eine schöne Jugendzeit genossen… Wozu also jetzt den Freudenbecher des Lebens mit Hast leeren? Das haben Sie doch gar nicht nötig… Genießen Sie die Freude des Daseins mit Maß."

„Ich verstehe dieses ganze Gerede nicht", gingen Rudi jedoch diese Ermahnungen auf die Nerven. „Ich bin nun erwachsen, ein freier Mann, und kann tun und lassen, was ich will!"

Er verstand seine Mutter nicht, die sich nun auch in Wien förmlich damit aufrieb, in den Spitälern und Lazaretten die Verwundeten aufzusuchen.

In Budapest hatte sie ein Frauenkomitee gegründet und vor den Mitgliedern einer Hilfsorganisation eine flammende Rede gehalten; hier in Wien nun hatte sie aus ihrem Appartement in Schönbrunn zum Entsetzen der Landgräfin Fürstenberg ein „Stapellager" gemacht, in dem sich alles mögliche türmte, womit sie Freude bereiten und helfen konnte.

Während die Festetics und Ida von Ferenczy päckchenbeladen hinter ihr herliefen, schritt sie in den Spitälern von Bett zu Bett, und ihre Augen waren manchmal voll Tränen der Rührung, während sie den Verwundeten des bosnischen Feldzuges Trost zusprach.

„Majestät, daß Sie mich besuchen kamen, werde ich mein ganzes Leben lang nicht vergessen", stammelte ein Beinamputierter und machte ein segnendes Kreuzzeichen über sie.

Völlig erschöpft kamen die drei Frauen oft heim. Dann

236

mußte aber Marie Festetics noch die Körbe von Post durchsehen, die alltäglich aus allen Teilen der Monarchie für die Kaiserin einliefen.

Da hatte ihr beispielsweise ein Graf Manna „als Zeichen ewiger Dankbarkeit" testamentarisch vermacht, Sissy bis an ihr Lebensende alljährlich einen Mailänder Guglhupf schicken zu lassen. Diese testamentarische Verfügung löste bei Ida und Marie die größte Heiterkeit aus. Frau von Fürstenberg hingegen zeigte sich empört: „Als ob die Kaiserin nicht genug zu essen hätte!"

Nur Sissy nahm das Schreiben des Mailänder Rechtsanwalts, welches sie über diese testamentarische Verfügung informierte, zur Hand, las es aufmerksam durch und beendete die „Guglhupfdebatte":

„Schluß damit! Der Graf hat es durchaus ernst gemeint, und ich bin ihm dankbar. Ich kann den Guglhupf gebrauchen!"

„Wie bitte, Majestät!" staunte die Landgräfin.

„Festetics, setzen Sie ihn auf unsere Spendenliste", ordnete Sissy an. „Der tote Graf leistet damit einen Beitrag zu unserer Wohltätigkeit. Hätten wir nur mehr davon! Überall herrscht Not."

Und dann passierte es auch noch, daß sich Rudi beim Reinigen eines Gewehrs in die linke Hand schoß.

„Das kommt von dieser ewigen Schießerei. Weshalb hat man auch dem reizenden kleinen Erzherzog schon als Kind so ein Ding in die Hand gedrückt? Als ob es keine anderen Vergnügungen gäbe!"

Dies sagte Marie Festetics nicht ohne Vorwurf, und Sissy stimmte ihr bei. Schnell lief sie ins Appartement des Kronprinzen, der sich eben vom Leibarzt unter schmerzlichem Grinsen seine Hand verbinden ließ.

„Es ist nicht schlimm, Mama, es heilt ja bald wieder!"

„Aber es hätte arg ausgehen können, Rudi! Sei doch bitte vernünftig", bat sie ihn voll mütterlicher Sorge.

Beunruhigende Nachrichten kamen auch aus Bayern. Ludovica, die Mutter, schrieb, Ludwigs Bruder Otto sei nun auch offiziell für geisteskrank erklärt und entmündigt worden; und der bayrische Hof sei voll von Gerüchten und Tratsch über das immer sonderbarer werdende Verhalten auch König Ludwigs.

„Im Frühjahr geht es wieder nach England zur Jagd – und diesmal auch nach Irland, wo es besonders schön sein soll", tröstete sich Sissy. „Und diesmal nehme ich auch unseren Rudi mit!"

Und die Reise sollte über Brüssel gehen; bei dieser Gelegenheit konnte der Kronprinz die jüngste Tochter König Leopolds kennenlernen – Stephanie. Die ältere, Louise, kannte er schon, denn sie lebte seit 1875 in Wien, wohin sie mit sechzehn Jahren geheiratet hatte. Sie war mit dem Prinzen Coburg verehelicht, der mit Rudi befreundet war, und diese Frau seines Freundes war so hübsch, daß er auf deren jüngere Schwester schon neugierig war.

Stephanie wuchs im Brüsseler Königsschloß Laeken auf. Leopold II., König der Belgier, Herzog zu Sachsen, Prinz von Sachsen-Coburg und Gotha (so lautete sein voller Titel), und Marie-Henriette, Königin der Belgier, Erzherzogin von Österreich und Prinzessin von Ungarn, waren ihre Eltern. Im Frühjahr 1879 war Stephanie erst fünfzehn Jahre alt. Kronprinz Leopold von Belgien, ihr Bruder, war zur tiefsten Trauer der Familie schon im Alter von zehn Jahren verstorben.

Königin Marie-Henriette war eine Tochter von Erzherzog Joseph, dem Paladin von Ungarn, und in Budapest aufgewachsen. Sie war eine blendende Pianistin und besaß eine schöne, ausgebildete Singstimme. Auch war sie – wie

238

Sissy – eine hervorragende Reiterin. Der in der Steiermark residierende Erzherzog Johann hatte einst die Heirat mit dem nunmehrigen König der Belgier vermittelt.

Marie-Henriette verzehrte sich in Sehnsucht nach ihrer ungarischen Heimat; sie war voll Bewunderung für Sissy, die Ungarn gleichfalls liebte, und deshalb war es ihr Herzenswunsch, daß ihre jüngste Tochter „nach dieser Richtung hin", wie sie sich ausdrückte, heirate.

Die belgischen Königskinder hatten eine sehr strenge Erziehung genossen. Gouvernanten und Lehrer beschäftigten sie von morgens bis abends mit Erziehung und Unterricht, mit Ausnahme einer kurzen Pause am Vormittag und zweier Nachmittagsstunden, in denen sie aber ihren kleinen Garten selbst pflegen mußten.

Es herrschte eine strenge Zucht; waren die Prinzessinnen ungehorsam, so wurden die Süßigkeiten von ihrem Speisezettel gestrichen, sie mußten auf Erbsen knien oder wurden gar eingesperrt.

Immer, wenn Marie-Henriette nach Tervuren fuhr, mußte sie eine ihrer Töchter begleiten. Und auch dies war schlimm genug. In dem schönen Schloß mit dem prächtigen, weiten Park kümmerte sich Marie-Henriette um ihre unglückliche Schwägerin, Kaiserin Charlotte von Mexiko, die den Tod ihres geliebten Mannes nicht verwinden konnte und in Wahnsinn verfiel. Sie war mit Maximilian, dem Bruder Franz Josephs, den Benito Juarez in Queretaro erschießen ließ, verheiratet gewesen.

Charlotte galt einst als die schönste Prinzessin Europas. Ihr blauschwarzes Haar, ihr zarter Teint, die mandelförmigen, dunklen Augen, die von tiefschwarzen Wimpern überschattet wurden, im Verein mit ihrer schlanken, biegsamen Erscheinung hatten einst das Herz Maximilians ebenso entzückt, wie Franz Joseph von Sissy hingerissen war. Auch diese Heirat war eine echte Liebesheirat gewesen.

Nun war sie nur mehr ein Schatten ihrer selbst. Geistesabwesend, wie sie war, doch noch immer wunderschön, bot sie mit ihren fahrigen Bewegungen und ihrem halb erloschenen, halb noch glimmenden Blick einen fast gespenstischen Eindruck. Merkwürdigerweise fürchtete sich bloß die ältere Luise vor ihr, nicht aber Stephanie, die eine rührende Zuneigung zu ihr faßte.

In diesem Frühjahr 1879 hatte sich indes etwas Schreckliches ereignet. Durch einen überheizten Ofen in der Wäscherei brach ein Brand aus, und Schloß Tervuren brannte völlig ab. Als Marie-Henriette die Nachricht von dem Feuer erhielt, setzte sie sich, ohne ein Wort zu verlieren, in ihren Wagen und fuhr bei Nacht und Nebel zum Ort der Katastrophe hinaus, der nicht weit von Brüssel entfernt lag. Kaiserin Charlotte wollte das brennende Schloß nicht verlassen. Das Feuer hatte schon das Zimmer neben ihrem Schlafgemach erfaßt. Marie-Henriette und Charlottes Hofdame Moreau gelang es endlich, die sich Sträubende zum Auto der belgischen Königin zu bringen, wo sie sie an das Gestänge des Autos festbanden. Allein mit der Geisteskranken im Wagen, fuhr Marie-Henriette nach Laeken zurück; einen Chauffeur lehnte sie ab.

Sie war nicht zu früh nach Tervuren gekommen. Das ganze Schloß wurde ein Raub der Flammen, und mit ihm wurden kostbare Kunstschätze vernichtet. Die Brüsseler Feuerwehr kam zu spät, um noch etwas retten zu können. Doch immerhin war Kaiserin Charlotte außer Gefahr. Sie konnte später im Schloß Bouchout untergebracht werden, wo sie erst im Jahre 1927 ihr armes Leben beschloß.

Als Sissy und Rudolf „inkognito" in Laeken eintrafen, hatte Stephanie keine Ahnung, weshalb man sie plötzlich so fein herausputzte, und der fremde junge Mann, dem man sie vorstellte, machte keinen Eindruck auf sie. Auch war der Besuch nur von kurzer Dauer, man wollte weiter nach England.

Wieder im Hofzug, meinte Rudi, daß ihm „die Kleine", ganz gut gefallen habe „Ein herziger Blondkopf ist sie, Mama!"

„Ja, aber noch viel zu jung, Rudi! Sie ist ja noch ein Kind und gänzlich ahnungslos. Noch völlig unreif für eine Ehe!"

„Ich habe ja auch noch Zeit, Mama", lächelte Rudi verschmitzt. „Und kommt Zeit, kommt Rat. Ich will mir ja auch noch die sächsischen Prinzesinnen ansehen. Und dann ist ja da auch noch die Spanierin. Und Spanierinnen sollen sehr hübsch sein, habe ich mir sagen lassen."

In London trennten sich Mutter und Sohn. Sissy war vom hübschen Jagdhaus in Gottesbrook, das Herr Linger für sie gemietet hatte, vom ersten Augenblick an begeistert. Es lag in unmittelbarer Nachbarschaft des herrlichen Besitzes von Lord Spencer; begeisterte Jäger der vornehmsten britischen Gesellschaft waren schon dorthin eingeladen, und auch Prinz Liechtenstein, Graf Franz Clam, die Kinskys und der alte Graf Larisch – dessen Sohn ja Sissys „morganatische" Nichte heiraten wollte – kamen. Pilotreiter sollte wie immer „Bay" Middleton sein.

„Sie ist jeden Zoll eine Empress, eine Königin", bewunderten sie die englischen Herren.

Vor dem Jagdhaus erblühten die Wiesen, und die Wälder sprossen in frischem Grün. Des Morgens, vor Beginn des Jagd, fand sich die ganze Gesellschaft, Herren und Damen ihrer Begleitung, in der Halle zum Frühstück ein. Dort standen lange, festlich gedeckte Tische; auf schneeweißem Leinen aß man aus feinstem Porzellan mit Silberbestecken und trank aus kostbaren, bunten Gläsern. Es gab Rostbeef, Fisch, Zunge, Putenfleisch, Gebäck und Orangenmarmelade sowie kleine Süßigkeiten. Dazu trank man duftig-heißen englischen Tee, konnte aber auch Brandy, Sherry und Champagner haben.

Dann aber begann die Jagd. Sissy, in ihrem Reitkleid wunderhübsch anzusehen, schwang sich immer noch wie ein junges Mädel in den Sattel. „Bay" Middleton setzte sich an die Spitze, Sissy ritt federnd neben ihm im Damensattel, und ihr Rappe war voll Feuer und Rasse. Gleich hinter den beiden hielten sich die Huntsmen, welche die kläffende Hundeschar unter ihrer Aufsicht hielten.

Die ganze Gesellschaft entfernte sich in langsamem Tempo; die „wilde Jagd" begann erst später, wenn der Fuchs aufgespürt war. Die rotröckigen Reiter und die Damen in eleganten Reitröcken mit schicken, zylinderartigen Hüten boten zwar stets einen prächtigen Anblick, doch die Landgräfin Fürstenberg bekreuzigte sich jedesmal, wenn sie die Gesellschaft in der Ferne verschwinden sah.

„Wenn sie nur auch alle heil wiederkommen, besonders Ihre Majestät!" seufzte sie zum Himmel.

In der Tat gab es Malheure mehr als genug. Es gab Knochenbrüche in Menge und andere Verletzungen. Selbst Middledon stürzte in einen Graben, und Sissy ging einmal das Pferd durch.

„Es wird schon nichts passieren, zumindest der Kaiserin, meinen Sie nicht auch?" versicherte Ida von Ferenczy, Gräfin Festetics zur Unterstützung auffordernd, wenn der Landgräfin die Nerven durchzugehen drohten.

„Wenn ihr etwas zustieße – nein, Majestät reitet nicht nur auf ihrem Pferd, sondern auch auf meinen Nerven!" jammerte die Fürstenberg.

Denn sie hatte tatsächlich Sissy sehr liebgewonnen, ob-

242

wohl sie doch anfangs, noch zu Zeiten der Erzherzogin Sophie, gegen sie eingenommen gewesen war.

Tatsächlich sah es so aus, als ob all die schlimmern Unfälle dieses Jahres, welche die übrigen Mitglieder der Jagdgesellschaft erlitten, nur passierten, um die Reiterkunst Sissys in ihrer absoluten Überlegenheit unter Beweis zu stellen. Sogar als ihr Pferd mit ihr durchging, gewann sie klug die Herrschaft über das Tier zurück, nachdem sie es sich hatte müde laufen lassen.

Auch in Irland, wohin Sissy nun den Schauplatz ihrer Jagdabenteuer verlegte, wurde es nicht besser, eher schlimmer, denn das Gelände war dort rauher und sie dessen noch ungewohnt. In ihrem Jagdeifer nahm Sissy eines Tages eine in ihrem Weg liegende Mauer und sprang mitten in einen Klostergarten hinein. Dort aber wurde sie hochwillkommen geheißen – als Herrscherin eines katholischen Reiches...

Wo sie sich zeigte, putzten sich die Dörfer und Gehöfte im Blumenschmuck heraus, man baute ihr Triumphbögen, und schon riet die vorsichtige Gräfin Festetics, doch nicht zuviel Aufhebens zu machen, denn Königin Victoria könnte sonst eifersüchtig auf Sissys Popularität in England werden.

„Aber ich kann ja nichts dafür", meinte Sissy, „ich für meinen Teil verlange das ja gar nicht! Ich will reiten und jagen, weiter nichts!"

Aber das „Reiten und Jagen" wurde durch schlimme Nachrichten aus der Heimat jäh unterbrochen.

Sissy erfuhr es zuerst durch die Zeitungen; dann langten an sie gerichtete Depeschen ein. In Ungarn hatte sich eine Naturkatastrophe ereignet. Eine gewaltige Überschwemmung hatte nicht nur die Umgebung von Szegedin, sondern auch die Stadt selbst unter Wasser gesetzt. Ein großer

Teil der Gebäude stand unter Wasser oder war bereits vernichtet. Hunger und Seuchen drohten, das Elend der heimgesuchten Menschen war groß.

Und sie gab sich hier dem Vergnügen hin, sie, die Landesmutter und Königin! – Sissy überlegte nicht lange. Sofort beschloß sie, ihre Zelte in Irland abzubrechen, und telegrafierte an den Kaiser.

Sie teilte ihm mit, daß sie sofort und ohne Umweg über London kommen wolle, um Zeit und Geld zu sparen.

Sissy traf den Kaiser direkt in Szegedin. Die Cholera war ausgebrochen, und man riet dem Monarchenpaar dringend, abzureisen; doch die beiden dachten nicht daran. Im Gegenteil, angesichts der Katastrophe und Not, die sie hier mitansehen mußten, wuchsen sie noch enger zusammen.

Sissy war die Schutzpatronin des Roten Kreuzes, sie stand an der Spitze dieser Organisation und hatte gleich alle Hände voll zu tun, denn sie wollte nicht nur Trägerin eines Titels sein, ohne den damit verbunden Pflichten gerecht zu werden.

Die Landgräfin Fürstenberg, die ihr hier keine Hilfe gewesen wäre, hatte sie in Wien zurückgelassen. Doch Ida und Gräfin Marie unterstützten sie bei ihrem Bemühen um Ärzte, Medikamente, Krankentransporte und die Anlieferung von Hilfsgütern; da wurden Zelte für die Obdachlosen gebraucht, Nahrungsmittel, Decken, Brennmaterial. Franz Joseph ließ mit Hilfe von Pioniertruppen Dämme bauen und Notquartiere errichten.

Groß war der Gegensatz zwischen den schönen Tagen in England und diesem Elend. Für Sissy und Franzl waren es aber Tage der Bewährung.

In Wien erhoben sich Stimmen, die es „sonderbar" fanden, daß Sissy so aus sich herausging, während sie doch bei

„repräsentativen Gelegenheiten" reserviert blieb, sich häufig entschuldigte oder „hinter ihrem Fächer versteckte". Wiens Witzblatt „Kikeriki" nahm die Gelegenheit wahr, diesen Leuten eins auszuwischen. Dort konnte man lesen:

Wahrlich, die Frau ist sonderbar,
Die ohne Scheu vor der Gefahr,
Von Menschenliebe nur bewegt,
Trost in das Haus des Unglücks trägt.
Die, achtend ihrer Schönheit nicht,
Auch mit dem Blatterkranken spricht,
Tränenden Blicks ans Sterbebett eilt
Und bei Verlassenen verweilt.
So edlen und humanen Sinn –
Lernt ihn von unserer Kaiserin!

7. Die Silberhochzeit

Die Nachricht von der Ermordung Zar Alexanders II. erschütterte die Welt. Marie Festetics las, was die Zeitungen hierüber schrieben, auch mit persönlichem Interesse, denn hätte sie dem Fürsten Woronzeff damals ihr Jawort gegeben, denn würde sie sich jetzt inmitten der schrecklichen Ereignisse von Petersburg befunden haben. Wie es Woronzeff wohl erging? Sie hoffte, daß er heil und am Leben sei. Sie hatte seit damals nichts mehr von ihm vernommen, nachdem sie seine Briefe unbeantwortet gelassen hatte.

Es gab Stunden, an denen sie an ihn zurückdachte und sich vorstellte, welche Wendung ihr Leben doch genommen hätte. Sie wäre jetzt eine Fürstin Woronzeff, doch nun war sie die engste Vertraute der Kaiserin von Österreich, und ob sie jemals am Zarenhof heimisch geworden wäre, war eine andere Frage.

Nein, sagte sie sich nun beim Lesen der Zeitungsberichte, ich habe schon recht gehandelt.

Der Zar, der sich erst wenige Monate zuvor mit der Frau, die er liebte, allen Widerständen zum Trotz verheiratet hatte (und diese Frau war eine Verwandte von Woronzeff!), plante große Reformen und die Aufhebung der Leibeigenschaft. Doch Grundbesitzer wie auch die Leibeigenen selbst standen dagegen auf, und diese deshalb, weil sei annahmen, künftig selbst für ihren Lebensunterhalt sorgen zu müssen, was bisher Sache ihrer Gutsherren war, die jedoch ihre „Vormundschaft" über diese Menschen vielfach mißbrauchten.

Auf der Fahrt von der Michaelmanege, wo er einer Militärparade beiwohnte, zum Winterpalais – er war schon auf dem Heimweg – warfen die Attentäter Dynamitbomben gegen seinen Wagen. Schwer verletzt starb er eineinhalb Stunden später in den Armen seiner verzweifelten Frau im Winterpalais.

Nach der Ermordung des Zaren herrschten, so berichteten die Zeitungen, in Petersburg unbeschreibliche Zustände. Man sei seines Lebens auf den Straßen nicht sicher, und Polizei und Geheimpolizei trügen das Ihrige auf der Suche nach den Hintermännern des Attentats dazu bei.

Nun, da war es in Österreich-Ungarn schon besser! – Sissys Blick war vielsagend, als sie die Gräfin bei der Zeitungslektüre fand.

„Schrecklich, nicht wahr?"

„So ist es, Majestät", erhob sich die Gräfin von ihrem Sitz. „Gott möge uns vor derlei rabiaten Menschen beschützen. Der Zar hatte doch recht, wenn er den Fortschritt wollte!"

„Es gibt überall Leute, die gegen den Fortschritt sind. Das sind die engstirnigen, und die sind auch am gefährlichsten. gegen die Dummheit kämpfen sogar Götter vergebens, heißt es."

„Aber daß selbst die Leibeigenen gegen ihre Befreiung sind! Das ist doch kaum zu glauben!"

„Das verstehe ich schon, Ferenczy. Sehen Sie, das ist eine Bevölkerungsschicht ohne Spur von Wissen und Bildung, primitives Volk, das unter unvorstellbaren Bedingungen sein Leben fristete. Als das Land vom Zaren vor Jahrhunderten zu Lehen vergeben wurde, übertrug man die Sorge für dieses Volk den Lehensherren – man gab sie ihnen „als dem Leibe eigen", quasi als unmündige Kinder. Sie sagen ja auch heute noch „Mütterchen" und „Väterchen" zu ihrer Herrschaft, selbst wenn diese viel jünger ist! Der Lehensherr hatte dafür zu sorgen, daß sie ein Obdach, Bekleidung, Nahrung und – falls Begabungen vorhanden waren – auch Schulbildung erhielten. Zur Finanzierung dieser Aufgaben sollten diesen Menschen Arbeiten zugewiesen werden, die sie verrichten mußten. Eine Sorge um einen Arbeitsplatz hatten sie also niemals, und das war vielen von ihnen genug. Sie nahmen es auch hin, daß sie von manchen habgierigen Lehensherren ausgenutzt wurden; natürlich ist das ein menschenunwürdiger Zustand."

„Und den wollte der Zar endlich beenden."

„Natürlich. In manchen Provinzen erschien ihm die Situation unhaltbar. Doch durch die Aufhebung der Leibeigenschaft drohten manchen Lehensherren die billigen Arbeitskräfte fortgenommen zu werden. Ihre Leibeigenen aber fürchteten, von heute auf morgen brotlos auf der Straße zu stehen und von nun an selbst für ihre Arbeit, ihre

247

Unterkunft und sonstigen Lebensbedürfnisse sorgen zu müssen!"

„Schrecklich, Majestät!"

„Der Zar zahlte mit seinem Leben dafür, daß er diese armen Teufel von ihrem Joch befreien wollte."

Ida trat ein, ein freundliches Lächeln umspielte ihre Lippen.

„Da kommt jemand, der uns ein freundlicheres Gesprächsthema bringt", meinte die Gräfin Festetics, indem sie das Zeitungsblatt beiseite legte.

„Oh, ich dachte eben an die Vorbereitungen zur Silberhochzeit der Majestäten", meinte Ida.

„Nun, da wird es wohl hoffentlich keine Bombenwerfer geben", lachte Sissy.

„Aber ganz Wien wird auf den Beinen sein", meinte die Gräfin. „Und alle werden sich freuen! Es wird ein Fest für die ganze Stadt!"

„Ein Fest für die ganze Monarchie", verbesserte Ida.

„Nun, bis dahin hat es noch eine kleine Weile", meinte Sissy. „Aber ich habe mir sagen lassen, daß die Wiener bereits ihre Vorkehrungen treffen. Es soll ja einen ganz großen Festzug über die Ringstraße geben."

„Ja, der ist geplant, Majestät", bestätigte die Festetics.

„Da kann ich mich ja wieder auf einiges gefaßt machen", seufzte Sissy scherzend. „Da bleibt mir wohl wieder nichts übrig, als gute Miene zum bösen Spiel zu machen."

„Es ist kein b ö s e s Spiel, Majestät. Die Wiener meinen es gut!" versicherte Ida.

„Aber es wird sicher wieder eine Plage", befürchtete Sissy. „Ich werde wohl stundenlang auf einem Podest stehen und den Festzug an mir vorbeidefilieren lassen müssen. An mir und Franzl, selbstverständlich. Nun, geteiltes Leid ist halbes Leid!"

248

Am großen Festtag, von dem hier die Rede war, dem Tag der silbernen Hochzeit des Kaiserpaares – es war der 24. April – war Sissy allerdings der Sorge enthoben, auf einem Postament zu stehen, denn es regnete in Strömen.

Das war gegen jedes Protokoll! Der Maler Hans Makart, der einen großen Kostümfestzug vorbereitet hat, saß vergrämt in seinem Atelier auf der Wieden und schimpfte wie ein Rohrspatz auf den Wettergott. Die Hotels waren überfüllt, Abertausende Schaulustige waren nach Wien gekommen. Von den Dächern wehten schwarzgelbe Fahnen, die Ringstraße war von Blumengirlanden gesäumt, die nun traurig im Regen hingen.

Damals, am 24. April 1854, als Sissy und Franz Joseph heirateten, war es ein wunderschöner Frühlingstag gewesen. Um halb sieben Uhr abends fand die festliche Trauung des jungen Paares in der Augustinerkirche statt. Diesmal jedoch war die Votivkirche für den Festakt vorgesehen – jene Kirche, die zum Gedenken an das glimpflich abgelaufene Attentat auf den jungen Kaiser errichtet worden war. Ein junger ungarischer Patriot, der Ungarn von der Herrschaft der Habsburger befreit sehen wollte, hatte sich damals, mit einem Messer bewaffnet, auf den jungen Kaiser gestürzt, der ahnungslos an der Bastei stand und auf seine Wiener Vorstädte hinabschaute. Doch ein Offizier und ein Passant hatten dem Mann rechtzeitig noch das Messer entreißen und ihn niederringen können. Franz Joseph hatte nur eine leichte Halswunde davongetragen.

Nun stand die Votivkirche, sich mit ihren beiden Türmen prächtig gegen den Himmel erhebend, als ein Mahnmal an jenes schlimme Ereignis an einem schönen, freien Platz nahe der Universität und dem ehemaligen Schottentor mit Blick auf die jungen Bäume der Ringstraße. Die alten Basteien existierten nicht mehr. Anstelle der alten

Befestigungswerke, die es noch gab, als Franz Joseph die Regierung übernahm, zog sich nun eine der schönsten Prachtstraßen der Erde rund um die Innenstadt.

Und obwohl es keinen Festzug über die Ringstraße gab, waren dennoch Tausende gekommen und füllten den Platz vor der Kirche, als Sissy in einem einfachen, aber eleganten grauen Kleid und Franz Joseph in seiner schmukken Galauniform ihrem Wagen entstiegen und die Treppe zum Kirchenportal, das festlich geschmückt war, emporstiegen.

Brausender Jubel brandete zu ihnen empor, als sie sich nach der Menge umwandten und ihr zuwinkten.

Drinnen klang auch schon festlich die Orgel auf, und die Messe begann, die der Hochzeitszeremonie vorangehen sollte.

Sissy und ihr Gatte knieten auf ihren Betstühlen nahe dem Altar, und sie dachten in dieser Stunde an die Jahre zurück, die sie nun schon Seite an Seite verbracht hatten.

Nicht immer waren es schöne Zeiten gewesen. Da war Erzherzogin Sophie, die zwar mit ihrer Strenge nur das Beste für Sohn und Schwiegertochter wollte, aber dennoch vieles verdarb. Da war auch so manches andere Ereignis und die Ungarnfrage, in der Sissy und ihr Gatte oft gegensätzlicher Meinung gewesen waren.

Aber allen Schwierigkeiten zum Trotz hatten sie dennoch immer wieder zusammengefunden, und grad dann, wenn es hart auf hart ging, ganz besonders.

Rose von Baierland,
Trau dem Gerücht,
Bessere Gärtnerhand
Findest du nicht!

Als der Priester sie fragte, ob sie denn wirklich ihren Franzl wieder haben wolle, sagte sie aufrichtigen Herzens ihr „Ja!"

Tränen schimmerten in ihrer beider Augen, als sie Hand in Hand und Seite an Seite an den ihn ihren Bankreihen stehenden Höflingen und Gästen des weihevollen Aktes vorbeischritten und wieder ins Freie traten, wo sie neuerlich festlicher Jubel empfing.

An diesem Abend erstrahlte Wien in abertausend Lichtern, und überall wurde gelacht, getanzt und gefeiert. Alt und jung, arm und reich feierten mit – man war wie eine einzige, große Familie.

Sissy und Franzl aber standen am Balkon des Schlosses Schönbrunn und winkten der riesigen Menge zu, die den Ehrenhof füllte.

Sie lieben uns, dachten sie beide, ja, allem mißgünstigen Gerede zum Trotz haben sie uns gern und wissen, wie sehr wir uns um sie sorgen. Geht auch nicht immer alles so glatt und gut, wie wir es gern möchten – die Widerstände sind ja auch zu groß, die von den einzelnen Regierungen und politischen Parteien kommen –, so geht es dennoch aufwärts. Ist nicht die schöne Ringstraße der beste Beweis dafür?

Wieder und wieder mußten Sissy und Franzl auf den Balkon, die Wiener gaben keine Ruhe, sie wollten ihren Kaiser und ihre schöne Kaiserin sehen.

Drinnen im Saal wartete ein Festbankett und spielte eine festliche Tafelmusik. Und am anderen Morgen lachte ein strahlendblauer Himmel über Schönbrunn. Der April macht eben, was er will, und so kam Herr Makart doch noch zu seinem Recht. Sein gewaltiger Kostümfestzug wurde bestaunt und bejubelt, die Menge schien einander erdrücken zu wollen.

Schön war's, fanden die Leute, und die, die am Fremdenverkehr verdienten, überzählten schmunzelnd die Einnahmen, die sie bei dieser Silberhochzeit des Kaiserpaares erzielt hatten. Sie hatten volle Kassen gemacht, die Hotels, Kaffeehäuser und Gaststätten, die Theater, Konzertsäle, ja selbst die „Würstelstandler" brauchten sich über den Umsatz der letzten Tage nicht zu beklagen. Schön war's, fanden auch sie.

Und auch Sissy meinte erleichtert: „Schön war's schon, lieber Franzl! Doch nun bin ich auch wirklich froh, daß es wieder vorbei ist."

Der Kronprinz, der bei solchen offiziellen Anlässen auch nicht fehlen durfte, reiste nun nach Sachsen, wo er am Königshof sehr herzlich empfangen wurde; aber die Prinzessinnen gefielen ihm nicht, und die spanischen Heiratspläne hatten sich irgendwie von selbst zerschlagen; blieb also Stephanie von Belgien, die inzwischen um ein Jahr älter geworden war.

Mit Sechzehn hatte ja auch schon ihre Schwester Louise geheiratet. Der Kronprinz, der sich inzwischen rühmen konnte, dank seinem Aussehen und Charme schon manches arme Mädchenherz gebrochen zu haben, war sich seines Sieges sicher, als er wieder nach Brüssel fuhr, um sich die inzwischen herangereifte Stephanie noch einmal, und diesmal etwas näher, anzusehen.

Diesmal gefiel sie ihm noch besser, was ja auch kein Wunder war. Er dachte sich, mit ihr werde er es wohl aushalten können, wenn sie ihm nur genügend Freiheit ließe, seinen Passionen, vor allem der Jagd, nachzugehen.

Sissy war eben wieder in England, diesmal in London –, als sie die Depesche erhielt, welche ihr die Verlobung ihres Sohnes mit Stephanie anzeigte.

Sissy setzte sich hin. Die Sache kam ihr denn doch zu plötzlich, und sie hatte es auch gar nicht eilig, bald schon Großmutter zu werden.

„Majestät", fragte Ida von Ferenczy besorgt, „ist Ihnen

nicht gut?"

Sissy schluckte ein bißchen.

„Rudi hat sich verlobt", erklärte sie. „Er hat an mich und den Kaiser telegraphiert. Es ist offiziell. Aber der junge Wirrkopf hätte damit noch ruhig ein bißchen zuwarten können. Diese Stephanie ist ja noch ein halbes Kind. Sie ist ganz anders als ihre Schwester Louise! Wenn man mich fragt, dann war es ein wenig übereilt – zu früh!"

„Aber Majestät haben doch selbst mit Königin Marie-Henriette – – –"

„Jaja, ich sage ja auch nicht, daß ich prinzipiell gegen diese Heirat bin. Doch er hätte noch ruhig ein, zwei Jahre warten können!"

„Um so früher kommt der Thronerbe der nächsten Generation Ihrer Dynastie, Majestät."

„Jaja, der Thronerbe der Dynastie!"

Sissy wandte sich ab. Sie war blaß geworden. Das Wort vom zu erwartenden Enkel traf sie hart; denn sie wollte nicht daran erinnert werden, daß es auch ihr beschieden war, älter zu werden.

„Ich kann mir nicht denken, daß der Kronprinz dabei an einen Thronerben gedacht hat", meinte sie. „Wahrscheinlich wollte er die Sache einfach hinter sich bringen; man ist ihm ja lange genug seitens seiner Erzieher mit einer Heirat in den Ohren gelegen. Ich aber will, daß er glücklich wird!"

„Jung gefreit hat selten gereut", meinte Ida von Ferenczy.

Doch plötzlich verdüsterte sich ihr Blick.

„Ist Ihnen nicht gut?" fragte nun Sissy ihrerseits.

Ida preßte die Lider zusammen, und ihre Lippen wurden blaß. Doch sogleich beherrschte sie sich wieder.

„Es ist nichts, Majestät", preßte sie hervor.

Sissys Blick prüfte sie durchdringend.

„Ida, es ist etwas", sprach sie sie wie eine Freundin beim Vornamen an. „Sagen Sie es mir. Haben Sie etwa eben wieder eine Ihrer Ahnungen gehabt?"

„Es – es war mir plötzlich ein wenig sonderbar. Es wurde mir schwarz vor den Augen! Vielleicht ist es nur das grelle Sonnenlicht", sagte sie ausweichend.

Die Kaiserin ließ einen tiefen Atemzug hören.

„Sie sind ein sonderbarer Mensch, Ferenczy", fand sie.

8. Sissy wird Schwiegermama

Die Kaiserin verzögerte die Eheschließung ihres Sohnes mit Prinzessin Stephanie. Doch am 10. Mai 1881 kam sie dennoch zustande. Es war wieder einmal ein großes Ereignis.

Alle Völker der Monarchie hatten Abordnungen gesandt, die dem Brautpaar ihre Glückwünsche und Geschenke überbrachten. Der Empfang dieser zahlreichen Deputationen, der schon zwei Tage vor der Hochzeit stattfand, dauerte von neun Uhr morgens bis um zwei Uhr nachmittags. Dann sollte sich das Brautpaar auch der Öffentlichkeit zeigen; der Wiener Bürgermeister hatte zu diesem Zweck eine Fahrt in den Prater und durch die Hauptallee vorgeschlagen. Insgesamt zweiundsechzig Equipagen machten sich deshalb von Schönbrunn aus in Richtung Prater auf den Weg – doch man kam nicht bis dorthin.

Nahe der Aspernbrücke blieb der ganze prächtige Zug in der von allen Seiten herbeigeströmten, jubelnden Menge stecken. Franzl selbst bemühte sich, Ordnung zu schaffen; er stieg aus seinem Wagen und rief, man solle doch Platz machen. Aber seine Worte gingen unter in den Beifallrufen. Etliche Leute meinten sogar, er wolle eine Ansprache halten, und jubelten noch lauter. Niemand konnte mehr ein Wort verstehen, zumal jetzt auch noch Böllerschüsse krachten.

„Wollen doch – wollen doch weitergehen, Herrschaften", rief Franz Joseph ganz verzweifelt, aber niemand reagierte darauf, alle zeigten nur lachende, fröhliche Gesichter; der Polizeikordon war längst durchbrochen, und man mußte schon befürchten, daß die begeisterte Menge die Insassen der Equipagen, vor allem natürlich das Hochzeitspaar, erdrücken würde.

Die gute Landgräfin Fürstenberg lag halb ohnmächtig in ihrer gepolsterten Sitzlehne und stammelte nur, diese Begeisterungswogen seien noch ärger als die Meereswogen bei einem Sturm im Mittelmeer.

Der Obersthofmeister, Fürst Hohenlohe, steckte hoffnungslos im Menschengewühl fest.

„Hohenlohe! H o h e n l o h e!"

Franz Joseph schrie sich die Kehle aus. Für einen Augenblick tauchte des Fürsten Federbusch sekundenlang über den Köpfen der Menge auf. Er schnellte sich empor, um vom Kaiser gesehen zu werden.

„Ich komme schon, ich komme schon, Majestät!" schrie er

Doch es sah gar nicht danach aus, daß er „schon" kommen könne…

Die arme Kronprinzessin in spe saß verschreckt neben ihrem künftigen Gatten, der sie zu beruhigen versuchte; ein Attentat sei wahrlich nicht zu befürchten, meinte er, die Gefahr liege eher in einer zu großen Begeisterung der Wiene

Tatsächlich schafften sich jetzt Berittene mühsam Bahn, und endlich langte auch, ganz außer Atem und reichlich ramponiert, der Fürst beim Kaiser an. Entsetzt bemerkte er, daß ihm ein Goldknopf an seiner Galauniform fehlte; den hatte ihm irgendwer abgerissen, sei es im Gedränge, sei es auch, daß er ein Andenken haben wollte.

„Entsetzlich, Majestät", stammelte er schweißbedeckt, „man meldet mir, der Prater ist gesteckt voller Leute, und zur Hauptallee ist gar kein Durchkommen. Majestät, ich rate dringend, umzukehren! Es wird eben ein Weg frei gemacht!"

So kamen denn Tausende schaulustige Wiener an diesem sonnigen Frühlingstag um den Genuß, die festliche Auffahrt der Hofequipagen mit dem Kronprinzenparin der Hauptallee bestaunen zu können.

Dafür wurden sie am Abend, nach Einbruch der Dunkelheit, durch ein feenhaftes Feuerwerk entschädigt, als dessen Höhepunkt die Initialen des Brautpaares, ein R und ein S, über der Gloriette am Nachthimmel aufleuchteten.

Der Sitte gemäß übernachtete die Braut vor der Trauung in der „Favorita", einem alten Schloßgebäude im vierten Wiener Gemeindebezirk, das heute das Theresianum beherbergt. Am Morgen der 10. Mai erschienen die Eltern Stephanies und ihre Schwester Louise.

Die Braut war schon angekleidet. Sie trug ein Kleid aus Silberbrokat. Rosen waren in ihre Schleppe eingewirkt. Ihr Spitzenschleier war ein Geschenk der Stadt Brüssel. Stephanie trug ein Diadem, das sie von Franz Joseph als Geschenk erhalten hatte.

„Meine liebe Tochter", begrüßte sie König Leopold ernst. Du sollst den Völkern Österreichs eine würdige Mutter werden, ein Schutzengel für alle Bedrückten. Du

256

wirst eines Tages die Krone tragen; erinnere dich aber immer daran, daß es keine schönere Krone gibt als die Tugend."

Die von acht Lipizzanern gezogene Prunkkarosse Maria Theresias wartete bereits auf die Braut. Alle Glocken der Residenzstadt läuteten, und Kanonen feuerten Ehrensalut gegen den blauen Himmel. Die Häuser waren in den Farben Habsburgs und Belgiens beflaggt. Und wieder säumten unzählige Menschen die Straßen, durch die der festliche Wagenzug fuhr – die Vorreiter und Wagen sowie die Eskorte der Braut und ihres Gefolges. Die Lakaien und Kutscher trugen spanische Mantelgala und gepuderte Allonperücken. Militär in Paradeuniform säumte die Straßen bis zur Hofburg, wo in der Augustinerkirche die Trauung von Kardinal Fürst Schwarzenberg vollzogen wurde.

Das belgische Königspaar, die Brauteltern, sowie die Eltern des Bräutigams hatte man zu beiden Seiten des Hochaltars postiert, wo sie auf ihren Betschemeln der Messe und der Trauung beiwohnten.

Sissy dachte an ihre eigene Hochzeit zurück. Ach, wie lange war das schon her! Sie versetzte sich selbst an die Stelle der Braut. Kein Zweifel, sie war damals glücklicher gewesen, als es Stephanie heute war, deren Blicke immer wieder die ihrer Eltern suchten.

Sie denkt wohl schon an den nahen Abschied von ihnen, sagte sich Sissy. Leopold und Marie-Henriette würden ja schon in wenigen Stunden nach Brüssel zurückkehren. Stephanie, nun Österreichs Kronprinzessin, mußte aber in Wien bleiben. Wie würde das junge Paar zusammenfinden? Würde es Stephanie gelingen, das so unstete Jünglingsleben Rudis in geordnete eheliche Bahnen zu lenken? Ach, sie war ja selbst so jung – zu jung! Stephanie bedurfte selbst noch stützender Lenkung!

257

Halb in Gedanken versunken, hörte sie Rudis und Stephanies „Ja" und wurde durch die Salutschüsse, die gleich darauf von den am Josefsplatz aufmarschierten Garden abgefeuert wurden, aufgeschreckt. Sie sah Franzl an; dieser lächelte. König Leopold von Belgien strahlte sichtlich befriedigt. Marie-Henriette maß ihren Schwiegersohn mit kritischen Blicken, während Rudi seiner Stephanie den Brautkuß gab.

Die Brauteltern traten noch am gleichen Abend die Heimreise nach Belgien an, während das junge Kronprinzenpaar nach Laxenburg aufbrach.

Sissy war total übermüdet, als sie an einem ihrer Fenster in Schönbrunn stand und auf den Schloßpark hinabblickte, auf den sich jetzt die Nacht niedersenkte.

Der Lärm des Tages war nun endlich einer erholsamen Stille gewichen. Doch in den durch die Menge überhitzten Räumlichkeiten der Kirche und der festlich geschmückten Bankettsäle war es keinem von ihnen zu Bewußtsein gekommen, daß sich das Wetter seit den Vormittagsstunden völlig verändert hatte.

Erst Franzl machte Sissy jetzt darauf aufmerksam, als er hinter sie trat und schützend seinen Arm um ihre Schultern legte.

„Möchtest du nicht einen Umhang nehmen? Gewiß, jetzt hat man Sehnsucht nach frischer Luft, aber es ist kalt, hast du es noch nicht bemerkt?"

„Nein; ich bin in Gedanken versunken, und es ist mir gar nicht aufgefallen."

Ein eisiger Wind fegte über den Schloßpark hin und machte die Blüten erschauern.

„Wie doch der Flieder duftet", meinte Sissy versonnen.

„Wir haben die Eismänner", meinte jedoch Franz Joseph. „Es kann jetzt noch recht kalte Tage geben."

„Jetzt sind die Kinder schon bald in Laxenburg", sagte Sissy. „Ich hoffe, daß man wenigstens ihre Zimmer ordentlich instand gesetzt hat. Die ersten Tage sind schwer genug für ein junges Ding wie Stephanie, das sich in einer fremden Umgebung und unter fremden Menschen zurechtfinden muß."

„Rudi wird es schon recht machen", meinte Franz Joseph zuversichtlich.

„Hoffentlich, Franzl", sagte Sissy und zog sich nun doch vom Fenster zurück, weil sie merkte, daß es sie fröstelte.

Die beiden Laternen der Kutsche, die das junge Paar nach Laxenburg brachte, vermochten nicht mehr, die Dunkelheit und ein plötzlich einsetzendes Schneetreiben zu durchdringen. Heulend fegte der Wind über die stille Landstraße, und die junge Kronprinzessin, die neben einem schweigsamen jungen Mann saß, den sie kaum kannte, erschauerte.

Das eisig-kalte Schlechtwetter hielt tatsächlich nicht länger als eine halbe Woche an, dann kehrte der warme Frühlingswind wieder und fegte die Schneewolken vom Himmel über Wien. Die Festfahnen, Triumphbögen und Girlanden verschwanden, und der Alltag kehrte wieder in der Residenzstadt ein und nahm von ihr Besitz. Alles ging wieder seinen gewohnten Gang.

Sissy war froh, daß es vorüber war. Es war ihr peinlich gewesen, nun von der Menge als Schwiegermutter angesehen zu werden, wodurch man sie, wie sie meinte, ja schon zum „alten Eisen" rechnen mußte. Aber ans Alter wollte sie nicht gern erinnert werden. Doch die junge, mädchenhafte Schwiegertochter– forderte sie nicht gerade zu Vergleichen heraus? O ja, Stephanie war hübsch anzusehen gewesen in ihrem Brautkleid!

Sissy prüfte kritisch ihr Äußeres vor einem der unzähligen Spiegel in ihrem Hofburg-Appartement.

Ich werde mich noch ein wenig enger schnüren lassen müssen, sagte sie sich, und eine Hungerkur könnte mir auch nicht schaden. Mein Haar ist noch dunkel und lang wie eh und je, und ich sitze auch noch recht gut zu Pferd, wenngleich ich mir in letzter Zeit angewöhnt habe, auch ganz gern spazierenzugehen anstatt bloß immerzu zu reiten.

Ob dies wohl schon ein Zeichen der fortschreitenden Jahre ist?! Sissy verneinte es kopfschüttelnd. Nein, der Spiegel gab immer noch beruhigende Auskunft über ihr Aussehen. Und augenscheinlich hatte sie auch von ihrem Charme noch nichts eingebüßt; Franzl jedenfalls, das sprüte sie, hatte sich noch seine alte Neigung für sie bewahrt, und das Wissen darum machte sie selbstsicher und glücklich.

Sissy dachte nicht an das junge Paar draußen in Laxenburg; die beiden mochten selbst zueinanderfinden. Sie erinnerte sich an die ewigen, ihr so unliebsam gewesenen Ratschläge ihrer seligen Schwiegermutter, der Erzherzogin Sophie, die sie in einem fort zu bevormunden gesucht hatte. In diesen Fehler wollte sie nicht verfallen. Rudi und Stephanie würden vor ihr ihre Ruhe haben. Sie mochten sich ihr Leben nach eigenem Gutdünken einrichten und nach ihrer Fasson selig werden – falls sie dazu in der Lage waren.

Und weshalb sollten sie dies nicht? Zwar mußte sich Sissy eingestehen, daß die Ehe dieser beiden keine Liebesheirat war wie die ihre und Franzls. Doch Liebe – das konnte sich ja noch ergeben, wenn sich die beiden sonst gut verstanden!

Zugleich aber sagte sie sich, daß ihr Verhältnis zu ihrem Sohn, das schon von Anfang an kein allzu inniges gewesen

260

war, weil man Mutter und Kind einander entfremdet hatte, durch diese Heirat weniger Chancen hatte denn je, sich zu seinem Vorteil zu verändern.

„Das kommt ganz darauf an, ob es eine glückliche Ehe wird, Majestät", meinte wenige Tage darauf Gräfin Festetics zu dieser Frage. „Da wird man zuwarten müssen, wie sich das junge Paar verhält. Vielleicht, wenn erst einmal ein Kind da ist..."

„Nein, nein – die besorgte Großmama, das wäre keine Rolle, die ich gern spielen möchte", wehrte Sissy heftig ab.

Die Gräfin sah der künftigen Entwicklung nicht zu Unrecht mit einiger Besorgnis entgegen.

Sissys Nerven schienen wieder richtig angegriffen.

„Wollen wir nicht einmal mitsammen ausreiten?" fragte sie Franzl besorgt.

Es war ein Wunder geschehen – was fast noch nie vorkam, seine Regierungsgeschäfte ließen ihm ein paar freie Stunden, und die wollte er mit seiner Frau verbringen.

„Wenn du meinst", sagte Sissy fahrig.

„Oh ja, ich denke, das würde uns beiden guttun. Machst du dir Sorgen wegen Rudi? Das brauchst du nicht. Rudi und Stephanie werden sich schon ihr Leben einrichten. Wie wäre es, Sissy, mit einem kleinen Spazierritt durch den Lainzer Tiergarten?"

Er hatte eine besondere Absicht dabei. Während Sissy noch immer den Traum von einem Haus auf Korfu träumte, hegte Franz Joseph ähnliche Träume. Doch sein Wunsch nach einem Haus, in dem man sich vor der Welt zurückziehen und seine alten Tage in Ruhe verleben konnte, waren näher angesiedelt. Was sollte ihm Korfu? Ihm genügte der Lainzer Tiergarten.

„Einen Ausritt in den Lainzer Tiergarten? Warum nicht", meinte Sissy ohne allzu große Begeisterung.

261

„Es ist jetzt herrlich dort draußen", versicherte Franz Joseph. „Du reist und reitest in der halben Welt herum, Sissy – und doch hast du ein kleines Paradies vor deiner Haustüre, das du nur allzu selten besuchst."

Des Kaisers Wunsch war es, mit seiner Frau allein, ohne Begleitung, zu reiten. Einmal wollte er seine Sorgen und Geschäfte hinter sich lassen und ganz einfach nur wie alle anderen Menschen auch ausspannen und einen Frühlingstag genießen.

Sie passierten auf ihren Pferden die stillen Wege im Wildgehege. Der Wildpark war von einer hohen Mauer umgeben, welche die Tiere hinderte, das Revier zu verlassen. Es gab Hirsche und Rehe, aber auch Wildschweine dort, und Heger hatten dem Kaiser von einigen gefährlichen Ebern berichtet und ihn gewarnt. Der Kaiser hatte deshalb auch eine Waffe bei sich, aber er sagte Sissy nichts von einer möglichen Gefahr, um sie nicht zu erschrecken.

Sie ritten schweigend dahin. Es war längst schon frühsommerlich warm, das junge Laub und die Blüten dufteten. Die Stadt mit ihrem lärmenden Menschengewühl war nah und schien doch unendlich fern.

„Findest du nicht, daß es wunderschön hier ist?" fragte Franzl bedächtig.

„Oh ja, du hast recht", gab Sissy zu.

„Und was denkst du – ob es sich hier leben ließe?"

„Leben, Franzl? Wie meinst du das?"

„Nun, wir könnten uns hier ja eine Villa bauen lassen. da wären wir wirklich ganz abgeschieden und hätten unsere Ruhe. Rudi wird ja doch eines Tages die Geschäfte übernehmen, und dann könnten wir endlich für uns leben und ausspannen."

Erstaunt hielt Sissy ihr Pferd an. Da war es schon wieder – die Mahnung an das bevorstehende Alter. Und diesmal

262

kam sie noch dazu von Franzl!

Dieser sah sofort, daß er seine Worte nicht geschickt gewählt hatte. Er lenkte ein.

„Nun, da ist ja noch viel Zeit, Sissy – ich meine doch nur..."

Aber Sissy hatte ihn schon verstanden und lächelte gutmütig. Sie begriff ihren Mann, der sich Gedanken um ihrer beider Zukunft machte.

„Wenn du meinst", sagte sie deshalb einlenkend, „wenn es dir wirklich Freude machen würde..."

„D i r vor allem soll es Freude machen, mein Engel", meinte er, lenkte sein Pferd an ihre Seite und ergriff ihre Hand.

Das war rührend von ihm Was war er doch für ein herzensguter, bedachtsamer, fürsorglicher Mann! Sissy spürte, wie tief und echt sein Wunsch war, sie glücklich zu sehen – und dabei zugleich ihrer beider Dasein noch enger zu verbinden.

Der Lainzer Tiergarten und Korfu – das waren Tag und Nacht; aber sie sagte kein Wort von ihren Träumen, sondern verschloß sie vorerst noch in ihrem Herzen.

Und laut sagte sie zu ihrem Franzl: „Also gut, wenn du möchtest, dann bauen wir halt!"

Irgendwo ließ sich ein verdächtiges Grunzen hören.

„Wildschweine", lachte er. „Das nehme ich als ein gutes Zeichen! Säue bringen Glück – so sagt man doch, oder?!"

9. Der Brand des Ringtheaters

„Oh, ah – ich kann nicht mehr; ich bin zu Tode gegangen!"

Die Landgräfin schüttelte erschöpft den Kopf und setzte sich auf einen Meilenstein an der Landstraße, die München mit Feldafing verband. Ida von Ferenczy nahm sich ihrer an und labte sie aus einer Feldflasche, während Marie Festetics bedauernd die Schultern zuckte und dann der Kaiserin nacheilte, die zu einem Rekordmarsch aufgebrochen war. Sie hatte sich tatsächlich in den Kopf gesetzt, diese Strecke zu Fuß zurückzulegen, und das bei glühender Sommerhitze, in einem schwarzen Kleid und nur von ihrem Sonnenschirm beschützt, den sie entschlossen über ihrem Kopf balancierte.

„Los, los, nur immer weiter!" rief sie beharrlich und setzte sich auch schon wieder in Bewegung. „Sie mag später nachkommen."

„Majestät, Erbarmen – ich gebe meinen Geist auf", versicherte die Landgräfin, doch die Kaiserin meinte bloß: „Ich werde Rustimo zu Ihrem Schutz zurücklassen!"

„Nein, nein!" rief da die Fürstenberg entsetzt und sprang schnell wieder auf. „Ich mit diesem schwarzen Unhold, mutterseelenallein?! Da gehe ich lieber wieder mit!"

Glücklicherweise kam ein Leiterwagen eines Bauern vorbei, der versprach, die alte Dame bis Feldafing mitzunehmen. Der Freiherr von Gemmingen, der auch mit von der Partie war, stolperte nur noch dahin und versicherte, daß die Sohlen seiner Stiefel bereits zu rauchen begännen. Sissy lachte nur mitleidlos und marschierte weiter frohgemut dahin.

Feldafing war schon in Sicht, als sie sich umdrehte – aber da war nur noch die wackere Festetics zu sehen; der ganze Zug hatte sich aufgelöst.

Zwei Wochen später, in Ischl, war der Gewaltmarsch noch immer Gesprächsthema Nummer eins. Und wie erstaunt war Sissy, als sie den durchreisenden Kaiser Wil-

264

helm im Bahnhof begrüßte und von ihm zu hören bekam:

„Jut zu Fuß, wie ich höre, meine Teuerste – jut zu Fuß! Ist ja janz fabelhaft, doch jestatten Gnädigste, daß ich an keinem solchen Marsch teilnehme. Bin zwar ein alter Marschierer, wie man mir nachsagt, doch meine Jugend ist schon zu fortjeschritten!"

Kaiser Wilhelm hatte sich reichlich verändert. Für einen Mann so um die achtzig, dachte sich Sissy, sieht er eigentlich noch immer recht forsch und stramm aus, und er redet auch noch immer so laut und schnarrend. Doch der bauschige Backenbart, den er nun trug, machte ihn sehr würdevoll.

Alle Welt trug jetzt so einen Bart, Franzl hatte sich auch einen wachsen lassen, und sogar Rudi zeigte sich mit Spitzbart und ließ sich's dunkel ums Kinn sprossen.

Sissy beruhigte den Gast; sie habe lediglich vor, ihn an diesem Abend ins Stadttheater einzuladen. Dort spiele man „Heimchen am Herd", und das solle so nett sein.

Die Hauptrolle spielte eine „Neue", eine Apothekerstochter aus Baden namens Kathi Schratt. Burgtheaterdirektor Wildbrandt wollte sein künftiges neues Haus an der Ringstraße – das alte Theater am Michaelerplatz sollte abgerissen werden – mit neuen Talenten versehen und hatte die begabte junge Schauspielerin dem Stadttheater wegengagiert.

„Einfach entzückend", fand Willhelm, der neben Sissy in der Loge saß. „Janz reizend – werde ihr einen Strauß Rosen schicken!"

Sissy war über Wihelms Begeisterung über die junge Schauspielerin erleichtert – denn mit Schrecken hatte sie bemerkt, daß in dem Stück nach Strich und Faden über die Preußen hergezogen wurde. Wilhelm hätte es glatt als Beleidigung empfinden können, daß sie ihn zu dieser Aufführung eingeladen hatte.

Doch der Anblick der leicht molligen blonden, herzig anzusehenden Kathi Schratt ließ ihn überhören, was sie sagte. Sissy stand trotzdem Ängste aus, bis der Abend zu Ende war. Die Vorstellung zog sich, wie sie meinte, endlos dahin; nur der alte und noch so quicklebendige Herr an ihrer Seite schien das gar nicht zu finden.

„Verstehen Majestät jetzt, wie es uns allen auf dem Marsch von München nach Feldafing zumute war?" sagte Gräfin Festetics anderentags – Kaiser Wilhelm war gottlob schon wieder weitergereist – zu Sissy.

„Ihr seid Faulenzer", tadelte Sissy. „Zur Strafe werden wir heute einen recht schönen, langen Spaziergang rund um Ischl machen!"

Sissy ritt nun seltener; dafür hatte sie die Wanderlust befallen, und sie kannte nun nichts Schöneres, als tagelang durch Wald und Flur zu streifen. Es bekam ihr gut. Ihre Wangen waren rosig, und mit Wohlbehagen sog sie die würzige Waldluft in sich ein. Sportgestählt, wie sie war – sie nahm nun auch fleißig Fechtunterricht –, machten ihr lange Spaziergänge nichts aus, was man freilich von ihrer Begleitung nicht gerade behaupten konnte.

Die Festetics und die Landgräfin hofften auf die bevorstehende Rückkehr nach Wien. Doch Franzl war schuld, daß Sissy nun durch den Lainzer Tiergarten lief und oft sogar halbe Tage lang durch den sich herbstlich schmückenden Wienerwald marschierte, wobei sie bei Hütteldorf ihren Anfang nahm und in Nußdorf, vom Kahlenberg herab, wieder die Stadt erreichte.

Erst der Besuch des italienischen Königspaares setzte dem ein Ende. Da galt es wieder, das Geschäft des Repräsentierens auszuüben. Doch König Humbert und die Königin erwiesen sich als recht angenehme Leute, und so verlief dieser prunkvolle Staatsempfang, bei dem die schaulustigen Wiener wieder voll auf ihre Rechnung kamen, günstiger, als Sissy befürchtet hatte.

Sissy hatte der Eröffnung der neuen, von Siccardsburg und Van der Nüll erbauten Hofoper am Ring am 25. Mai 1869 (man gab Mozarts „Don Juan") nicht beigewohnt. Nur Franzl hatte das Riesenspektakel (sein Gast war damals der König von Hannover) über sich ergehen lassen, und nicht ohne Grund war er auf die neue Oper stolz.

Das Burgtheater war noch nicht fertig; doch es gab ein drittes Theater an der Ringstraße, die „Komische Oper". Sie war von der Stadt Wien errichtet worden und sollte sich der heitern Muse widmen. Doch sei es, daß ihre Lage nahe dem Schottentor nicht sehr günstig war, sei es auch, daß die Wiener an den fast zweihundert spielenden großen bis kleinsten Bühnen genug hatten, sie florierte nicht.

Nun hatte sie der gewiefte Theaterfachmann Jauner in Pacht genommen, auf Glanz herrichten lassen und wollte sie mit Offenbachs neuer Oper „Hoffmanns Erzählungen", von der man schon Wunderdinge hörte, eröffnen.

Sissy hatte auch Lust, die neue Oper zu hören; doch die Herbstjagden in Gödöllö schienen ihr noch verheißungsvoller. Zum Fest Mariä Empfängnis, am 8. Dezember, traf auch der Kaiser ein. Von Gödöllö war es nur ein Sprung nach Budapest, wo er in den nächsten Wochen sehr mit Regierungsgeschäften beschäftigt war.

Einer, der es sich nicht nehmen lassen wollte, die neue Oper als einer der ersten kennenzulernen, war Ladislaus, der Sohn der Baronin Vetsera. Der junge Mann besuchte gerne Bälle, Theater, die Rennen in der Freudenau und liebte überhaupt gesellschaftliche Ereignisse.

Seine Mutter und seine zehnjährige Schwester Marie waren verreist und sollten erst anderentags wieder in Wien eintreffen. Ladislaus verließ um halb sieben Uhr das Palais in der Salesianergasse nächst dem Park des Fürsten Modena, das die Vetseras gemietet hatten.

Er fuhr mit einem Fiaker über den Schwarzenbergplatz und die Ringstraße. Die jungen Lindenbäume waren schon entlaubt, feuchte, große Schneeflocken fielen und glänzten zauberisch im grünlichen Licht der Gaslaternen.

Entlang des Boulevards erhoben sich prächtige neue Bauten, aber viele Baustellen waren auch eingeplankt. An diesem Feiertag promenierten viele elegante Paare über den Ring, und besonders vor der neuen Oper, an der Sirck-Ecke, gab sich die elegante junge Welt ein Stelldichein.

Ladislaus Vetsera blickte ungeduldig auf seine Uhr. Er ermahnte den Fiaker, indem er mit seinem Stock gegen die vordere Wagenscheibe klopfte, zu rascherer Fahrt.

„Wir kommen schon hin, gnä' Herr, mir san ja gleich da!" beruhigte ihn dieser, schnalzte ein bisserl mit seiner Peitsche und sog kräftig an seiner Zigarre, als ob er dadurch das Tempo seines Gefährts beschleunigen könne.

Die schön renovierte Komische Oper, die Jauner in „Ring-Theater" umgetauft hatte, kündigte sich schon durch ihre gaslichtflammenden Außenkandelaber und den lebhaften Verkehr, der vor ihrem Portal herrschte, an. Nur mit Mühe gelangte der Fiaker bis vor den Theatereingang, wo ihn Ladislaus Vetsera entlohnte und aufforderte, doch nach Möglichkeit zum Schluß der Vorstellung wieder zur Stelle zu sein, da er ihn dann für die Heimfahrt brauchen werde.

Es war schon Einlaß. Der neue Saal glänzte in Gold, Elfenbein und zartem Rot. Der eiserne Vorhang war bereits hochgezogen, das Orchester stimmte schon, doch immer noch kamen die Leute und füllten das Parkett, die Logen

268

und Ränge des großen Theatersaales.

Unterdessen wurden auf der Bühne die letzten Vorbereitungen für die Vorstellung getroffen. Jauner hatte Gaslicht-Soffitten installieren lassen. Sie brannten teils als Rampenlicht, teils hingen sie vom Schnürboden herab zwischen den Kulissen. Sie waren durch einen elektrischen Zündfunken zum Leuchten zu bringen. Doch eine der Soffitten war von der Nachmittagsvorstellung her verrußt Der Bühnenarbeiter, der sie zu entzünden hatte, war zu bequem, sie vorschriftsmäßig zu reinigen. Er dachte, daß das Gas den Ruß selbst „ausblasen" würde, drehte den Hahn kräftig auf und schickte dann den Zündfunken durch.

Ehe er noch begreifen konnte, was er angerichtet hatte, schoß eine Stichflamme aus der Soffitte hervor und setzte die leicht brennbaren, aus Stoffen und Pappe bestehenden Kulissen in Brand. Während sich noch der Zuschauerraum mit Besuchern füllte, griff das Feuer schon um sich und war nicht mehr einzudämmen. In ihrer Nervosität waren die Bühnenarbeiter auch nicht mehr imstande, den eisernen Vorhang herabzulassen. Erst als der bereits brennende Zwischenaktvorhang, vom Feuersturm getragen, sich in den Zuschauerraum hob und ein schrecklicher Funkenregen über dem Orchestergraben niederging, merkten die Besucher, daß das Theater brannte.

Um ein Explodieren der Gasrohre zu vermeiden, drehte irgend jemand vom Personal den Haupthahn ab, worauf sämtliche Lichter erloschen. Panik ergriff die über tausend Personen, die den Saal füllten und nun ins Freie wollten.

Ahnungslos saßen Sissy, Franz Joseph und Marie-Valerie an diesem Abend des 8. Dezember 1881 in Gödöllö beisammen, als das Telegramm Erzherzog Albrechts eintraf. Das Ringtheater stünde in Flammen, hieß es darin, doch die Zuschauer seien gerettet

Franz Joseph war entsetzt: „Wer weiß, ob das wahr ist!", rief er. Aufspringend telegraphierte er sofort zurück um nähere Informationen. Der Ministerpräsident, Graf Taaffe, antwortete, daß die Rettungsmaßnahmen noch im Gange seien, der Erzherzog befände sich selbst am Brandplatz. Doch es stünde Schlimmes zu befürchten.

„Wir brechen die Jagd ab, wir fahren nach Wien. Hilfe tut not", erklärte der Kaiser.

In der neunten Morgenstunde des 9. Dezember, nach der Unglücksnacht, war das schöne Theater nur noch eine rauchende Brandruine; die Ringstraße war schwarz von Menschen, die ganz Stadt voll Trauer. Im Hof des Allgemeinen Krankenhauses lagen an die vierhundert zum Teil kaum identifizierten Leichen. Zahllose Menschen wurden vermißt. Unzählige waren erstickt und hatten vor den Seitenausgängen des Theaters, die noch nach innen zu öffnen waren, den Tod gefunden, weil sie vergeblich versucht hatten, sie aufzudrücken.

Die Baronin Vetsera erfuhr von dem sie am Südbahnhof empfangenden Diener, der ihr Gepäck übernehmen wollte, daß Ladislaus abends ins Theater gefahren, aber nicht heimgekommen sei. Sie schickte Marie heim, und wie sie war, fuhr sie augenblicklich an den Ort der Katastrophe. Trotzdem Einsturzgefahr bestand, hatte die Polizei Personen, die nach Angehörigen suchen wollten, das Betreten der Brandruine auf eigene Gefahr erlaubt. Nachdem die Baronin ihren Sohn unter den auf Decken aufgebahrten Leichen nicht hatte finden können, wagte sie sich in die von Rauch und beißendem Qualm erfüllte Ruine; das Dach des Theaters war eingestürzt. Schluchzend und händeringend, wie viele andere auch, suchte sie ihren

Sohn vergeblich. Ladislaus lag tot unter den Trümmern.

Wieder suchte Sissy Spitäler auf und sprach Hinterbliebenen Trost zu. Ganz Wien trauerte, alle Vergnügungen waren abgesagt. Was für ein Weihnachtsfest würde das werden!

Am Christtag war dennoch eine kleine Gesellschaft zu Marie-Valerie geladen. Wenigstens die Kinder sollten es fröhlich haben.

Die kleine Prinzessin Hohenlohe stand unschlüssig am Büfett; der Kaiser, der sich mit Marie-Valerie und ihren Freundinnen unterhielt, sah es und gab Sissy einen Wink.

„Möchtest du etwas haben?" fragte Sissy die Prinzessin. Doch die antwortete mit aufrichtigem Kindermund: „Am liebsten möchte ich schlafen!"

„So ist mir auch oft zumute", seufzte Sissy. „Aber das geht, so wie alles in der Welt, vorüber!"

Leseprobe zu
SISSY – Tagebuch einer Kaiserin

Vom Turm der nahen Michaelerkirche verhallten zitternd die zwölf Glockenschläge der Mitternacht. Es war kalt, zu kalt für die Jahreszeit. Es war erst kurz nach Allerheiligen, aber der Posten, der im Inneren Burghof Wache stand, sah, wie sich wässrige, große Flocken in den feinen Regen mischten, der seine Uniform durchnäßte. Sie tanzten in einem zauberischen Reigen durch den Schein der Laternen, die den Burghof von Wien mehr schlecht als recht erhellten.

Der Posten hieß Josef Wondruska. Alle nannten ihn „Pepi". Er gehörte dem Wachkommando des k. und k. Deutschmeisterregimentes an, das für die Sicherheit der Wiener Hofburg und ihrer Bewohner verantwortlich war. Pepi stammte aus Brünn. An einem dienstfreien Nachmittag hatte er im vergangenen Sommer eine nette junge Gasthausköchin kennengelernt, die wie er aus Böhmen stammte. In den letzten Wochen hatte er sich mehrmals überlegt, ob Bozena, deren Zwetschkenknödel ihn zum Schwärmen brachten, nicht eine Frau fürs Leben wäre. In einem Jahr würde er abmustern. Zwar hatte er das Schneiderhandwerk erlernt, aber vielleicht könnten sie neben der eigenen Werkstatt, von der er träumte, auch eine kleine Gastwirtschaft aufmachen, wenn sie fleißig sparten.

Die rosige Zukunft, die er sich ausmalte, war das wirksamste Mittel gegen die üble Laune, die ihn immer befiel, wenn er bei so üblem Wetter Wache „schieben" mußte. Voll Sehnsucht dachte er an die hölzerne Pritsche in der Wachstube, auf die er sich in einer Stunde, wenn er abgelöst wurde, wieder hinlegen durfte – in voller Uniform, wie das auf Wache nicht anders üblich war! Dafür aber war morgen, wenn sie wieder in die Kaserne einrücken durften, dienstfrei – und dann gab es ein Wiedersehen mit Bozena...

Es war richtig unheimlich in dem nachtdunklen Burghof, in dem nichts zu hören war als die Schritte der Wachposten und das Pfeifen des Windes, der um die hohen Dachfirste und Schornsteine strich. Unwillkürlich blickte der Mann nach oben und erscshrak. Automatisch riß er seinen Karabiner von den Schultern, doch er brachte ihn nicht in Anschlag, denn das wäre sinnlos gewesen.

273

Hoch oben auf dem Dachfirst, genau dort, wo zwei Stockwerke tiefer der Kaiser und die Kaiserin schliefen, sah Wondruska eine weiße, schemenhafte Gestalt, die sich deutlich bewegte. Wondruska hängte zögernd den Karabiner über und starrte wie gebannt nach oben. Abergläubische Furcht beschlich ihn. Gegen das, was sich dort zeigte, hatten Kugeln keine Macht, und auch Mut nützte nichts: Es war die Weiße Frau der Habsburger; sie erschien immer – ein unheildrohendes Gespenst – wenn Schlimmes bevorstand.

Wondruska hatte oft genug von ihr reden gehört, doch gesehen hatte er sie noch nie. Er hatte auch nicht angenommen, daß es jemals der Fall sein würde. Einmal, als unter den Kameraden die Rede von dem Gespenst war, hatte der Wachkommandant sie kräftig zusammengeschrien und abergläubische Memmen geheißen; seither wurde nur noch verstohlen von dem Phantom getuschelt, und das war wohl auch besser so.

In diesem Augenblick aber wünschte sich Wondruska den Wachkommandanten zur Stelle, damit sich dieser davon überzeugen könne, was Wahres an der Geschichte war. – Nun hüllte eine dichte Rauchschwade aus einem der Schornsteine das Schemen ein, und als sie sich wieder verzog, war die Weiße Frau verschwunden.

Wondruska atmete erleichtert auf. Als die Inspektion kam meldete er „keine besonderen Vorkommnisse", weil er einen Rüffel fürchtete, hätte er berichtet was er mit eigenen Augen gesehen hatte.

✳ ✳ ✳

Der Kaiser stand wie jeden Morgen um vier Uhr auf; er hatte nicht in Schönbrunn übernachtet, sondern war, gegen seine Gewohnheit, in der Hofburg geblieben. Heute war Audienztag, und er mußte vorher noch die Minister zum Vortrag empfangen. Während die Stadt noch schlief, begann er an seinem Schreibtisch die Audienzliste zu studieren und die Akten zu lesen, die zu jedem Audienzwerber bereit lagen. Denn er mußte wissen, weshalb sie zu ihm kamen, um von ihm eine Entscheidung oder die Erfüllung einer Bitte zu erwarten. An die dreihundert Leute hatten sich heute angesagt.

Sissy erhob sich um fünf Uhr; sie machte ihre Turnübungen

274

und ließ dann die leidigen Prozeduren des Kämmens und Schnürens über sich ergehen. Noch vor dem Frühstück machte sie sich dann mit ihren Hofdamen auf den Weg in die Hofburgkapelle, um die Messe zu hören. Auf dem Weg dorthin vernnahm sie hinter sich Getuschel. Auf irgendeine geheimnisvolle Weise waren ihre Damen zur Kenntnis des nächtlichen Erlebnisses des Wachpostens Wondruska gelangt.

Sissy blieb stehen. Sie war mit ihren einundfünfzig Jahren, die sie im Herbst dieses Jahres 1888 bereits zählte, noch immer eine sehr schlanke und schöne Frau, der man das Alter kaum anmerkte. Ihr leichtfüßiger Gang und ihre Haltung hatten nichts von der Anmut ihrer Jugend verloren. Noch immer bewunderte man den geheimnisvollen Glanz ihrer rehbraunen Augen und das prächtige Haar, das allein schon eine Krone war.

Nun aber zeigte sich eine Falte des Unmuts auf ihrer hohen Stirn.

„Festetics, was ist los?" fragte sie ihre Erste Hofdame.

„Das Gespenst, Majestät", preßte diese hervor. „Die Weiße Frau zeigte sich wieder, heute Nacht... Majestät wollten vor drei Tagen nicht glauben, daß ich es gesehen hätte. Nun war es ein Deutschmeister, der Wache stand... Das hat nichts Gutes zu bedeuten. Österreich und dem Kaiserhaus droht Unheil..."

Sissy war erblaßt. Doch sie schüttelte unwillig den Kopf.

„Unsinn", sagte sie," und kein Wort davon dem Kaiser... Er will nichts dergleichen hören. Wahrscheinlich hat der Mann nichts als Rauch gesehen, und unser Schicksal liegt in Gottes Hand."

Was weiter geschieht, lesen Sie in unserem nächsten Band

SISSY – Tagebuch einer Kaiserin

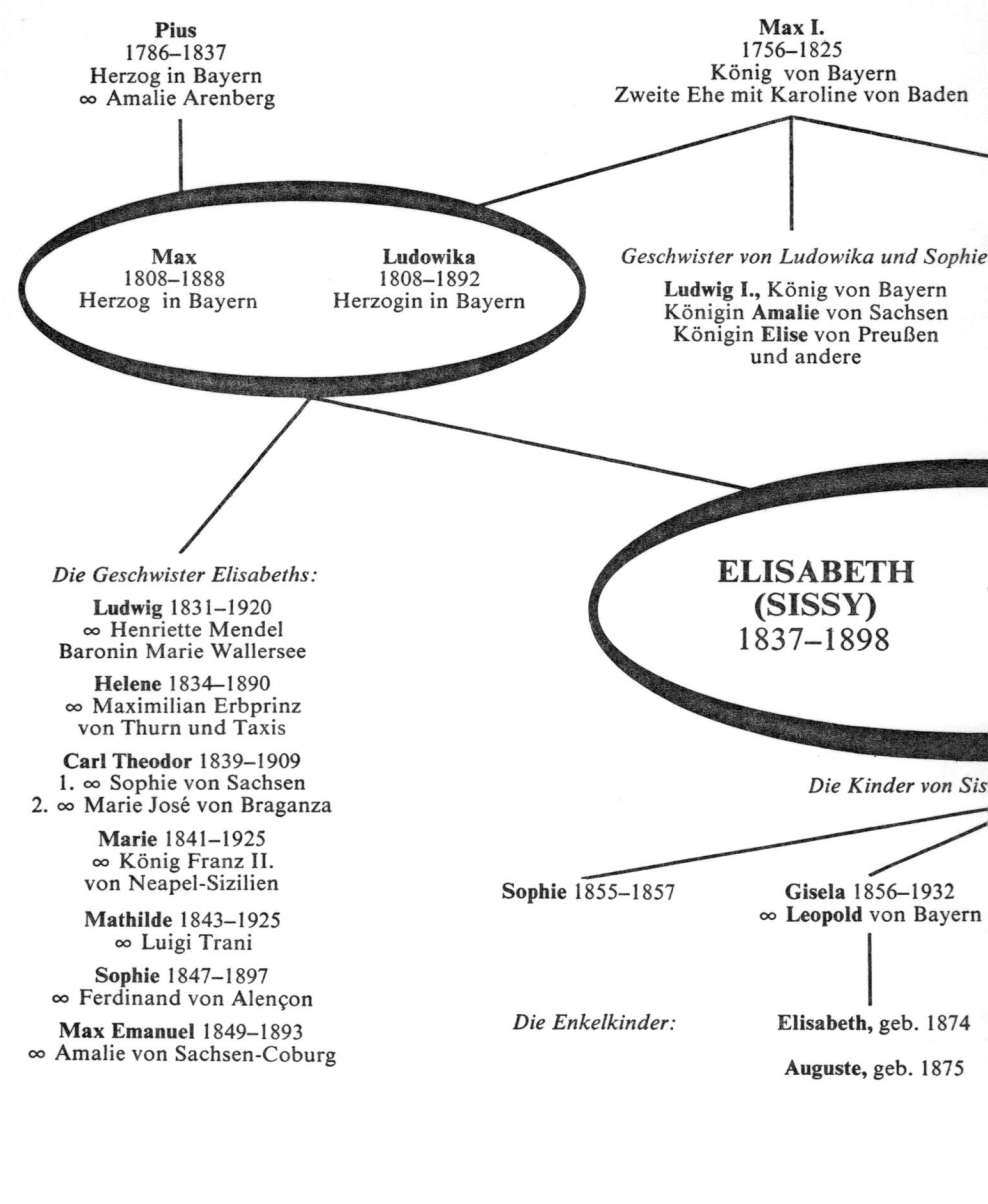

Pius
1786–1837
Herzog in Bayern
∞ Amalie Arenberg

Max I.
1756–1825
König von Bayern
Zweite Ehe mit Karoline von Baden

Max
1808–1888
Herzog in Bayern

Ludowika
1808–1892
Herzogin in Bayern

Geschwister von Ludowika und Sophie

Ludwig I., König von Bayern
Königin **Amalie** von Sachsen
Königin **Elise** von Preußen
und andere

Die Geschwister Elisabeths:

Ludwig 1831–1920
∞ Henriette Mendel
Baronin Marie Wallersee

Helene 1834–1890
∞ Maximilian Erbprinz
von Thurn und Taxis

Carl Theodor 1839–1909
1. ∞ Sophie von Sachsen
2. ∞ Marie José von Braganza

Marie 1841–1925
∞ König Franz II.
von Neapel-Sizilien

Mathilde 1843–1925
∞ Luigi Trani

Sophie 1847–1897
∞ Ferdinand von Alençon

Max Emanuel 1849–1893
∞ Amalie von Sachsen-Coburg

**ELISABETH
(SISSY)**
1837–1898

Die Kinder von Sis

Sophie 1855–1857

Gisela 1856–1932
∞ **Leopold** von Bayern

Die Enkelkinder:

Elisabeth, geb. 1874

Auguste, geb. 1875

Franz II. (I.)
1768–1835
Kaiser von Österreich
Zweite Ehe: M. Therese von Bourbon-Neapel

Sophie
1805–1872
Erzherzogin

Franz Karl
1802–1878
Erzherzog von Österreich

Ferdinand I.
1793–1875
Kaiser von Österreich

Marie Luise
1791–1847
∞ Napoleon I.

FRANZ JOSEPH I.
1830–1916
Kaiser von Österreich

Maximilian
1832–1867
Kaiser von Mexiko

Karl Ludwig
1833–1886
Erzherzog von Österreich
Zweite Ehe: Maria Annunziata
von Bourbon-Neapel

Franz Ferdinand
1863–1914
Thronfolger
∞ Sophie Gräfin Chotek

Franz Joseph:

Rudolf 1858–1889
Stephanie von Belgien

Marie Valerie 1868–1924
∞ Erzherzog Franz Salvator

...sabeth (Erzsi), geb. 1883

Elisabeth (Ella), geb. 1892

Franz Carl, geb. 1893

Hubert, geb. 1894

Hedwig, geb. 1896

Theodor, geb. 1899

Gertrud, geb. 1900

Marie, geb. 1901

Klemens, geb. 1904

Mathilde, geb. 1906

INHALTSVERZEICHNIS

1. Teil

2. Teil

3. Teil